KB268986

하나님의 섭리

서임중 지음

머 리 말

지구촌 수십억 여인 가운데 왜 나는 황보귀남이라는 여인과 결혼을 하게 되었을까? 둘째 아이는 딸이기를 바랐는데 왜 하나님은 나에게 아들을 주셨을까? 나는 왜 목사나 장로 가정에서 태어나지 못하고 우상을 섬기는 가정에서 태어났을까? 그러고도 어떻게 이렇게 목사가 되었을까? 왜 그렇게 신실한 집사님이 회사에서 고난당하고 가정이 어려움을 겪어야 할까? 그처럼 악했던 사람이 왜 저리도 잘되어 행복을 노래하면서 살까? 우리교회는 이렇게 행복하고 평안한데 어떤 교회는 왜 날마다 저리도 다투고 행복하지 못할까?

이렇게 시작하면 질문이 끝도 없이 이어집니다. 이 질문에 대한 대답을 사무엘서를 강해하면서 엘리와 사무엘, 사울과 다윗을 통해 접근할 수 있었습니다. 그것은 한마디로 하나님의 섭리입니다.

기독교의 신앙은 '섭리신앙' 이라고 말할 수 있습니다. 사전적인 의미에서의 '섭리(Providence)' 란 일반학에서는 '자연계를 지배하고 있는 원리' 로 해석하고 있습니다. 그런데 우리 기독교에서는 'the Providence of God' , 즉 '세상의 모든 것을 다스리시는 하나님의 의지 또는 은혜' 로 해석합니다.

섭리신앙이란, 창조(creation), 보존(preservation), 통치(government)라는 세 가지의 요소를 포함합니다. 즉 하나님이 우주를 창조하시고, 지금도 보존하시며, 또한 인류 역사를 통치하시는 것을 믿는 것, 이것이 섭리신앙이라는 말입니다.

칼빈(Calvin)은 그의 명저(名著) [기독교 강요]에서 두 가지 섭리론을 전개했는데, 그 하나는 일반 섭리이고 또 다른 하나는 특별섭리입니다.

그가 말하는 '일반 섭리' 란, 인간의 일상사를 포함하여 자연계 전반과 관련된 것으로서, 사계절의 순환, 인간의 생로병사와 같은 것을 말합니다. 그리고 '특별 섭리' 는, 택한 성도의 구원과 관련된 내용으로서, 어떻게 보면 운명론 같기도 하고 어떻게 보면 스토아 철학의 숙명론 같기도 하지만, 그것과는 근본을 달리하는 '하나님의 섭리' 를 말합니다.

중요한 것은, 하나님의 섭리는 역사 속에서 일어나는 모든 일들을 구체적, 행위적으로 간섭하시고 통치하시며 심판하신다는 것입니다. 하나님의 섭리를 이와 같이 이해하는 사람은 그 섭리에 순복합니다. 그리고 그런 사람이 하나님의 복을 받습니다.

다윗이 골리앗을 이긴 것, 밧세바를 만난 것, 압살롬에게 반역 당한 것, 성전 건축을 하지 못하고 준비만 한 것, 이 모두가 하나님의 섭리입니다.

사르밧 여인이 엘리야를 만난 것, 수넴 여인이 엘리사를 만난 것, 루디아가 바울을 만난 것, 나아만이 엘리사를 만난 것, 가룟 유다가 예수님을 은 30에 판 것, 베드로가 닭 울기 전에 주님을 세 번 부인한 것, 12제자들이 하나 같이 믿음으로 사역하다가 순교한 것, 이 모두가 하나님의 섭리입니다.

이 섭리에 대한 우리의 자세가 어떠해야 할까요? 순복하는 것입니다. 결코 불평하거나 원망하거나 거역할 수 있는 것이 아닙니다. 이 것을 깨닫는 것이 바로 섭리 신앙입니다. 이 신앙을 지닌 성도는 평생을 때로는 고난 가운데 들지라도 그것을 얼마든지 극복하고 승리하는 믿음으로 살아갈 수 있습니다.

사무엘서를 강해하면서 하나님의 섭리를 볼 수 있는 눈을 열었습니다. 매 주일 강단에서 말씀을 강론하면서 하나님의 섭리에 대한 놀라운 체험을 하였습니다. 그리고 이 말씀을 한 권의 책으로 엮었습니다.

항상 기도하는 마음이지만 독자들의 서재에 꽂혀있는 또 한 권의 책이 아니라, 이 책을 읽는 독자들이 하나님의 섭리를 깨닫고 순응하는 삶으로 나아갔으면 하는 마음으로 이 책을 썼습니다.

세심하게 교정을 봐 주신 이베라 교수님께 감사를 드리고 책이 출간되도록 배려해 주신 포항중앙교회 당회에 깊은 감사를 드립니다.

주후 2009년 성역 30년을 맞는 가을에
포항중앙교회 목양실에서
서임중 목사

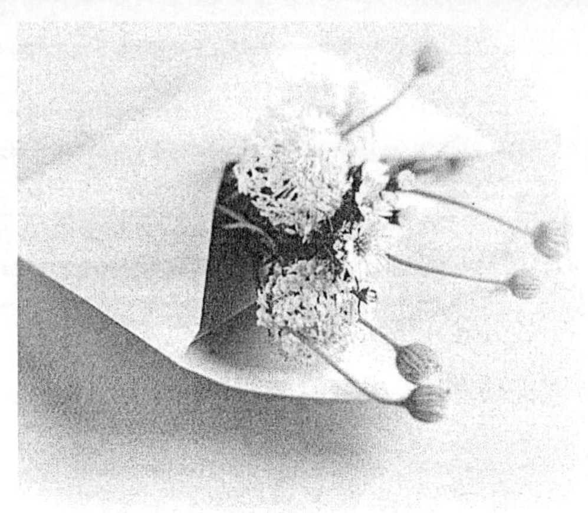

차　례

1.
하나님의 섭리

사람들이 저의 가정을 알고 나면 부러움의 극찬을 쏟아냅니다. 그 말들은 모두가 다시 한 번 빌어 주는 축복의 언어이기도 합니다. 제게는 언제나 크고 작은 감동을 주는 많은 지인들도 있습니다. 안산제일교회를 담임하시는 고훈 목사님은 저의 가정을 보며 이런 글을 주셨습니다.

목사는 하나님의 오른손이고
의사는 하나님의 왼손입니다
당신은 하나님의 두 손을
선물로 받았으니
바꿀 수 없는 큰 복입니다

되뇌어 볼수록 하나님께 올리는 감사만을 넘치게 하는 축복의 글입니다. 무심중에 떠올라도 감사할 극찬의 글입니다. 제게 주신 자녀들은 참으로 감출 수 없는 하나님의 복 주신 증표요 보화들입니다. 자다가 깨어 생각해도 오직 하나님의 은혜입니다.

이런 말도 합니다. "목사님이 얼마나 복 있는 분인지 알 것 같아요." 사람들의 '알 것 같다' 라는 말의 의미는 저희 내외의 두 며느리에 대한 마음과 삶에서 오는 것입니다.

저에게는 두 며느리가 있습니다. 그들은 며느리들이지만, 오히려 저희가 얻은 것은 두 딸입니다. 두 딸을 맞던 그 때로부터 지금까지, 우리는 한 번도 그 아이들을 '며느리' 라고 생각하지 않았기 때문입니다. 두 아이는 우리에게 참으로 소중한 '딸들' 입니다.

이 딸들이 저희들을 부르는 호칭도 여느 집과는 다릅니다. 일반적으로 시 어른들을 부르는 호칭인 '어머니, 아버지' 로 부르지 않습니다. 자신들을 낳아 기른 어머니요 아버지를 부르듯 '엄마, 아빠' 로 부릅니다. 이 부름은 입술의 호칭이 아닌 가슴으로 정다이 부르는 칭호입니다. 사랑의 속삭임입니다.

주고받는 매일의 전화 속 대화에서도 저희 '두 딸' 은 '엄마, 아빠' 를 부르며 한 딸은 목사의 가정으로, 그리고 또 하나는 의사의 가정으로 주님 안에서 은혜를 누리며 살아가고 있습니다.

사람들은 저와 아내가 이들을 언제나 하늘이 주신 두 딸로 여기고 감사하며 사랑하리라는 것을 아는 것 같습니다. 이런 모습들을 통해 우리의 지인들은 간접적인 행복을 느낀다고 합니다. 자신들의 뜨락을 그렇게 가꾸어 가기를 소망하는 부러움을 갖는다고 합니다.

가정에는 엄마가 있고 아빠가 있습니다. 형(오빠)도 있고 누나(언니)와 동생이 있으며 당연히 '내'가 있습니다. 가정에는 사랑이 있습니다. 기쁨이 있고 이해가 있습니다. 위로가 있으며 인내도 있습니다. 가르침이 있고 배움이 있습니다. 안정과 질서가 있습니다. 쉼과 꿈이 공존하며 펼쳐지는 곳입니다. 이것이 가정입니다.

가정은 작은 천국입니다. 그래서 행복한 곳입니다. '가정 같은 교회, 교회 같은 가정' 이라는 표어는 행복한 가정의 표어로 우리의 가슴에 달콤한 꿈을 꾸게 합니다. 그리스도인에게 가정은 교회입니다.

가정 황폐의 위기

오늘날 지구촌의 가장 큰 쟁점은 환경문제입니다. 지구의 온난화, 삼림과 호수와 늪의 오손(汚損), 오존층 파괴와 피부암 발생, 열대림의 사막화와 생물의 멸종 등 환경파괴는 가공할 파괴력으로 빠르게 확대되고 있습니다.

그러나 이와 같은 자연생태계의 파괴보다 더 무서운 것은 가정 생태계의 파괴라고 전문가들은 지적하며 경고합니다. 프로이드의 정신분석학이 명명한 섹스 바이러스가 온 사회를 감염시킨 듯 곳곳이 성폭행 사건으로 들썩입니다. 이혼율은 상상을 초월한 증가로 가정이 황폐해 가고 있습니다.

스윈돌(Swindol)은 짐머만(Zimmerman)의 주장을 인용하여 각 문화가 붕괴되기 직전의 그 마지막 단계에서 나타나는 전형적인 행동 패턴 11개가 있다고 했습니다. 이유 없이 쉽게 해버리는 이혼의 급증, 자녀수의 감소, 부모멸시 증대, 결혼식의 의미퇴조, 간음금지 규정의 폐지, 자녀양육의 어려움 증대, 청소년 비행의 급속한 파급, 각종 성 도착의 일상화 등이 모두 가정 붕괴와 직결된 것입니다. 그뿐만이 아닙니다. 임시 동거, 시험 결혼 같은 것이 등장하면서 가정은 총체적인 위기를 맞고 있습니다.

언론 보도와 관계기관의 전언을 따르면 한국의 상황은 우려할 만한 가정 붕괴현상을 보이고 있다고 합니다. 이혼율이 세계 3위에 이르게 된 부끄러운 오늘의 한국사회 현상을 교회는 어떻게 보며, 또 어떻게 대처해 갈 것인가? 참으로 답답한 숙제가 아닐 수 없습니다.

조금 오래된 1998년도 통계자료를 보니 불신자의 경우 이혼에 관하여 41.4%가 '상황에 따라 이혼할 수 있다'라고 답을 했고 '이혼해도 무방하다'가 1.7%였습니다(합계43.1%). 그러면 기독교인의 경우는 어떤 응답이 나왔을까요? '상황에 따라 이혼할 수 있다'가 34.1%, '이혼해도 무방하다'가 1.7%로 응답이 되었습니다(합계 35.8%).

2002년도 통계를 보면 우리나라의 이혼율은 42%로 나옵니다. 2004년도 통계를 보면 이혼율이 47%로 증가했습니다. 놀라운 것은 이제는 "자녀가 있어도 이혼할 수 있다"고 생각하는 젊은 부부들이 48.9%에 이릅니다. 이에 대하여 법원 행정처는 이 통계는 잘못된 산정 방식으로 인한 오류라고 이의를 제기하면서 실제 이혼율은 9.3%라고 정정 보도를 했습니다. 그럼에도 불구하고 실제 사회 현상은 이혼율이 높아지고 있고, 각종 관계기관에서 발표하는 통계도 보면 이제는 이혼율이 50%에 육박한다고 지속적인 증가를 보도하고 있습니다.

왜 이런 현상이 일어나는 것일까요? 그것은 가정이 가정으로서의 기능을 잃어버리기 때문입니다. 그래서 교회는 가정 같은 교회를 지향하고, 가정은 교회 같은 가정을 지향하는 것입니다.

이혼 사유들을 살펴보아도 참으로 기막힌 이유들이 즐비합니다. 개를 남편보다 더 사랑해서 이혼을 한 경우도 있습니다. 망치를 빌리러 옆집에 갔다가 그 집 남자와 눈이 맞아 이혼을 하게 된 경우도 있습니다. 어떤 사람은 도둑을 맞았는데, 도둑을 잡으러 온 경찰과 눈이 맞아 이혼을 한 경우도 있었습니다. 어떤 이는 텔레비전을 보다가 연속극 주인공이 아내였으면 얼마나 좋을까 했다가 이혼을 당하기도 하고, 아내가 잠자리를 이유 없이 거부하여 이혼을 하기도 하며, 남편이 집안일을 돕지 않아서 이혼을 하게 된 경우도 있었습니다. 만약 모든 사람들이 이런 이유 때문에 헤어진다면, 이혼을 안 할 사람이 한 사람도 없을 것입니다.

이렇게 된 근간이 무엇일까요? 그것은 가정에 대한 올바른 이해가 없기 때문입니다. 가정에 대한 올바른 이해의 부재란 부부관계의 몰이해에서 시작되는 것입니다. 왜 아내가 되었으며, 왜 남편이 되었는가의 의미를 잘못 알고 있기 때문입니다.

저는 주례사를 할 때마다 결혼의 의미를 주제로 설명합니다. 결혼이 무엇인가를 바르게 이해하고 가정을 가져야 행복하다고 역설하며 당부하고 축복합니다.

세기의 철학자 소크라테스의 아내는 악처로 유명합니다. 어느 날 소크라테스의 집에 손님이 왔습니다. '오는 날이 장날' 이라고 아내가 고래고래 고함을 지르며 화를 냅니다. 소크라테스는 그냥 아무렇지도 않은 듯 아내를 달래지만, 아내는 더욱 화를 내며 소리를 질러댑니다. 급기야는 손님도 아랑곳 않고 물동이에 물을 들고 들어와 남편의 머리에 들이붓고 씩씩거리다가 나갔습니다.

화난 아내가 나간 후 손님이 너무도 궁금해서 물었습니다. "어떻게 이러고 살아갑니까? 이혼을 하시지 않고요?"

그러자 소크라테스가 대단한 말을 합니다. "천둥이 치면 비가 오는 것은 당연하지 않겠소?" 이어서 상상도 못할 말을 한마디 덧붙였습니다. "또 비가 오면 날은 곧 개이게 되어있지 않겠소?"

모든 부부가 이런 마음을 가지면 이혼할 사람은 아무도 없을 것입니다. 참지 못하는 이기적인 삶에 익숙해진 오늘 우리네 삶의 모습이 소크라테스 앞에서 부끄러울 뿐입니다.

사무엘의 출생 배경

오늘 본문은 사무엘의 출생을 배경으로 시작하고 있습니다. 그러면서 그의 아버지 '엘가나' 라는 사람의 가정 상황과 그에 대한 전반적인 출신성분을 소개하고 있습니다.

첫째 지역적 배경으로서 '라마다임소빔' 을 소개합니다. 이 지역은 후에 '라마' 로 불리는데 '높은 곳' , '언덕' 이라는 뜻을 가지고 있습니다.

라마다임소빔에는 영적으로 경건하고, 신앙적으로 열심 있는 사람들이 많았습니다. 하나님께서는 마지막 사사이자 최초의 선지자로서 왕정 시대를 준비할 사무엘을 바로 이러한 환경 가운데서 태어나게 하셨습니다.

여기서 발견하는 중요한 메시지가 있습니다. 오늘날도 영적으로 경건하고 좋은 환경에서 자란 아이들의 대부분은 하나님의 은혜와 사랑 안에서 풍성한 열매를 맺는다는 것입니다. 반면에 세속적인 환경에서 성장하는 아이들은 대체적으로 그렇지를 못하고, 경건과 좋은 신앙을 유지하기가 힘들며, 세상적으로 타락하는 경우를 흔히 볼 수 있다는 것입니다.

그러므로 우리는 오늘도 자녀들에게 경건하고 아름다운 신앙으로 자랄 수 있는 영적인 좋은 가정환경을 만들어주는 일에 힘써야 합니다. 믿는 부모님들이 자녀들 앞에서 경건과 정직의 훌륭한 영적인 모습을 보여주지 못하고 세속적인 모습을 보인다면, 그 후손은 분명 언젠가는 세상적으로 쏠려 휘청거리게 된다는 것을 명심하시기 바랍니다. 우리 모두는 온 마음을 다해 가정도 교회도 경건한 환경이 되는데 힘써야 합니다.

둘째로는 혈통적 배경이 나옵니다. 엘가나는 레위족의 후손입니다. 그러므로 사무엘의 혈통에 관하여 소개를 하는 것은, 엘리의 뒤를 이은 제사장으로서의 사역활동을 하게 될 것을 시사하고 있습니다.

본문의 6대에 걸친 사무엘의 혈통적 배경 기록은, 그의 조상들이 하나님께 인정받을 만큼 신실했음을 의미합니다. 엘가나가 하나님을 두려워하며 신실하게 섬긴 사람이었다는 것은 3절과 7절을 통해서 알 수 있습니다. 매년 실로로 올라가서 하나님께 경배를 드린 가정환경은 여호와 신앙의 경건함을 엿볼 수 있는 것입니다.

하나님께서 신실한 일꾼을 택하실 때 중요하게 여기시는 것 중의 하나가 그의 혈통입니다. 즉, 하나님께서는 오랫동안 경건한 신앙을 유지하며 영적으로 훈련된 가정을 통해서 그분의 일꾼을 나게 하신다는 것입니다.

법관 집에 법관 나고, 도둑 집에 도둑 나며, 목사 집에 목사난다는 말이 있습니다. 어떤 가정환경을 가졌느냐에 따라 어떤 혈통인가를 알 수 있다는 우리네 삶에 전해 내려오는 금언입니다.

오랜 세월 목회를 하면서 경험하는 것 중의 하나도 주의 종을 잘 섬기고 사랑하며 존중하는 사람들의 대부분의 공통적인 고백이, '부모님이 그렇게 하시는 것을 보고 배웠기 때문' 이라는 것입니다.

싸우는 교회는 싸움질이 언제나 그치지 않습니다. 행복한 교회는 웃음소리가 항상 그치지 않습니다. 그래서 무엇을 보고 배우느냐 하는 것이 중요한 것입니다.

하나님의 가정 섭리

2절은 엘가나 가정의 두 아내 이야기로 시작이 됩니다. 첫째 부인은 '한나' 이며 둘째 부인은 '브닌나' 입니다.

하나님은 창세기 2장 24절에서 일부일처제를 가정의 기본 구성단위로 제정하셨습니다. 그런데 신명기 21장 15-17절을 보면 일부다처제를 묵인하고 있습니다. 이것은 인간의 타락에서 기인된 것이며, 결국 사회와 국가를 혼란에 빠뜨리게 되는 주원인이 되고 있습니다. 그것을 이스라엘의 역사를 통해서 증거하며 우리에게 큰 교훈을 주고 있습니다.

엘가나의 가정에 비극이 시작되는 것은, 둘째 부인 브닌나에게는 자식이 있고, 첫째 부인 한나에게는 자식이 없다는 것입니다. 이것이 그 가족의 불화와 갈등의 원인입니다.

브닌나는 엘가나의 자식을 낳음으로 기세가 높아있었습니다. 그러나 자식을 낳지 못하는 한나는 의기소침하고 기가 꺾여 있었습니다. 비록 그럴지라도 남편 엘가나의 마음은 한나에게 더 기울어 있었습니다. 상황이 이쯤 되면 질투의 화신이 브닌나를 꼬드기겠지요? 브닌나는 자식이 없는 한나의 마음을 심심찮게 뒤집어 놓았습니다.

한 남자의 아내가 되어 그의 아이를 낳지 못하는 것은 여자에게는 큰 수치입니다. 그런 여자를, 남편의 아이를 낳은 또 다른 아내가 심히 괴롭히는데 음식이 넘어갈 리가 만무하지 않겠습니까. 눈물이 나지 않을 수가 있겠냐는 말입니다. 괴로운 한나는 당연히 근심하고 먹지 않으며 웁니다. 이러니 가정에 편한 날이 없습니다.

남편 엘가나는 한나를 위로합니다. 남편 된 자로서 아이를 갖지 못하는 아내가 측은한 마음이 왜 없겠습니까. 아내가 멸시를 받으며 외로워한다는 것을 모를 리가 없을 테니까요.

"내가 그대에게 열 아들보다 낫지 아니하냐?"

이 말은, 비록 한나에게 자식이 없을지라도 엘가나 자신이 한나를 사랑하고 있으니, 이 깊은 사랑으로 위안을 삼으라는 의미입니다. 본문은 이렇게 마무리가 됩니다.

가지 많은 나무 바람 잘 날 없다는 말이 있습니다. 가정은 한 그루의 나무와도 같습니다. 오늘을 살아가는 우리네 가정에도 사연은 달라도 모두가 고만고만한 풍랑이 일지 않는 가정이 없습니다. 전대미문의 훌륭한 사사가 태어날 엘가나의 가정도 바람 잘 날이 없는 것을 보게 됩니다. 그러나 그 아픔의 바람은 좋은 소망의 항구로 향해 가는 훈풍이라는 것을 깨닫게 됩니다.

오늘 본문 전체 내용 가운데 우리가 주목할 구절은 6절입니다.
"여호와께서 그에게 임신하지 못하게 하시므로 그의 적수인 브닌나가 그를 심히 격분하게 하여 괴롭게 하더라."

"여호와께서 그에게 임신하지 못하게 하시므로" 이 말씀에서 우리는 가정의 모든 상황은 하나님의 섭리 가운데 있다는 것을 알 수 있습니다. 이것을 깨달을 때 가정은 행복할 수 있습니다.

첫째, 우리는 하나님의 가족이라는 감동을 가져야 합니다.

1절 말씀에는 사무엘의 족보가 나열되고 있습니다. 이것을 잘 살펴보면, 사무엘의 족보가 굉장히 자랑할 만한 족보라는 것을 알 수 있습니다.

우리나라 사람들은 족보를 많이 따지는 국민 중에 하나입니다. 처음 만나는 사람들 간에 이런 저런 이야기를 나누다가 성(性)씨가 같으면 금방 반색을 합니다. 그러면서 파를 따져 묻고, 항렬 따지고 나누다가 단박에 "형님!"하면서 친해지는 재미있는 문화를 가진 것이 우리 국민입니다. 게다가 자기 집안이 소위 옛 양반계층이라도 될 때에는 은근히 보란 듯이 자랑을 합니다.

이런 문화는 이스라엘 민족도 크게 다르지 않은 것 같은 재미있는 현상을 이 절에서 발견하게 됩니다.

그러나 우리가 깊이 인지하고 있어야 하는 우리의 족보는, 예수 그리스도에게 근간을 두고 있다는 것입니다. 요한복음 1장 12-13절이 이것을 입증하는 말씀입니다.

"영접하는 자 곧 그 이름을 믿는 자들에게는 하나님의 자녀가 되는 권세를 주셨으니, 이는 혈통으로나 육정으로나 사람의 뜻으로 나지 아니하고 오직 하나님께로부터 난 자들이니라."

세상적인 족보는 비록 자랑할 것이 없을지라도 영적 족보에 내 이름이 올려져있음에 감사할 수 있어야 합니다.

둘째는 하나님이 제정하신 가정의 섭리를 지키고 유지해야 합니다.

하나님이 제정하신 가정의 기본 구성 요소는 한 아내와 한 남편의 결합으로 이루어집니다. 그런데 2절을 보니 이것이 어긋나 있습니다. 하나님이 제정하신 일부일처제를 지키지 못한 엘가나의 가정엔 아픔이 있습니다. 엘가나의 두 아내 사이에 흐르는 갈등은 집안을 모두 화목하게 하지 못하고 있습니다.

이 가정을 통해 우리가 마음에 깊이 새겨야 할 교훈이 있습니다. 가정이든 교회든 국가든, 하나님이 제정하신 제도를 제대로 지키고 유지할 때 아름다운 질서가 유지된다는 것입니다.

오늘날 사회가 아무리 막판 장터 같이 되어간다 할지라도 기독교 가정은 가정 윤리를 지키고 도덕이 살아있도록 노력해야 합니다.

셋째는 그리스도인은 편애하지 말아야 합니다.

4-5절, 그리고 7절을 보면 엘가나가 한나를 편애하는 모습이 나타납니다. 이를 시기할 수밖에 없는 둘째 부인 브닌나가 한나를 격분케 하여 괴롭힙니다. 고통스러운 한나는 눈물만 흘리며 먹지도 않습니다. 이것을 보는 남편 엘가나도 마음이 편할 리가 만무합니다. 측은히 여길 자를 측은히 여긴 것이 무엇이 잘못인가? 하고 반문할 수도 있습니다. 그러나 이미 당초부터 잘못된 피치 못할 상황과 지혜롭지 못한 편애로 인해 가정의 평화가 깨어지는 것을 볼 수 있습니다.

이것은 예수 그리스도께서 십자가에서 이루신 화목을 깨뜨리는 원인이 되기도 합니다. 긍휼히 여길 자를 긍휼히 여기되 편애하지 않도록 하는 것은 개인적으로도, 가정적으로도, 교회적으로도, 국가적으로도 모두에게 필요한 것입니다.

국가적인 물의를 일으킨 원인이 되었던 편애의 한 단면입니다. 지난 정부의 대통령께서 유시민 의원을 차세대 지도자로 지목하고 키워보려고 보건복지부 장관에 기용하게 되었습니다. 이것이 보도되자 여당 내의 대부분의 의원들이 분노했습니다. 이유가 무엇이겠습니까?

디모데전서 5장 21절입니다.

"하나님과 그리스도 예수와 택하심을 받은 천사들 앞에서 내가 엄히 명하노니 너는 편견이 없이 이것들을 지켜 아무 일에도 불공평하게 하지 말며"

넷째는 하나님의 뜻을 깨달아 순응하는 삶을 살아야 합니다.

한나가 임신을 하지 못하는 것은 하나님께서 그렇게 하셨기 때문이라고 6절에서 말합니다. 그러나 이것을 전혀 깨닫지 못하는 브닌나는 인간적인 득의함으로 한나를 격동케 했습니다. 이로 인해 한나는 울며 번민하게 되었습니다. 이들의 갈등으로 가정의 평화가 깨어지고 기쁨이 사라진 것입니다. 이 일에 하나님의 개입하심이 있다는 것을 누구도 알지 못하고 있습니다.

우리의 모든 삶에서 일어나는 상황도 하나님의 뜻하심이 있음을 깨닫지 못하고 임의로 행하면, 반드시 사탄이 역사하게 되어 있습니다. 깨닫지 못하는 오만한 마음을 사탄이 주장하게 되면, 그 때부터는 영적인 생활들이 깨어질 수밖에 없도록 되어있습니다.

믿음 있는 사람은 절대적인 하나님 신앙으로 모든 것을 생각하고 해석합니다. 요셉의 삶이 그랬습니다. 사드락과 메삭, 아벳느고의 결단이 그랬습니다. 바울과 실라의 옥중 기도와 찬양이 그랬으며, 바울 사도의 삶이 곧 절대 하나님 신앙이었습니다. 이 사람들의 공통점은 사람들의 사랑보다 하나님의 사랑과 은총을 더 귀히 여긴 것입니다.

갈라디아서 2장 20절입니다.

"내가 그리스도와 함께 십자가에 못 박혔나니 그런즉 이제는 내가 사는 것이 아니요 오직 내 안에 그리스도께서 사시는 것이라 이제 내가 육체 가운데 사는 것은 나를 사랑하사 나를 위하여 자기 자신을 버리신 하나님의 아들을 믿는 믿음 안에서 사는 것이라."

은혜의 말씀을 정리합니다.

엘가나의 가정을 섭리하신 하나님은 오늘 우리의 가정을 섭리하십니다. 이 하나님의 섭리를 겸손과 감사로 수용하시기 바랍니다. 하나님의 뜻을 분별하세요. 그래서 경건하고 아름다운 신앙적인 가정환경을 통하여 우리와 우리 후손들이 하나님의 은혜를 끊임없이 노래할 수 있기를 축원합니다. 아멘.

2. 마음이 하나님께 열린 사람

목회를 하면서 확실하게 경험하는 것 가운데 하나가 기도 없는 설교준비와 말씀 선포에는 하나님의 역사가 없다는 것입니다. 그래서 때로는 제목 하나를 정하는 데에만도 족히 3시간이 더 걸릴 때도 있습니다.

예배에 있어서 설교가 차지하는 부분은 특히 장로교의 경우는 절대적입니다. 게다가 성도들은 설교를 듣기 전에 기도하고, 설교자는 선포하기 전에 기도하는 중요하고도 아름다운 전통이 있습니다.

성도들의 일상생활을 살펴보면, 기도생활이 일상화 된 성도는 대체적으로 영적 생활이 질서가 있고 아름답습니다. 그러나 기도생활이 잘 안 되지 않는 성도의 경우는 무질서와 혼란으로 신앙생활이 아름답지 못한 것을 보게 됩니다.

기도는 예수 그리스도를 믿는 성도에게는 호흡과도 같은 것입니다. 기도를 길게 하느냐 짧게 하느냐는 중요하지 않습니다. 중요한 것은 기도에 관한 올바른 이해입니다. 기도는 하나님 아버지와 자녀와의 대화이며, 영적 교제입니다.

마태복음 6장 6절입니다.

"너는 기도할 때에 네 골방에 들어가 문을 닫고 은밀한 중에 계신 네 아버지께 기도하라 은밀한 중에 보시는 네 아버지께서 갚으시리라."

기도는 하나님의 자녀가 하나님께 드리는 향입니다. 요한계시록 5장 8절입니다.

"그 두루마리를 취하시매 네 생물과 이십사 장로들이 그 어린 양 앞에 엎드려 각각 거문고와 향이 가득한 금 대접을 가졌으니 이 향은 성도의 기도들이라."

기도는 하나님의 자녀들의 영적인 호흡입니다. 데살로니가전서 5장 17절입니다.

"쉬지 말고 기도하라."

기도는 죄 용서함을 받는 통로입니다. 역대기하 7장 14절입니다.

"내 이름으로 일컫는 내 백성이 그들의 악한 길에서 떠나 스스로 낮추고 기도하여 내 얼굴을 찾으면 내가 하늘에서 듣고 그들의 죄를 사하고 그들의 땅을 고칠지라."

기도는 하나님의 자녀들이 하나님께 부르짖는 간구입니다. 시편

50편 15절입니다.

"환난 날에 나를 부르라 내가 너를 건지리니 네가 나를 영화롭게 하리로다."

이와 같은 기도의 총칭을 간단히 요약하여 〈마음이 하나님께 열린 상태〉라고 합니다. 우리의 마음이 하나님을 향하여 열리면 하나님도 우리를 향하여 마음을 열어 주십니다.

한나의 믿음 생활

오늘 주인공 한나의 생활은 기도의 생활이었습니다. 하나님을 향하여 항상 마음이 열린 생활이었습니다.

고통은 겪어보지 않은 사람은 알 수가 없습니다. 그래서 그런 사람은 타인의 아픔을 깨닫지 못합니다. 느끼지도 못합니다. 그러니 배려할 줄도 모르고 위로할 줄도 모릅니다. 겪어보지 않아 모르기 때문입니다. 오늘 우리가 만나는 브닌나와 한나의 관계가 그런 관계입니다.

한나에게는 자식이 없었습니다. 그것이 한나의 삶에 견딜 수 없는 큰 아픔이었습니다. 남편 엘가나의 애정 어린 진정한 위로가 있습니다. 그것도 감사한 일입니다. 그러나 남편의 그 위로도 고통하는 그녀에게는 온전한 위로가 되어주지 못했습니다.

한나에게 필요한 것은 온전한 위로였습니다. 그런 한나의 갈망이 그녀의 마음을 하나님께로 향하게 했습니다. 한나의 마음은 하나님을 향해 열려졌습니다. 그것은 하나님만이 온전한 위로자시라는 것을 나타내고 있습니다. 그녀의 영혼이 그것을 분명히 알고 있었다는 것입니다. 그녀의 하나님을 향한 갈망은 오직 하나님을 통하여 진정한 위로를 받고자 하는 순수한 믿음의 자세입니다.

이러한 한나의 모습을 분석해 보면 그녀의 기도생활이 어떠했는가를 알 수 있습니다. 한나의 모습은, 언제나 하나님을 향해 그 마음이 열려 있는 기도하는 사람의 모습입니다. 이 모습을 하나하나 짚어보겠습니다.

1. 말씀 따라 생활하는 온전한 순종이 기도생활입니다.

9절입니다.

"그들이 실로에서 먹고 마신 후에 한나가 일어나니 그 때에 제사장 엘리는 여호와의 전 문설주 곁 의자에 앉아 있었더라."

이 말씀은 한나의 생활 역시 엘가나와 다를 바 없는 모세의 율법을 준수하는 일상생활을 하고 있다는 것을 설명하고 있습니다.

비록 자식이 없어 모멸감 속에 나날을 보내고 있지만, 그런 자기감정을 억누르고 가족과 함께 제사를 지낸 후 또 함께 음식을 먹을 수 있었던 것은, 법도와 율례를 지켜 생활하는 한나의 상황을 충분히 짐작케 하는 부분입니다. 생활 속에서 말씀을 순종하며 사는 한나의 삶을 잘 보여주고 있는 대목입니다. 이런 그녀의 삶을 가능케 하는 것은 기도의 힘입니다.

성전에서 기도하는 내용과 일상생활에서의 삶이 다르면 하나님의 은혜를 입을 수 없습니다. 기도 말 따로, 생활모습 따로 하는 따로따로의 삶을 살아서는 안 됩니다. 진정한 기도는 말씀에 순종하는 삶 그 자체입니다. 순종은 믿음을 전제로 하는 행위이기 때문입니다.

사무엘상 15장 22절의 말씀입니다.

"순종이 제사보다 낫고 듣는 것이 수양의 기름보다 나으니라"

우리가 하나님 앞에서 온전하게 기도생활을 하지 못하는 이유 가운데 하나가 바로 '대단한 자기 착각' 이라는 것입니다. "하나님도 이해해 주시겠지?" "목사님도 이해해 주시겠지?"라고 하는 착각 속에 빠져 있다는 말씀입니다. 과연 그럴까요? 천만의 만만의 말씀입니다. 이것은 자기 판단을 근거로 하는, 말씀과는 전혀 거리가 먼 생활을 습관처럼 하는 데서 오는 것입니다.

이래서는 안 됩니다. 절대로 안 됩니다. 하나님의 말씀을 우리의 일상생활과 흥정해서는 안 됩니다. 하나님 앞에서의 그리스도인의 삶이란 '절대 믿음, 절대 순종' 의 삶이지 '상대적인 믿음' 과 '상대적인 순종' 이 되어서는 안 됩니다.

2. 고통 가운데서도 하나님을 찾는 것이 기도생활입니다.

10-11절입니다.

"한나가 마음이 괴로워서 여호와께 기도하고 통곡하며 서원하여 이르되 만군의 여호와여 만일 주의 여종의 고통을 돌보시고 나를 기억하사 주의 여종을 잊지 아니하시고 주의 여종에게 아들을 주시면 내가 그의 평생에 그를 여호와께 드리고 삭도를 그의 머리에 대지 아니하겠나이다."

목회 현장에서 참 힘들고 어려운 것 가운데 하나가 이런 것입니다.

믿음 있는 신앙인이라는 사람들이 정작 마음이 괴롭고 답답하고 힘들 때면 하나님 앞에 나아가 기도하려고 하지 않는다는 것입니다. 게다가 오히려 세상 방법으로 그 고통을 풀려고 하는 신앙한다는 불신앙인의 자기기만의 경우를 볼 때 참으로 마음이 어렵습니다.

밤 11시가 훨씬 넘은 시각이었습니다. 목사관 전화가 울렸습니다. 다급한 권사님의 음성이었습니다.

"목사님 우리 집사 살려주세요. 살려주세요. 빨리 좀 와 주세요."

숨이 막혔습니다. 병원으로 달려갔습니다. 사연인즉, 회사에서 후배가 승진을 하고 집사님은 다른 과로 인사 발령을 받았다는 것입니다. 쓰러진 분은 안수 집사인데도 올라오는 화를 참지 못해 힘들었고, 홧김에 잘 마시지도 않던 술을 마셨는데 그만 정신을 잃고 병상에 눕게 되었다는 것입니다.

어디서 엎어졌는지 얼굴은 갈아붙여 몰골이 말이 아니었습니다. 가슴이 답답한 것은 저보다 주님이었을 것입니다.

우리 믿는 사람들은 세상 사람들과 같은 방법으로 괴로움을 풀어서는 안 됩니다. 세상 사람들은 힘들면 술을 마시고 잊으려고 합니다. 노래방에 가서 온 몸을 흔들며 소리소리 질러대며 노래를 부르는 것으로 괴로움을 잊으려고 합니다. 화가 나면 홧김에 쇼핑한다고 백화점으로 가서 쇼핑을 하면서 마구잡이로 카드를 사용해 버립니다. 스트레스를 푸느라 자동차를 몰고 초스피드로 달리다가 사고를 내기도 합니다. 이 모든 것이 나중에는 반드시 후회할 일이 되고 맙니다.

참 그리스도인은 그래서는 안 됩니다. 찬송가 441장입니다.

(1절) 비바람이 칠 때와 물결 높이 일 때에

사랑하는 우리 주 나를 품어 주소서
풍파 지나가도록 나를 숨겨 주시고
안식 얻는 곳으로 주여 인도 하소서

(2절) 나의 영혼 피할 때 예수 밖에 없으니
혼자 있게 마시고 위로 하여 주소서
구주 의지 하옵고 도와주심 비오니
할 수 없는 죄인을 주여 보호 하소서

본문의 한나는 어느 누구 못지않은 고통을 겪으면서 생활하고 있었습니다. 그 상황이 얼마나 절박했는가는 본문이 잘 보여주고 있습니다.

"한나가 마음이 괴로워서 여호와께 기도하고, 통곡하며"

고통이 극에 닿은 한나의 모습입니다. 그 가운데서도 한나는 세상적인 어떤 돌파구도 찾고 있지 않습니다. 오히려 더욱 하나님께로 마음을 열고 기도하며 나아가고 있습니다.

그렇습니다. 아무리 힘들고 괴로워도 하나님을 향하여 마음을 열고 나아가는 생활, 그 자체가 올바른 기도생활입니다. 고통의 근원은 세상적인 방법으로는 해결이 어렵습니다. 왜냐하면 세상적인 방법은 또 다른 고통과 혼란을 가져올 뿐 온전히 그 문제를 해결할 수 없기 때문입니다.

진실한 하나님의 자녀의 자세는 오직 하나님만이 문제를 해결하실 수 있다는 믿음이 있습니다. 그것이 신앙입니다. 그것이 온전한 기도생활을 가능하게 합니다.

우리 예수님도 십자가 죽음을 앞둔 고통의 시간에도 겟세마네 동산에 올라 기도하셨습니다. 그 십자가 죽음이 누구를 위한 것이었습니까? 주님의 고통이 누구를 위한 고통이었습니까? 말할 수 없는 고통이 있습니까? 한나처럼, 예수님처럼, 마음을 열고 하나님께 오십시오.

3. 스스로 겸손히 자기를 낮추는 생활이 기도생활입니다.

한나의 생활 전반을 살펴보면 그녀는 언제나 겸손한 생활을 한 것을 볼 수 있습니다. 특히, 그녀의 고백 가운데 자신을 '주의 여종' 으로 낮춘 모습이 11절에서만 두 번이 나옵니다. 그리고 15절에서는 '나의 주여' 하고 주님을 부르고 있습니다. 뿐만 아니라 18절에서는 엘리제사장에게 자신을 일컬어 '당신의 여종' 이라 칭하며 스스로를 낮춘 모습을 보여주고 있습니다.

이와 같은 표현은 "나는 낮고 천하며 오직 섬기는 자입니다."라는 겸손한 자기고백에서 나오는 것입니다. 이것은 온전한 기도생활을 통한 오랜 훈련의 한 표현이며 또한 기독교의 근간이기도 합니다. 기독교 윤리의 최고봉이 되는 주님의 말씀이 이를 증명합니다. 마가복음 10장 45절입니다.

"인자가 온 것은 섬김을 받으려 함이 아니라 도리어 섬기려 하고 자기 목숨을 많은 사람의 대속물로 주려 함이니라."

내가 나를 겸손히 낮추는 것이 영원히 참담하게 낮아지는 것이 아닙니다. 오히려 때가 되면 하나님이 높여주십니다. 약속의 말씀이 있습니다. 야고보서 4장 10절입니다.

"주 앞에서 낮추라 그리하면 주께서 너희를 높이시리라."

4. 깊은 묵상이 기도생활입니다.

12절입니다.

"그가 여호와 앞에 오래 기도하는 동안에" 13절입니다. "한나가 속으로 말하매 입술만 움직이고 음성은 들리지 아니하므로" 15절입니다. "나는 마음이 슬픈 여자라 포도주나 독주를 마신 것이 아니요 여호와 앞에 내 심정을 통한 것뿐이오니"

이 내용 전체를 요약하면, 한나는 하나님 앞에서 잠깐이 아닌 오랜 시간을 하나님과 깊은 영적 교제를 가지고 있습니다. 즉, 소리 없는 기도, 깊은 묵상의 시간을 갖고 있습니다. 그 묵상이 너무도 깊고 간절하여 터지는 묵상의 함성이 되어 입술을 달싹거리며 움직이게 하고 있습니다.

여러분은 이렇게 하나님 앞에 자신의 심정을 토로하여 본 일이 있습니까? 이렇게 적나라하고도 간절히 자신의 모습을 하나님 앞에 드러내 본 일이 있으십니까?

그렇습니다. 묵상은 자기를 돌아보게 합니다. 동시에 하나님을 향하여 더욱 마음을 깊이 열고 나아갈 수 있게 합니다. 철저하게, 온전히 하나님 앞에서 자신을 드러낼 수 있습니다.

시편 1편 1~2절입니다.

"복 있는 사람은 악인들의 꾀를 따르지 아니하며 죄인들의 길에 서지 아니하며 오만한 자들의 자리에 앉지 아니하고, 오직 여호와의 율법을 즐거워하여 그의 율법을 주야로 묵상하는 자로다."

시편 19편 14절입니다.

"나의 반석이시요 나의 구속자이신 여호와여 내 입의 말과 마음의 묵
상이 주님 앞에 열납 되기를 원하나이다."

언제나 깊은 묵상이 있는 생활로부터는 넉넉함이 연출됩니다. 모
든 생활이 기도이며 늘 하나님과 동행하는 삶이기 때문입니다.

5. 아름다운 말이 기도생활입니다.

15~16절입니다.

"나는 마음이 슬픈 여자라 포도주나 독주를 마신 것이 아니요. 여호와
앞에 내 심정을 통한 것뿐이오니, 당신의 여종을 악한 여자로 여기지 마
옵소서. 내가 지금까지 말한 것은 나의 원통함과 격분됨이 많기 때문이
니이다 하는지라."

이 부분은 엘리 제사장이 한나의 묵상 기도를 바로 알지 못하고 나
무란데 대한 한나의 답변입니다. 엘리 제사장은 한나가 포도주나 독
주를 마시고 하나님 앞에서 취중에 주정을 하며 지껄이고 있는 줄 알
았습니다.

이런 때에도 한나의 대답은 유순하기 그지없는 말입니다. 웬만하
면 이런 상황에서는 한번쯤 항변조로 대답을 할 수도 있었을 것입니
다. 더 나아가 격동하는 말을 할 수도 있을 법 합니다. 그러나 한나는
그렇게 하지 않았습니다. 이것이 바로 기도와 생활이 조화를 이루고
있는 한나의 삶이 그대로 나타난 것입니다.

기도하고 난 후에 격앙된 언사를 하는 사람들이 있습니다. 믿음이
있는 사람이라고 하면서도 남에게 상처를 주는 말을 하는 사람도 있

습니다. 말에 교만이 담겨있고 사람을 무시하는 언어를 사용하는 사람이라면, 아무리 그가 모든 면에 뛰어난 사람일지라도 어찌 그를 기도하는 사람이라 할 수가 있겠습니까. 참된 기도생활은 아름다운 언어생활 그 자체입니다.

잠언 15장 1절입니다.

"유순한 대답은 분노를 쉬게 하여도 과격한 말은 노를 격동하느니라."

23절입니다.

"사람은 그 입의 대답으로 말미암아 기쁨을 얻나니 때에 맞는 말이 얼마나 아름다운고."

잠언 25장 11절입니다.

"경우에 합당한 말은 아로새긴 은 쟁반에 금 사과니라."

온유하고 겸손한 말은 상대방을 위로하고 생명을 빛나게 합니다. 동시에 자기 자신의 모습을 위엄 있고 아름답게 나타냅니다. 무지(無知)한 자일수록 그 입에서 나오는 말이 거칠고 깊이 새겨들을 말이 없습니다.

6. 믿음으로 구한 것은 받은 줄로 생각하는 것이 기도의 축복입니다.

17~18절입니다.

"엘리가 대답하여 이르되 평안히 가라 이스라엘의 하나님이 네가 기도하여 구한 것을 허락하시기를 원하노라 하니, 이르되 당신의 여종이 당신께 은혜 입기를 원하나이다 하고 가서 먹고 얼굴에 다시는 근심 빛이 없더라."

참으로 귀한 이 말씀은 기도의 헌장입니다.

17절은, 하나님의 종 엘리 제사장이 한나의 기도를 응답하시는 하나님의 은혜를 축복하는 선언입니다.

18절은 그 말씀에 '아멘' 하는 마음으로 그대로 이루어질 줄 믿은 한나의 모습이 겉으로 드러나고 있습니다. 자기가 기도한 일로 인하여 다시는 근심하거나 괴로워하지 않고 감사한 한나의 믿음 있는 삶의 모습입니다.

이것이 하나님께 기도하는 자의 올바른 모습입니다. 기도했기 때문에 기쁨이 있어야 합니다. 기도했기 때문에 감사가 있어야 하고, 기도했기 때문에 행복이 넘쳐야 합니다. 그것이 믿음입니다.

마가복음 11장 24절입니다.

"그러므로 내가 너희에게 말하노니 무엇이든지 기도하고 구하는 것은 받은 줄로 믿으라. 그리하면 너희에게 그대로 되리라."

한나의 모습은 기도생활의 모범입니다. 기도하는 사람의 가장 이상적인 헌장을 모습으로 보여주고 있습니다.

기도가 없으면 나는 죽는다는 마음을 가져야 합니다. 기도가 없으면 아무것도 할 수 없다는 생각을 해야 합니다.

이렇게 살았던 한나에게 하나님은 어떤 은혜를 베푸셨습니까? 19-20절입니다.

"그들이 아침에 일찍이 일어나 여호와 앞에 경배하고 돌아가 라마의 자기 집에 이르니라. 엘가나가 그의 아내 한나와 동침하매 여호와께서

그를 생각하신지라, 한나가 임신하고 때가 이르매 아들을 낳아 사무엘이
라 이름하였으니 이는 내가 여호와께 그를 구하였다 함이더라."

　사무엘의 시대가 이렇게 서막이 오르고 있습니다. 한나의 올바른
기도생활은 사무엘의 역사를 시작하게 하는 씨앗이었습니다. 한나는
항상 하나님을 향해 열린 마음으로 생활했습니다. 그것이 기도생활
입니다. 놀라운 은혜입니다. 축복의 응답입니다.

　우리의 마음이 한나처럼 항상 하나님을 향해 열려있는 생활이 되
기를 축복합니다. 그것이 온전한 신앙인의 기도와 삶이 조화를 이루
는 모습입니다. 아멘.

3. 하나님의 복을 받은 가정

이 세상을 살아가는 사람 중에 행복한 가정을 원하지 않는 사람은 아무도 없을 것입니다. 그럼에도 불구하고 우리의 모든 가정이 원하는 대로 다 행복한 것은 아닙니다. 왜 그럴까요? 어떻게 해야 우리의 가정이 행복한 가정이 될 수 있을까요? 이 질문 앞에 여러 가지 대답을 할 수 있을 것입니다. 그러나 원론적인 대답은 오직 한 가지입니다. 하나님이 복을 주셔야 행복한 가정이 될 수 있습니다. 아멘!

행복한 가정의 공통점을 대략 다음 다섯 가지로 꼽습니다.
첫째, 매일의 첫 시간을 하나님께 드려라(기도).
둘째, 매주의 첫 날을 하나님께 드려라(주일).
셋째, 소득의 첫 것을 하나님께 드려라(헌물).

넷째, 생각의 첫 자리에 예수님을 두라(헌심).

마지막 다섯 째, 행동의 첫 걸음에 하나님 영광을 생각하라(헌신).

우리 모두가 이렇게 살기만 하면 하나님께서 복을 주시지 않을 수 없겠다 하고 공감이 가는 내용입니다.

하나님께서 복을 주시는 가정은 행복한 가정입니다. 하나님께서 복을 주시는 가정은 평화로운 가정입니다.

영국의 시인 로버트 브라우닝(R. Browning)은 "인간은 자기가 갖고 싶은 것을 찾아서 세상을 방황하다가 결국엔 가정에 돌아와 그것을 발견한다."고 하였습니다. 뿐만 아니라, "즐거운 가정은 일찍 맛보는 천국이다."라고도 하였습니다.

존 하워드 페인(John Howard Payne)의 노랫말이 생각납니다. "즐거운 곳에서는 날 오라 하여도 내 쉴 곳은 작은 집 내 집 뿐이네."

그렇습니다. 행복한 가정은 내가 가장 편히 쉴 수 있는 곳이고, 즐거운 곳입니다. 왜냐하면 하나님이 복을 주신 가정이기 때문입니다.

오늘 본문은 하나님이 복을 주신 가정의 이야기입니다. 하나님께서 복을 주실 수밖에 없고, 하나님의 복을 받을 수밖에 없는 엘가나의 가정을 우리가 함께 들여다보면서 오늘 우리의 모든 가정이 이렇게 되기를 축원합니다.

사무엘의 시대를 열게 된 배경은 엘가나와 한나 부부의 아름다운 가정생활에서 출발되었습니다. 이것을 기억하면서 그 과정들이 어떻게 전개되었는지를 함께 살펴보며 은혜를 나누려고 합니다.

1. 예배중심의 가정

19절 앞부분입니다.
"그들이 아침에 일찍이 일어나 여호와 앞에 경배하고 돌아가 라마의 자기 집에 이르니라"

엘가나와 한나가 하나님의 절기를 지키기 위하여 실로로 올라가 제사를 드리고 집으로 돌아가는 장면입니다. 여기서 우리가 주목할 말씀이 "아침에 일찍이 일어나 여호와 앞에 경배하고"라는 부분입니다.

이로 미루어 보건대 엘가나의 가정생활은 새벽 제단을 쌓는 것으로부터 하루가 시작되었음을 짐작할 수 있습니다. 엘가나의 가정은 항상 예배 중심의 생활이었다는 것입니다.

우리도 새벽 재단을 쌓고 있습니다. 그런데 그것이 그냥 그리스도인들을 피곤하게 하려고 만든 제도적인 행사가 아니라, 성경에 기초를 둔 성도들의 복된 삶을 위한 것임을 짚고 넘어가겠습니다.

하나님께서 우리에게 받으시고자 하는 것이 몇 있습니다. 그 중에 특별히 원하시는 것은 예배입니다.

일상을 살면서 우리도 중요하게 여기는 것이 많이 있습니다. 그 중에서 우리가 꼽는 것 하나가 일입니다. 맞습니다. 일이 중요합니다. 그러나 일보다 더 중요한 것은 예배입니다. 이것은 여러분의 일생에 잊어서는 안 되는 참으로 중요하고 또 중요한 겁니다.

하나님께 예배하는 것을 우선으로 살아가는 것이 하나님을 기쁘시게 하는 것입니다. 그것이 하나님 중심의 삶을 사는 성도의 바른 자세요 신앙의 고백입니다.

예수님께서는 아무리 바쁘고 피곤하셔도 새벽 미명에 일찍 일어나셨습니다. 그리고 한적한 곳으로 가셔서 기도하시며 하루를 시작하셨습니다. 예수님께서 이렇게 사신 것처럼(막1:35) 우리도 그리스도를 본받아 하루의 시작을 예배로 시작하는 생활이 되어야 합니다.

이런 예배의 삶의 중심이 사무엘상15장 22절 말씀이 가르치는 대로 '듣는 것' 과 '말씀을 순종하는 것' 입니다. "순종이 제사 보다 낫고 듣는 것이 수양의 기름보다 나으니라"

이것을 깊이 깨달으시고 하나님의 복을 받는 여러분의 귀한 가정이 되시기를 바랍니다.

주님의 복을 받은 사람 가운데 이 같은 사람이 없을 다윗의 고백을 시편 두 구절의 말씀으로 함께 나눕니다.

첫 구절은 시편 5편 3절입니다.

"여호와여 아침에 주께서 나의 소리를 들으시리니 아침에 내가 주께 기도하고 바라리이다."

두 번째 구절은 시편 143편 8절입니다.

"아침에 나로 하여금 주의 인자한 말씀을 듣게 하소서 내가 주를 의뢰함이니이다. 내가 다닐 길을 알게 하소서 내가 내 영혼을 주께 드림이니이다."

그렇습니다. 새벽에 드리는 다윗의 기도를 하나님이 들으셨습니다. 새벽에 말씀하시는 하나님의 말씀을 듣기를 원했던 다윗의 고백은 그의 일생을 하나님의 말씀 속에서 승리자의 모습으로 살게 하는 원동력이 되었습니다. 하나님께서는 이 다윗을 복되게 하셨습니다. 다윗은 하나님의 사랑을 그에게 머물게 할 수 밖에 없는 모습을 오고 오는 세대의 모델이 되어 지금도 우리에게 보여주고 있습니다.

2. 부부사랑의 가정

19절에서 두 번째로 주목할 단어가 '동침하다' 라는 단어입니다.

"엘가나가 그의 아내 한나와 동침하매"

여기에 쓰여진 '동침하다' 라는 단어의 히브리어는 '야다~(יָדַע)' 입니다. 이 단어는 영어로 'knew' 로 번역을 하고 있습니다. 즉 '알다' 라는 뜻인데, 이것은 정상적인 부부관계는 서로에 대해 속속들이 알 때에 온전히 유지되는 것을 의미하고 있습니다.

창세기 4장 1절의 아담과 하와의 관계에서도 이것은 이미 입증이 되었습니다. 역시 그곳에서도 '아담이 그 아내 하와와 동침하매(Adam knew Eve his wife)' 의 '동침하매' 가 knew로 번역되었습니다.

현재 이혼한 부부의 원인을 조사해 본 결과, 서로에 대해 제대로 알지 못한 것이 70%가 넘었습니다. 이런 통계가 우리에게 말해주는 것이 무엇이겠습니까? 아름다운 부부, 정상적인 부부관계는 서로를 아는 것이 필수적이라는 것입니다. 그것은 행복한 가정을 꾸려가는 행복의 근간이기도 합니다.

가정의 행복이 어디로부터 오겠습니까? 에베소서 5장 28절에서는 이렇게 말씀하십니다.

"이와 같이 남편들도 자기 아내 사랑하기를 자기 자신과 같이 할지니 자기 아내를 사랑하는 자는 자기를 사랑하는 것이라."

전도서 9장 9절에서도 이렇게 말씀하십니다.

"하나님이 해 아래에서 네게 주신 모든 헛된 날에 네가 사랑하는 아내와 함께 즐겁게 살지어다. 그것이 네가 평생에 해 아래에서 수고하고 얻은 네 몫이니라."

가정의 불행은 부부간의 불화에서부터 시작됩니다.

하나님이 복 주시는 가정은 하나님이 맺어주신 부부로서의 아름다운 관계가 있는 곳입니다. 남편과 아내가 서로의 역할에 대하여 바르게 알 때 정상적인 부부사랑이 충만한 가정이 됩니다. 남편들은 아내 사랑하기를 예수님이 교회를 위하여 목숨을 주시듯 사랑하고, 아내들은 남편 사랑하기를 교회가 주님께 복종하듯 할 때, 그 가정은 비로소 행복한 가정, 하나님이 복 주시는 가정이 되는 줄 깨달으시기를 바랍니다.

3. 하나님이 생각하는 가정

세 번째로 주목할 문장은 19절 하반절입니다.

"여호와께서 그를 생각하신지라."

여기 '생각하신지라' 라는 원어는 '자카르(זָכַר)' 입니다. 영어의 remembered로 번역된 이 히브리어는 '기억하다', '표시하다' 라는 뜻으로써 항상 마음속에 깊이 새기고 있는 상태를 가리킵니다.

여러분 느껴지십니까? 하나님이 항상 마음속에 깊이 새기고 있는 사람, 그 사람은 얼마나 축복받은 사람이겠습니까. 하나님의 기억 속에 있는 것이 하나님의 복을 받은 사람입니다.

목회를 하면서도 그렇습니다. 늘 마음에 남아있는 사람들이 있습니다. 이미 그 사람들은 목사의 축복을 받고 있는 사람들입니다.

무엇 때문에 하나님께서 이렇게나 한나를 각인하여 기억하시게 되었을까요? 한나는 자식이 없어 브닌나에게 서러움을 당하고 있습니다. 브닌나로부터 마음의 격동함을 당하고 있습니다. 비록 처지가 그런 한나지만 자신의 견딜 수 없는 서러움과 분노를 인간적인 방법으로 풀지 않았습니다. 오직 하나님 앞에 나아가 애절하게 기도했습니다. 간절히 매달려 자신의 설움과 아픔을 토로했습니다. 오직 하나님께.

그런 한나의 중심을, 모습을 하나님은 기억하셨던 것입니다.

주의 종 엘리 제사장이 자기를 술 취한 여자로 오해하고 모진 말을 했습니다. 그럼에도 한나는 주의 종을 향해 원망과 불평의 말을 하지 않았습니다. 오히려 유순한 대답을 합니다. 존경의 태도와 마음을 잃지 않고 제사장을 대했습니다. 한나의 그런 아름다운 모습도 하나님은 기억하셨습니다.

남편 엘가나의 사랑이 자기에게 있다지만 브닌나를 통해 자식을 낳고 자기에게 아픔을 준 엘가나에게도 한나는 아내로서의 위치를 잃지 않고 처신했습니다. 이 또한 하나님은 보고 계셨고, 알고 계셨으며, 기억하고 계셨습니다.

그렇습니다. 하나님께 기억하신바 된 사람이 하나님의 복을 받습니다. 이제까지 살아오면서 하나님 앞에 기억될만한 일을 한 것이 여러분은 있습니까? 다르게 말 해 볼까요? 하나님을 감동시킬만한 일을 한 것이 여러분에게 있느냐는 말씀입니다. 그런 일도 없으면서 하나님의 복을 받으려고 생각했다면, 그것은 상당한 착각입니다. 오해입니다. 당신은 생각을 바꾸어야 합니다. 마음을 바꾸어야만 합니다.

우리가 분명히 하나님께서 아름답게 기억하실 일을 한다면, 하나님은 우리의 환난 날에 우리의 부르짖음을 들으시고 은혜를 베푸실 것을 믿습니다.

히스기야가 그랬습니다. 어느 날 그가 병들어 죽게 되는 사형선고를 받았습니다. 그 때 그의 기도 한마디가 하나님의 기억을 되살렸습니다. 그리고 무려 15년의 생명을 연장 받았습니다. 그 말씀이 이사야 38장 3절입니다.

"여호와여 구하오니 내가 주 앞에서 진실과 전심으로 행하며 주의 목전에서 선하게 행한 것을 기억하옵소서."

사도행전 10장 4절에도 하나님이 기억하신바 된 기도의 응답이 있습니다.

"고넬료가 주목하여 보고 두려워 이르되 주여 무슨 일이니이까 천사가 이르되 네 기도와 구제가 하나님 앞에 상달되어 기억하신 바가 되었으니"

고넬료의 기도와 구제가 하나님 앞에 기억하신 바가 되었다는 말씀입니다. 하나님께서 베드로를 통하여 이방선교의 문을 여실 때 고넬료를 사용하셨습니다. 고넬료가 그런 축복의 통로로 쓰임을 받은 것은 그의 경건과 구제와 기도가 하나님 앞에 기억되어 있었기 때문입니다. 그것이 선교의 문을 여는 주역으로 사용하심을 입는 하나님의 복을 받은 주인공이 되는 삶이었던 것입니다.

하나님 앞에서나 주의 종에게나 아름다운 대상으로 기억되는 삶을 사시기를 바랍니다.

사도 바울에게도 잊을 수 없는 사람들 두 부류가 있었습니다. 에바브로디도, 뵈뵈, 디모데, 브리스길라와 아굴라 같은 아름답게 기억되는 사람들이 있었습니다. 우리가 하나님 앞에서 걷는 인생길에서 그렇게 사는 복을 누려야 하지 않겠습니까.

그런가 하면 구리 장색 알렉산더, 후메네오와 밀레도, 부겔로와 허모게네 같이 고통을 준 사람으로 기억되는 사람들도 있습니다. 우리는 이런 사람들의 전처를 밟는 삶을 살아서는 안 됩니다. 왜냐하면 우리는 하나님의 사람들이니까요.

4. 하나님이 들으시는 가정

20절 말씀입니다.

"한나가 임신하고 때가 이르매 아들을 낳아 사무엘이라 이름하였으니 이는 내가 여호와께 그를 구하였다 함이더라."

이 구절의 중심은 '사무엘' 입니다. 사무엘이라는 뜻은 '하나님이 들으심' 이라는 뜻입니다. 어법상 '하나님이 들으신다.' 는 말 앞에는 반드시 '하나님 앞에 구한다.' 는 말이 있어야 합니다. 그러므로 하나님이 들으시는 가정이란 하나님께 늘 구하는 가정, 항상 기도하는 가정이라는 말입니다.

요즈음은 기독교인이라고 하는 사람들도 매사를 하나님께 구하지 않고 세상에서 구하려는 일들이 얼마나 많은지 모릅니다. 그것은 어리석은 일입니다. 그런 어리석음에서 속히 돌아서야 합니다.

우리의 주인공 한나는 남편 엘가나와 함께 항상 하나님께 구하는 삶을 살았습니다. 하나님이 들으시고 한나에게 아들을 주셨을 때 한나는 그 이름을 '사무엘'이라고 지었습니다. 철저한 하나님 중심의 삶을 그 자녀의 이름으로도 나타낸 것이었습니다. 하나님이 주신 아들이기에 하나님의 뜻대로 사용하시기를 원했고, 동시에 하나님의 뜻을 따라 아들을 길렀습니다. 그것이 한나의 신앙과 삶이었습니다.

얼마 전에 전화 한통을 받았습니다. 제가 극진히 사랑하고 아끼는 장로님이었습니다. 지방자치단체장과 기초 광역의회 의원 선거에 후부로 등록을 하게 된 사람입니다. 후보로 등록할 것을 확정하고 나니 시간이 1초가 아깝고 바쁘다는 것입니다. 이런 저런 인사를 나누면서 불현듯 생각나는 것이 있었습니다. 제가 해 드린 권면의 말은 딱 한마디였습니다.

"정말 하나님을 믿습니까? 그렇다면 먼저 하나님께 구하는 것을 잊지 마십시오!"

그렇습니다. 사회적, 정치적, 지도자들 가운데 기독교인들이 특히 범하기 쉬운 약점이 바로 이것입니다. 입으로는 하나님의 은혜와 하나님의 도우심을 이야기 하지만 철저하게 사람중심으로 일을 하는 것이 일상입니다.

그러나 놀라운 것은, 그럼에도 불구하고 돌아보면 하나님의 손길이 머물지 않는 곳이 없음을 깨닫고 하나님께 마음을 두고 일하는 자를 하나님이 기억하신다는 것입니다. 그의 간구를 들으시고 이루시는 것을 보는 것입니다. 전혀 하나님께 마음을 두지 않은 사람들과는 구별하신 것을 본다는 말씀입니다.

솔로몬은 지도자로 나아가는 첫걸음에 모든 것을 전심으로 하나님께 구하였습니다. 하나님은 그의 구하는 모든 것이 참으로 마음에 합의하셔서 기쁘게 들으셨습니다. 모든 것이 하나님의 은혜로 형통케 되어갔습니다. 참으로 출발이 좋은 솔로몬이었습니다. 그러나 애석하게도 후에는 실책을 하고 맙니다. 솔로몬은 형통할 때 하나님께 구하지 않게 되었습니다. 사람들의 말을 앞세웠습니다. 결과는 말년의 비참함뿐이었습니다. 그것을 깨달았을 때는 모든 것이 헛되고 헛된 늦은 때였습니다.

제가 아는 한 분 진실 된 하나님의 사람 이야기를 여러분과 나누겠습니다. 경상북도 도지사를 지낸 분의 이야기입니다. 이분의 일생을 어찌 짧은 한 마디로 설명을 다 할 수가 있겠습니까만, 그래도 요약을 해 보면 '모든 일을 하나님께 구한 후 행하는 사람' 이었습니다. 이 분은 관선 경북지사를 포함하여 경북도시자에 4선하여 일하셨습니다. 그리고 지금은 법이 정한 바에 따라 퇴임을 하셨습니다. 평생을 겸손과 온유, 정직과 진실을 삶의 옷으로 입고 오늘까지 살아오신 분입니다. 이해와 관용, 용서와 사랑을 실천하신 분이십니다.

장로님의 중심에는 강물처럼 흐르는 사상과 신앙이 있었습니다. 오직 하나님께 구하는 삶, 기도하는 삶, 그것이 그 분의 중심에 마르지 않는 강물로 흐르고 있음을 저는 보아왔습니다.

결정적인 일을 하실 때는 언제나 주의 종에게 물었습니다. 물론 직접 하나님께 묻는 삶을 살아오셨지만, 항상 주의 종에게 묻고 그 대답을 경청하며 하나님께서 주시는 말씀으로 수용하는 분이십니다. 하나님은 그를 기억하셨습니다. 그의 기도를 들으셨습니다. 그리고 그에게 많은 복을 주셨습니다. 그가 경북도지사를 지낸 이의근 장로님이십니다.

그 분의 남은 생애도 하나님이 그렇게 인도하시고 함께 하실 것을 저는 믿습니다. 왜냐하면 그 분의 삶이 그것을 증명하고 있기 때문입니다. 그 분의 삶과 가정이 온전히 하나님의 복 주심 가운데 있습니다.

오늘 본문의 엘가나와 한나의 가정처럼 우리의 가정도 하나님의 복을 받는 가정이 되어야 합니다.

예배가 중심이 되는 가정이어야 합니다.

부부사랑이 아름다운 가정이어야 합니다.

하나님이 기억하시는 가정이어야 합니다.

하나님이 들으시는 가정이어야 합니다.

우리 모두의 가정이 하나님께서 복 주시는 가정이 되기를 주님의 이름으로 축복합니다. 아멘.

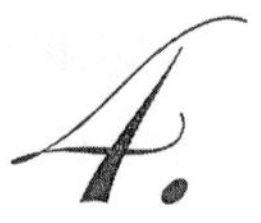

서원한 것을 이행하라

한 통의 편지가 전달되어 왔습니다. 편지의 내용이 많은 것을 생각하게 하는 신앙인의 아름다운 이야기입니다. 너무도 아름다운 내용이어서 전문을 그대로 소개해도 본인에게 실례가 되지 않으리라 생각되어 전문을 그대로 소개합니다.

〈하나님 죄송합니다. 주일성수를 범하여 재앙과 저주를 받고 아버지께 부르짖었더니 오랜 세월 속에서 본 교회(포항중앙교회) 건축 헌금 오십 만원이 생각나고 떠오르게 하신 성령님께 감사드립니다.

죄의 구렁텅이, 악의 구렁텅이, 수치의 웅덩이에 빠져 있는 것도 모르고 지내다가 불순종하여 재앙과 저주를 받아 숨어 살듯이 온방에 불도 안 켜고 회개하는 마음으로 기도와 찬송과 구약, 신약 속에 살다보니 나의 몸에 양약이 되고, 만남의 양약도 되고, 마음의 양약도 되고, 견고한 내 뼈의 양약이 됨을 감사합니다.

하늘나라 의로우신 하나님께서 저의 삶과 영의 삶 속을 계획하시고 예정하시며 아버지 원대로 뜻대로 살기를 바라며 합당하고 좋은 것으로 주신다는 것을 깨달았습니다.

본 교회 아주 옛날 피종진 목사님께서 부흥집회(1981년 4월 27일 - 5월 1일) 인도 하실 때 하나님 아버지와 서원한 것인데 물 붓듯이 불 붓듯이 주실 때 알았더라면 드렸을 터인데, 지금은 이것이 전 재산이기에 세상사람 돈을 빌려도 한 달만 써도 이자를 달아 주는데 칠 만원 밖에 못 드려서 죄송합니다.

전 재산 통틀어 이것뿐이라 그런지 아시겠죠? 감사, 천지만큼 감사하며 지구길이 만큼 감사하며 바다 속 깊이보다도 더 감사합니다. 변선숙 드림〉

이 분은 이십여 년 전에 하나님 앞에 작정한 건축헌금을 드리지 않고 살아왔습니다. 그것도 아주 까맣게 잊어버리고 지냈던 것입니다. 그런데 세월이 흐른 지금 어려움 가운데서 기도하는 중에 그 일이 생각이 났던 것입니다. 그러자 본인에게는 전 재산이라고 말한 50만원, 옛날의 작정헌금과 이자까지 7만원으로 계산하여 57만원을 편지와 함께 송금해 왔습니다.

이미 이십 년이라는 오랜 시간이 지났지만 하나님 앞에서 했던 서원을 지킨 아름다운 사건입니다.

신앙생활을 하면서 은혜를 받으면, 그것이 감정적이든 이성적 판단이든 이 모양 저 모양으로 서원을 하는 경우가 있습니다. 그리고는 그만 서원을 이행하지 못하는 경우도 종종 생겨납니다. 그러나 그래서는 안 된다는 것을 성경은 여러 곳에서 가르치고 있습니다.

"네가 하나님께 서원하였거든 갚기를 더디게 하지 말라 하나님은 우매한 자들을 기뻐하지 아니하시나니 서원한 것을 갚으라 서원하고 갚지 아니하는 것보다 서원하지 아니하는 것이 더 나으니 네 입으로 네 육체가 범죄하게 하지 말라. 천사 앞에서 내가 서원한 것이 실수라고 말하지 말라. 어찌 하나님께서 네 목소리로 말미암아 진노하사 네 손으로 한 것을 멸하시게 하랴"(전 5:4-6)

"그의 눈은 망령된 자를 멸시하며 여호와를 두려워하는 자들을 존대하며 그의 마음에 서원한 것은 해로울지라도 변하지 아니하며"(시 15:4)

"네 하나님 여호와께 서원하거든 갚기를 더디 하지 말라 네 하나님 여호와께서 반드시 그것을 네게 요구하시리니 더디면 그것이 네게 죄가 될 것이라 네가 서원하지 아니하였으면 무죄하리라 그러나 네 입으로 말한 것은 그대로 실행하도록 유의하라 무릇 자원한 예물은 네 하나님 여호와께 네가 서원하여 입으로 언약한 대로 행할지니라"(신 23:21-23)

서원(誓願)이란 무엇인가?

서원은 하나님께 무엇을 하겠다고 약속하는 것을 말합니다. 그 내용이 레위기 27장에 자세하게 기록되어 있습니다.

사람과 사람 사이의 약속은 '서원'이라고 하지 않습니다. '서원'은 오직 하나님과의 약속입니다. 사람과의 약속도 지켜야하지만, 하나님과의 약속은 절대로 지켜야 합니다.

만약 사람들이 서원한 것을 모두가 잘 지킨다면 레위기 27장은 필요가 없는 장입니다. 그러나 인간이 하나님 앞에 서원하고도 잘 지키지 않기 때문에, 성경이 규례로 정해 놓고 그렇게 살아서는 안 된다는 것을 경계하고 있는 것입니다. 동시에, 하나님 앞에 서원한 것을 지키면 하나님께서 하늘의 복과 땅의 복을 주신다는 것도 가르치고 계십니다.

어느 분이 건축 헌금 1억을 작정한 후에 갑자기 사업이 부도를 맞았습니다. 작정한 헌금을 드리기 힘든 상황이 되었습니다. 이렇게 되면 교회를 옮기는 경우가 허다합니다. 그런다고 해결이 됩니까? 교회를 옮긴다고 우리 교회에 계신 하나님이 옮긴 그 교회에는 안 계십니까? 참으로 딱한 일입니다. 그래서 성경은 서원에 대하여 조심해야 할 것을 가르치고 있는 것입니다.

실제로 서원을 함부로 해서는 안 되는 내용이 사사기 11장에 강한 경고의 메시지로 기록되어 있습니다. 사사 입다가 암몬사람들이 이스라엘을 공격할 때 암몬과의 전쟁에서 이기게 해 주시면 집으로 돌아올 때 집에서 제일 먼저 환영하러 나오는 사람을 하나님께 번제로 바치겠다고 합니다. 하나님의 개입하심으로 입다는 전쟁에서 승리를 했습니다. 득의하며 전장에서 집으로 돌아옵니다. 그런데 이게 웬 일입니까. 가장 먼저 뛰어나와 반기는 사람이 다른 사람도 아닌 그의 무남독녀 외딸이 아니겠습니까. 아마 입다는 기가 막혀서 하늘이 내려 않는 느낌을 받았을 것입니다. 숨이 멎는 고통을 느꼈을 것입니다.

여러분이라면 어떻겠습니까? 자신에게 하나 뿐인 자식을 번제로 드려야 한다면 말입니다.

입다는 서원한 대로 무남독녀를 하나님께 번제로 바쳤습니다.

이 사건이 우리에게 말씀하시고자 하는 것이 무엇이겠습니까? 감정에 치우쳐 급거히 임기응변적인 서원을 해서는 안 된다는 것을 교훈하고 있는 것입니다.

서원은 자발적입니다. 의무적으로 드리는 것, 억지로 드리는 것, 강압에 의하여 드리는 것은 서원이 아닙니다.

저는 목사 안수를 받을 때에 서원한 것이 있습니다. 죽음에서도 건져 주시고, 가난의 진토에서도 일으켜 주신 하나님, 못난 인간을 주의 종으로 높여 주시는 하나님의 은혜는 천만번을 생각해도 감사할 것 뿐이었습니다. 그때 생각나는 것이 마가복음 11장으로 예수님의 예루살렘 입성 장면이었습니다. 그 순간 온 몸이 불덩이처럼 뜨거워지는 것을 경험했습니다. 그 앞에서 눈물 콧물을 쏟으며 서원을 했습니다.

"내 평생 주님을 태우고 전국 방방곡곡, 전 세계 어디든지 주님의 복음이 필요한 곳으로 다니는 주님의 나귀가 되겠습니다."

나이 40에 목사 안수를 받는 종이, 목회자로서는 이미 황금기를 넘어선다는 이때에야 겨우 목사가 되는 나 같은 못난 것이, 어찌 전국 방방곡곡 전 세계를 다니면서 복음의 사역을 할 수 있을까? 하는 인간적인 생각도 들었습니다. 그러나 생각의 올무로 스스로를 제한하는 어리석음을 버리고 하나님께 저를 맡기기로 했습니다.

나의 하나님은 못난 이 종이 안수 받던 그 해부터 오늘에 이르기까지 전국방방곡곡 전 세계 복음사역을 위하여 저를 써주시고 계십니다. 주님의 나귀 되어 헌신하며 살도록 분명하게 인도 해 주셨습니다.

때로는 힘들고 너무도 고달픕니다. 그냥 교회 목회사역에만 전념하고 싶을 때도 있습니다. 쇄도하는 부흥사경회 요청을 다 수락하려면 1년 내내 집회 강사로 다녀야 합니다. 그러려면 본 교회 사역을 내려놓아야 할 지경입니다.

그러나 제게 맡겨진 목양의 뜰도 잘 관리하면서 제가 할 수 있는 최선으로 한 달에 한 두 번이지만 주님을 모시고 복음의 나귀로 길을 나섭니다. 그곳이 어디든지 나의 상황이 어떠하든지, 아골 골짜기라도 마다 않고 기꺼이 걸음을 내딛는 것은, 하나님 앞에 드린 그 때의 서원이 저를 인도하시기 때문입니다.

이런 걸음이다보니 몸도 많이 쇄진하고 지칩니다. 그렇지만 저희 교회는 주님의 은혜로 이렇게 행복하고 부흥하고 있습니다. 뿐만 아니라 부흥사경회를 통해서도 수백 수 천 수 만의 성도들이 변화를 받고 하나님께로 돌아와 헌신하는 아름다움을 경험합니다.

이런 시간들 속에 큰 기쁨과 감사가 넘칩니다. 이렇게 되게 하시는 분은 오직 주님뿐이라는 고백만이 주님께 영광으로 돌려집니다.

서원을 바탕으로 드려지는 오늘의 이 감사와 이 고백이 저로 하여금 사명 수행을 게을리 하지 않게 합니다.

서원한 것은 반드시 갚아야 합니다. 그러나 꼭 그렇지 않은 경우도 있습니다. 그에 관해서는 민수기 30장에서 밝히 말씀하고 계십니다.

꼭 읽으시고 하나님 앞에서 아름다운 삶을 엮어 가시기를 바랍니다.

한나의 서원과 이행

　자식 없는 설움과 고통으로 세월을 보내던 한나의 하나님 앞에서의 간절한 서원기도가 있었습니다. 이런 한나를 기억하신 하나님께서는 그녀의 품에 아들 사무엘을 안겨주셨습니다. 오늘 본문은 그 이후의 한나의 삶을 보여주고 있습니다. 이 모습들이 얼마나 아름다운지 한나의 그동안의 삶을 더욱 돋보이게 하고 있습니다. 한 어머니로서의 지극한 아름다움과 한 아내로서의 현숙한 여인의 모습이 그림처럼 그려져 있습니다.

1. 한나의 서원은 예배로 이행되었습니다.
사무엘상 1장 11절을 소급하여 보겠습니다.
　"서원하여 이르되 만군의 여호와여 만일 주의 여종의 고통을 돌보시고 나를 기억하사 주의 여종을 잊지 아니하시고 주의 여종에게 아들을 주시면 내가 그의 평생에 그를 여호와께 드리고 삭도를 그의 머리에 대지 아니하겠나이다."

　한나의 이 기도의 서원이 19절에서 하나님이 그녀를 생각하셨다는 말씀으로 기록되었습니다. 그리고 20절에서는 하나님께서 그녀의 기도에 응답의 은혜를 베푸셔서 사무엘을 낳게 되었습니다. 한나의 소원이 이루어졌습니다. 너무나 감사한 일입니다. 우리가 주목할 부분이 바로 여기서부터의 한나의 신앙생활입니다.

서원기도를 드리고 응답을 받으면 대부분의 사람들은 받은 축복에 취하여 서원한 것을 잊어버리기 쉽습니다. 그러나 한나는 아니었습니다. 그녀는 그렇지 않았습니다. 21절 말씀이 그것을 증명하고 있습니다.

"그 사람 엘가나와 그의 온 집이 여호와께 매년제와 서원제를 드리러 올라갈 때에"

매년제는 정기적으로 드리는 예배입니다. 그리고 서원제는 특별히 드리는 예배를 말합니다. 이 부분은 엘가나 가정의 예배가 살아있음을 증명하는 부분입니다. 축복 받은 후에 더욱 하나님께 경배하는 삶을 실천한 엘가나와 한나 가정의 아름다운 모습이 펼쳐져 있습니다.

성도가 타락하는 일차적인 출발은 예배에 관한 것으로부터 나타납니다. 예배가 짜증이 나고 예배가 지겹습니다. 예배가 귀찮고, 예배가 싫증이 납니다. 이쯤 되면 이미 그는 타락해 가고 있다는 징조입니다. 주일 오후예배도 싫고 수요예배도 귀찮습니다. 더군다나 금요예배라니, 번거롭기 짝이 없게 느껴집니다. 이런 상태를 다른 말로 하면 하나님 만나기가 싫어진다는 것입니다. 이것이 자신도 모르는 사이에 서서히 타락해 가는 성도의 위험한 징조입니다.

권혁돌 장로님의 눈물의 고백이 있었습니다. 아이들 3형제가 어릴 때는 너무도 총명하고 지혜로웠습니다. 후일 더 좋은 대학을 보내고 훌륭한 사람으로 키우기 위하여 주일에 예배를 드리는 것 보다 학교 공부에 더 중점을 두고 키웠답니다. 그렇게 자란 아이들이 하나님 앞에서 이제는 신앙생활을 잘 할 것으로 기대했습니다. 그런데 이게 웬일입니까. 다 자란 아이들이 하나님의 축복의 울타리에서 멀어지는 것이었습니다. 아버지는 아이들이 하나님의 뜰에서 멀어지는 것을 보아야 하는 고통을 겪게 되었습니다. 그때 깨달았습니다. 어릴 때 공부하라고 말하지 말고 하나님께 예배드리라는 말을 하는 부모가 훌륭한 부모요, 그 말을 듣고 자란 아이들이 결국 축복받는 삶을 살아간다는 것을 말입니다. 이제 장로님은 기회가 있을 때마다 후배들에게 이 일을 교훈하고 계십니다.

여러분의 가정이 하나님의 은혜와 축복을 받았다면 더욱 더욱 예배가 살아나는 가정되기를 바랍니다.

2. 한나의 서원은 남편의 동의하에 이행 되었습니다.

이 말씀은 참으로 중요한 말씀입니다. 민수기 30장 6-8절을 보면 남편의 허락 없이 아내가 자의적으로 서원한 것은 남편이 무효화 할 수 있다고 규례로 정하고 있습니다.

그런데 한나는 아주 지혜롭게 남편의 동의를 끌어내는 내용이 22절에 기록되고 있습니다. 그러자 그녀의 남편 엘가나는 아내 한나의 서원 기도를 아무 제지 없이 동의해 주는 내용이23절에 기록되어 있습니다.

여기서 잠깐 특별히 눈여겨보아야 할 곳은 21절입니다. 개역개정판에서는 "매년제와 서원제를 드리러 올라갈 때에"라고 기록하고 있습니다. 그런데 개역 한글판에서는 "매년제와 그 서원제를 드리러 올라갈 때에"라고 기록하고 있습니다. "그 서원제"는 다시 설명할 필요도 없이 한나가 하나님 앞에 서원한 것을 가리키는 것입니다. 그것을 상기시키면서 엘가나 또한 자기의 서원제로 하나님께 드린 것을 강조하고 있는 것입니다.

이 부분을 통해서 엘가나와 한나 가정의 아름다운 신앙의 질서와 부부 사랑이 조화를 이루고 있는 모습을 볼 수 있습니다. 아내를 사랑하는 남편 엘가나의 모습과 그 남편을 존경하며 순종하는 아내 한나의 모습입니다.

이것이 한나의 서원이행을 위한 아름다움입니다. 한나는 자신의 서원을 남편에게 간절함으로 동의를 구했습니다. 엘가나는 한나의 서원을 무시하지 않았습니다.

요즈음 같은 남편 따로, 아내 따로의 생활이 아닙니다. 무엇을 하든지 부부가 함께하는 것이 돋보이는 장면입니다.

오늘날은 부부 의견이 일치하지 않아서 불화하고 깨어지는 가정이 참 많습니다. 남편이 느끼지 못하는 사이에, 아내가 깨닫지 못하는 사이에 가정은 행복하지 않습니다.

우리들의 가정이 엘가나와 한나의 가정 같이 되기를 축복합니다.

3. 한나의 서원은 신앙교육 우선으로 이행되었습니다.

24절 이하는 한나가 성전에 올라가 하나님께 사무엘을 온전히 바치는 내용입니다. 이 과정은 우리가 더욱 주목하여 보아야 할 사건입니다. 왜냐하면, 사무엘을 하나님께 바치겠다고 서원한 한나의 행동하는 신앙이 잘 나타나 있기 때문입니다. 이와 같은 행동은 하나님이 베푸신 은혜를 전심으로 감사하는 진실한 마음의 발로입니다. 또한 서원의 이행입니다.

한나의 하나님 앞에 나아가는 진정이 보이는 모습을 몇 가지 살펴보겠습니다.

첫째는 사무엘을 위하여 감사함으로 하나님께 예물을 준비해 드렸습니다. 24절입니다.

"젖을 뗀 후에 그를 데리고 올라갈 새 수소 세 마리와 밀가루 한 에바와 포도주 한 가죽부대를 가지고 실로 여호와의 집에 나아갔는데 아이가 어리더라."

민수기 15장을 보면 서원제를 드릴 때는 제물이 수소 한 마리, 소제로는 가루 에바 십분지 삼(약 6.6리터), 전제로는 포도주 반 힌(약 1.8리터)입니다. 그런데 한나가 드린 제물을 보면 이것의 3배가 되는 분량입니다. 이것은 받은 하나님의 은혜에 대해 자원하는 마음으로 드리는 넘치는 감사의 표현입니다.

생각해 보십시오. 무엇이 아깝겠습니까. 모든 것을 다 드린들 아깝겠습니까? 그 무엇과 사무엘을 바꿀 수 있겠습니까. 이런 감사하는 모습이 한나의 신앙이며 자녀 교육의 출발입니다.

오늘날 사람들은 자녀를 위해서 세상적으로 돈 쓰는 것은 아깝게 생각하지 않습니다. 그러나 신앙적으로 하나님 앞에 물질을 사용하는 것은 왜 그리도 아깝게 여기는지, 그것이 모두 어디에서 왔는지? 무엇에 어떻게 사용해야 하는지? 생각해야 할 것입니다.

욥처럼 아이들 생일이 되면 자녀의 이름대로 번제를 드린 하나님 중심의 생활이 자녀들이 축복을 받는 길입니다.

여러분은 여러분의 자녀를 위하여 하나님께 어떤 예물을 드리고 있습니까?

둘째는 사무엘을 주의 종에게 맡겨 하나님께 경배하게 했습니다. 25절입니다.

"그들이 수소를 잡고 아이를 데리고 엘리에게 가서"

그 다음 26절을 보면 한나는 엘리 제사장이 자신를 오해했던 그 시간을 상기시키고 있습니다. 이어서 자신이 하나님께 기도했으며, 기도를 들으신 하나님께서 은혜를 베풀어 아들을 주신 것을 남김없이 다 설명합니다. 그리고 나서 눈에 넣어도 아깝지 않을 아들을, 이제 막 젖을 뗀 어린 아들을 어미 품에서 떼어 하나님 앞 성전에서 생활하게 하기 위하여 주의 종 엘리제사장에게 맡깁니다. 그 내용이 28절까지 이어집니다.

인간적으로 보면 가슴이 미어질 일입니다. 웬만한 결단이 아니면 어림도 없는 일입니다. 그런데도 한나는 하나님 앞에 서원한 것을 지키기 위하여 행동하는 신앙으로 일관하고 있습니다.

그렇습니다. 어릴 때부터 목사의 관심 안에 있는 아이들은 다릅니다. 목사의 축복을 받고 자란 아이들은 분명히 다릅니다. 그래서 지혜 있는 부모는 자식들을 주의 종에게 부탁을 합니다.

결과가 어떻게 되었습니까? 28절 마지막 하반 절 말씀은 우리의 가슴을 감동케 하는 말씀입니다.

"그가 거기서 여호와께 경배 하니라."

시편 127편 3절에 이렇게 말씀하셨습니다.

"자식은 여호와의 주신 기업이요."

여기의 '기업' 이라는 단어를 주목할 필요가 있습니다. 기업이란, 흥할 수도 있고 망할 수도 있는 것입니다. 어떻게 관리를 하느냐에 따라 그 결과는 엄청난 차이를 가져옵니다. 그러므로 기업은 경영이라는 큰 과제가 주어진 단어로 볼 수 있습니다.

하나님은 우리에게 자식이라는 과제를 주셨습니다. 어떻게 해야 이 자식이 망하지 않고 흥할 것인가를 깨우쳐주는 말씀입니다.

이 세상의 모든 것을 찾았어도 자식을 잃고 행복하게 살아갈 수 있는 부모는 그리 많지 않습니다. 자식의 많고 적음은 그리 중요한 것이 아닙니다. 주신 자식을 어떻게 쓸모 있는 자식으로 키우느냐 하는 것이 중요합니다.

한나는 자식이 없어 하나님 앞에 서원기도를 했습니다. 하나님께서는 그녀의 기도를 들으시고 사무엘을 주셨습니다. 기도에 응답하신 하나님께 한나는 자신의 서원을 성실히 이행하였습니다. 이것이 우리가 오늘을 살아가면서 우리 삶의 중심에 담아 두어야 할 중요한 내용입니다.

무엇보다 한나는 서원을 예배 행위로 이행했습니다. 남편의 동의로 이행했습니다. 응답으로 받은 아들을 하나님 앞에 드려 신앙교육을 시키는 것으로 이행했습니다. 이 모습이야말로 거짓 없는 '오직 하나님 중심의 삶' '감사하는 삶' 입니다.

오늘을 살아가는 우리도 하나님 앞에 서원한 것을 온전히 이행하는 신앙인으로 사는 축복받는 성도가 되기를 예수님의 이름으로 축복합니다. 아멘.

5. 한나의 감사기도와 찬양

교회부흥을 갈망하지 않는 목회자는 없습니다. 그래서 목회 일선에서는 다양한 정책과 방법이 강구되고 또 시행됩니다.

1994년 9월! 이 날은 제가 포항 중앙교회의 8대 담임목사로 부임한 날입니다. 그때, 교회의 성장은 비단 목사인 저뿐만이 아니라 모든 교인들의 소망이었습니다. 그 소망은 세월이 지나는 지금도 변함없는 우리의 소망입니다.

이런 가운데, 전국 교회 부흥사경회를 인도하러 다니면서 보고 듣는 것 가운데 많은 사람들이 범하는 오류가 있는 것을 봅니다. 교회가 부흥되지 않으면 일차적인 책임을 고스란히 목회자에게로 돌린다는 것입니다. 이로 인해 많은 목회자들이 교회 성장과 관련하여 일종의 노이로제 현상이 걸려 있습니다. 이것이 사실입니다.

저라고 예외일 수는 없습니다.

제가 이 교회에 부임하고 제일 먼저 시작한 것 가운데 이런 것이 하나있습니다. '포항시내 교회 교인들이 포항중앙교회로 올 때 이명증서 없이 등록하는 것은 허락하지 않는다.'는 것입니다. 잘못 이해하면 저의 교만이라고 할 수 있는 부분입니다. 그러나 제가 추구하는 것은 수평이동으로 인한 교회 성장이 아니라는 것입니다.

대형교회의 시스템은 아무래도 중 소형교회 시스템과 비교하여 많은 부분이 욕심이 나도록 좋습니다. 그런 이유들로 인해 교인들은 자연스럽게 대형교회를 선호하고 또 옮기고 싶어 하는 경향이 있습니다. 그러나 그것은 옳지 못한 처신입니다.

물론 이런 저의 목회 정책을 비판하는 분들도 있었습니다. 그것을 일종의 교만이라고도 했습니다. 교인들의 영적성장의 기회를 인위적으로 차단하는 것이라고도 했습니다.

그러나 제 마음은 오직 포항시 전체의 복음화가 기도 제목이었고, 또 한 교회의 성장이 다른 교회가 침체되는 것을 가속화시키게 되는 것이라면, 그것은 주님이 기뻐하시지 않으신다는 것을 확신했기 때문입니다. 그랬더니 오랜 신자들이 초신자로 우리교회에 등록을 하고 나중에야 직분까지 받은 사람임을 고백하는 경우도 있었습니다만 그렇다고 다시 그들을 돌려보낼 수는 없었습니다.

집착과 포기가 우리 일상에 미치는 영향은 아주 큽니다. 바른 것에 착념해야함에도 오히려 잘못된 것에 집착을 하는 경우가 있는가 하면, 포기해야 할 것을 포기하지 못하고, 포기해서는 안 될 것을 오히려 포기해 버리는 경우가 그렇습니다.

　목사에게 있어서 교회 부흥에 대한 집착과 관련한 잘못된 판단과 시행착오가 얼마나 많은 아픔과 시련이 되는지 모릅니다. 이것은 목사 개인뿐만이 아니라 교회도 상처를 입게 되는 일입니다.
　일찍부터 저는 이것을 깨달아 알고 있었습니다. 그래서 포항중앙교회만의 부흥이 아닌 포항시 복음화에 집착했고, 개교회의 부흥을 위한 다양한 내용과 방법을 포기하면서까지 포항의 모든 교회들이 부흥하기를 갈망하며 오늘에 이르고 있습니다.
　이런 속내를 아시는 하나님은, 오히려 우리 교회를 더 부흥시켜 주실 뿐 아니라 포항시 복음화도 빠른 속도로 앞당겨 주시고 계십니다. 이런 하나님의 은혜는 생각하면 할수록 감사의 노래를 부르지 않을 수 없게 합니다.

　오늘 본문은 주인공 한나를 통해 집착과 포기의 아름다움을 아주 선명하게 잘 보여주고 있습니다.
　아들이 없는 그녀의 집착은 참으로 대단했습니다. 오직 하나님께 매달렸습니다. 그런 그녀의 강한 집착은 마침내 하나님으로부터 아들을 얻기에 이릅니다.
　중요한 것은 그녀의 그 이후의 삶의 행보입니다. 그토록 어렵게 얻은 아들이었지만 깨끗하게 포기할 줄 아는 그녀의 지혜로운 삶의 모습, 그것이 중요합니다.
　눈에 넣어도 아프지 않을 사랑하는 아들 사무엘, 그 어린 아들을 젖떼기가 무섭게 곧장 성전에 올려 보낸다는 것은 결코 쉬운 일이 아닙니다. 그러나 한나는 자신의 서원을 이행했습니다. 어린 아들을 주의 종의 손에 맡겨 하나님께 온전히 봉헌했습니다.

이것은 진실로 거룩한 포기입니다. 자신을 온전히 드림과도 같은 것입니다. 이 한 걸음 거룩으로의 족적은 더 좋은 것을 얻는 또 다른 축복으로의 행보였습니다. 한나의 내어드림은 앞 뒤 가리고 계산한 드림이 아니었습니다. 오직 주님 앞에 오로지한 헌신이었습니다.

한나의 이 집착과 그리고 이 포기는 오늘 우리에게 도전의 큰 동기를 제공해 주고 있습니다. 하나님 앞에서 오늘을 사는 우리의 삶이 하나님을 향하여 더욱 힘차게 나아가도록 하는 큰 도전을 하게 해 주고 있습니다. 한나, 그녀의 포기는 앞으로 우리의 삶을 바르게 행보할 수 있는 지혜를 갖게 합니다.

이런 내용을 품고 있는 본문은, '구약의 송가' 라 불리어지는 한나의 감사기도와 찬양입니다.

한나의 감사기도와 찬양의 내용을 좀 더 깊이 따라가 보겠습니다.

1. 지난날의 모든 것이 하나님의 은혜임을 깨닫는 믿음

이것은 소유개념과 섭리개념이 확실하게 자리매김 될 때 가능한 노래요 고백입니다.

한나가 얻은 아들 사무엘은 하나님께 기도하여 얻은 아들입니다. 그러므로 사무엘은 한나의 소유가 아님을 그녀 자신은 명백히 알았습니다. 그러기에 한나의 감사와 찬송은 사무엘을 얻은데 대한 자연스러운 것이지만, 그 근간은 하나님을 믿는 믿음에서 찾아야 합니다. 다시 말하면, 사무엘 '때문에' 한나가 감사하고 찬송하는 것이 아니라 사무엘을 주신 '하나님께' 감사하고 찬송하는 것이라는 말입니다.

　이것이 진정한 감사입니다. 또한 이 감사는 하나님을 향한 온전한 믿음에서만 가능한 것입니다.

　많은 사람들의 불행은 소유개념에 대한 오해와 잘못된 집착에서 옵니다. 자식은 물론이려니와 물질, 건강, 명예, 권력 등 이 모든 것에 대한 올바른 개념 정립이 안 되는 데서 비롯되고 있습니다.

　우리가 잘 아는 욥이 있습니다. 그의 신앙은 위대하게 평가되고 있습니다. 왜일까요? 욥기 1장 21절이 그 답을 말 해 줍니다.
　"내가 모태에서 알몸으로 나왔사온즉 또한 알몸이 그리로 돌아가올지라 주신 이도 여호와시요 거두신 이도 여호와시오니 여호와의 이름이 찬송을 받으실지니이다."

　이와 대응하는 한나의 믿음은 어떻게 표현되었습니까? 사무엘상 2장 1절입니다.
　"내 마음이 여호와로 말미암아 즐거워하며 내 뿔이 여호와로 말미암아 높아졌으며 내 입이 내 원수들을 향하여 크게 열렸으니 이는 내가 주의 구원으로 말미암아 기뻐함이니이다."

　하나님 때문에 즐거워한다는 것입니다. 하나님 때문에 한나의 힘과 능력이 높아졌다고 했습니다.

　'뿔' 이라는 히브리어는 '케렌' 인데, 양이나 염소, 그리고 소의 뿔을 가리키는 여성명사입니다. 이 케렌이 성경에서는 '힘', '명예',

'권위' 의 상징적인 표현으로 사용되었습니다. 자식이 없어 힘을 잃고 늘 연약한 모습으로 살아가던 한나가 하나님을 인하여 아들을 얻게 되어 힘 있는 삶을 살게 된 것을 노래한 것입니다. 한나 자신의 힘의 근원이 하나님이라는 고백의 찬미입니다. 또한 모든 수치와 고통에서 구원해 주신 하나님으로 인하여 기뻐한다고 고백했습니다.

2절을 보면 "여호와와 같이 거룩하신 이가 없으시니 이는 주 밖에 다른 이가 없고 우리 하나님 같은 반석도 없으심이니이다."고 했습니다.

하나님만이 영원히 우리가 의지할 유일한 대상임을 찬송하고 있습니다. 세상 모든 것들이 조석지변이지만 하나님은 변치 않으시는 반석과 같다고 노래하고 있습니다.

3절을 보면 "심히 교만한 말을 다시 하지 말 것이며 오만한 말을 너희의 입에서 내지 말지어다. 여호와는 지식의 하나님이시라 행동을 달아 보시느니라."고 했습니다.

전능하신 하나님, 인간의 모든 것을 다 아시는 하나님 앞에서 겸손해야 함을 경고하고 있습니다.

참으로 그렇습니다. 하나님 앞에서 믿음 있는 사람이라면, 교만한 말, 오만한 말을 삼가 해야 합니다. 그것을 한나는 그녀의 감사와 찬양을 통해 경고하고 있습니다.

한나의 이 찬미는 그녀가 범사의 모든 것이 하나님의 은혜임을 깨닫고, 모든 것이 하나님으로부터 오는 것임을 고백하는 믿음에서 터진 심령폐부의 노래입니다.

돌아보니 자식이 없었던 것도 하나님의 은혜였습니다. 브닌나가 자신을 격동케 했던 것도 하나님의 은혜였습니다. 그로 인해 기도하게 된 것도 또한 하나님의 은혜였습니다. 하나님께서 자신에게 사무엘을 주신 것도 하나님의 은혜였습니다. 어린 것을 하나님 전에 올려보낼 수 있었던 것도 하나님의 은혜였습니다. 사무엘이 주의 종과 함께 하나님의 성전에서 생활을 하게 된 것도 또한 하나님의 은혜였습니다.

진정으로 모든 것이 하나님의 은혜인줄 아는 믿음이 있을 때, 그때는 거짓 없이 하나님께 감사기도와 찬양을 드릴 수 있게 됩니다.

2. 오늘의 모든 것을 주관하시는 하나님을 확신하는 믿음

4-10절의 내용은 놀라운 한나의 고백임과 동시에 오늘을 살아가는 우리들이 마음에 담고 살아야 할 삶의 메시지입니다. 즉 모든 것을 하나님이 통치하신다는 믿음입니다. 이 메시지를 또 함께 짚어 봅시다.

첫째 세상 인간의 모든 도모는 헛됨을 알고 오직 하나님을 의지합시다.

4-5절입니다.

"용사의 활은 꺾이고 넘어진 자는 힘으로 띠를 띠도다. 풍족하던 자들은 양식을 위하여 품을 팔고 주리던 자들은 다시 주리지 아니하도다. 전에 임신하지 못하던 자는 일곱을 낳았고 많은 자녀를 둔 자는 쇠약하도다."

이 노래는 인간사의 반전을 내용으로 합니다. 엘가나의 또 다른 아내로 기고만장하던 브닌나와 그 브닌나로부터 쉼 없이 멸시를 받으며 격동함을 당했던 한나의 현실이 반전된 내용입니다.

이런 삶이 단지 한나에게만 일어나는 것이겠습니까? 아닙니다. 절대로. 그러므로 이 두 여인의 모습을 통해 오늘을 살아가는 우리에게 주시는 하나님의 메시지가 있습니다. 그것은 항상 하나님 앞에서 겸손해야 한다는 것입니다.

오늘도 우리 앞에는 수많은 선택의 갈림길이 놓입니다. 우리를 격동케 하는 것들을 심심찮게 만나게 됩니다. 그 때, 그 시간을 우리가 어떻게 살아야 하는가를 잘 가르쳐 주고 있는 말씀입니다. 잠언 27장 1절에서 무엇이라 경계했습니까?

"너는 내일 일을 자랑하지 말라 하루 동안에 무슨 일이 일어날는지 네가 알 수 없음이니라."

조금 가졌다고 교만해서는 안 됩니다. 지금 내가 가진 현실이 좀 부족하다고 비굴해서도 안 됩니다. 어떤 상황 가운데서도 항상 하나님을 의지하는 믿음으로 살아야 합니다. 오늘 우리가 읽고 보는 이 상황이 그것을 가르치고 있는 말씀입니다.

'권세십년(權不十年) 화무십일홍(花無十日紅)'이라 했습니다. 이는 아무리 높은 권세도 10년이 못가고, 아름다운 꽃도 10일을 못 간다는 뜻입니다. 영원한 것이 세상에는 없다는 뜻입니다.

요한일서 2장 15-17절에서 이렇게 권고합니다.

"이 세상이나 세상에 있는 것들을 사랑하지 말라 누구든지 세상을 사랑하면 아버지의 사랑이 그 안에 있지 아니하니, 이는 세상에 있는 모든 것이 육신의 정욕과 안목의 정욕과 이생의 자랑이니 다 아버지께로부터 온 것이 아니요 세상으로부터 온 것이라. 이 세상도, 그 정욕도 지나가되 오직 하나님의 뜻을 행하는 자는 영원히 거하느니라."

둘째, 하나님은 인간의 생사를 주관하십니다.

6절입니다.

"여호와는 죽이기도 하시고 살리기도 하시며 스올에 내리게도 하시고 거기에서 올리기도 하시는도다."

인간 생명의 주관자가 하나님이심을 찬양하고 있습니다. 이 사실을 깨닫는 자가 축복을 누리는 자입니다.

일찍이 이것을 깨달은 사도 바울도 로마서 14:7-8절을 통해 놀라운 고백을 합니다.

"우리 중에 누구든지 자기를 위하여 사는 자가 없고 자기를 위하여 죽는 자도 없도다. 우리가 살아도 주를 위하여 살고 죽어도 주를 위하여 죽나니 그러므로 사나 죽으나 우리가 주의 것이로다."

오래 살고 싶어 한다고 장수 할 수 있는 것은 아닙니다. 또한 일찍 죽고 싶어 한다고 단명을 하는 것도 아닙니다. 인간의 생명의 주관자는 오직 하나님이십니다. 이것을 분명하게 깨닫고 살아가는 것이 은혜입니다. 육신의 생명도 이러하지만 더욱 중요한 것은 영원한 생명입니다.

한나의 기도 6절의 핵심은, 살리고 죽이는 권세도 하나님께 있지만 지옥과 천국에 내리고 올리는 권세 또한 하나님께 있음을 강조하는 것입니다. 그러면서 한나는 그 육신의 생명과 영원한 생명의 주관자이신 하나님을 찬송하고 있습니다.

마태복음 10장 28절입니다.

"몸은 죽여도 영혼은 능히 죽이지 못하는 자들을 두려워하지 말고 오직 몸과 영혼을 능히 지옥에 멸하실 수 있는 이를 두려워하라."

셋째는 하나님은 인간생활의 빈부도 주관하십니다.

7절 상반 절입니다.

"여호와는 가난하게도 하시고 부하게도 하시며"

인간의 성공과 실패, 행복과 불행, 부귀와 빈곤 등의 모든 것이 하나님의 손에 있습니다. 그것을 깨달은 한나의 찬미가 계속 되고 있습니다.

우리도 깨달아야 할 것이 있습니다. 부요하다고 교만해서는 안 된다는 것과 가난하다고 절망할 이유가 없다는 것입니다. 그렇다고 운명론에 빠져서 우리가 해야 할 본분과 사명을 소홀히 해서도 안 됩니다 그렇게 사는 것은 더 큰 죄입니다.

시편 127편 2절은 이렇게 말씀하십니다.

"네 손이 수고한대로 먹을 것이라. 네가 복되고 형통하리로다."

이 말씀처럼 우리가 힘써 자신의 일을 할 때에 하나님께서는 거기에 상응하는 부요의 축복을 더하기(+) 하시는 것입니다.

넷째는 하나님은 우리의 범사에 영광과 존귀를 주관하십니다.

7절 하반 절입니다.

"낮추기도 하시고 높이기도 하시는도다."

8절을 잘 읽어보면 7절 하반절이 금방 이해가 됩니다. 8절을 읽노라면 먼저 떠오르는 인물이 있는데 그는 요셉입니다. 8절입니다.

"가난한 자를 진토에서 일으키시며 빈궁한 자를 거름더미에서 올리사 귀족들과 함께 앉게 하시며 영광의 자리를 차지하게 하시는도다. 땅의 기둥들은 여호와의 것이라 여호와께서 세계를 그것들 위에 세우셨도다."

하나님은 요셉을 형들이 매장하려했던 진토, 곧 구덩이에서 건져 주셨습니다. 거름더미와 같은 보디발의 감옥에서 바로 왕 앞으로 끌어 올리셨습니다. 바로 왕과 함께 앉게 하시고, 애굽의 총리라는 영광의 자리를 차지하게 하셨습니다.

하나님은 다윗에게도 그렇게 하셨습니다. 양을 치던 진토 같은 들판에서 인도하셨습니다. 거름더미 같은 골리앗과의 싸움에서 올리셨으며, 사울보다 더 위대한 이스라엘의 왕위에 오르게 하셨습니다.

오늘날도 온갖 명예와 권세와 세상 부귀와 영광을 구하며 따라가는 사람들에게 한나의 기도는 많은 것을 교훈하고 있습니다. 인간적인 방법으로 세상의 부귀 영광을 구하지 말라고 합니다. 그 모든 것을 주관하시는 분이 하나님이심을 깨달아 알라고 합니다. 그리고 오직 하나님 앞에서 그분의 뜻을 묻고 순종하는 지혜로운 삶을 살아야 한다는 것을 보여주고 있습니다.

다섯 째, 하나님은 인간사의 모든 것을 공의로 통치하십니다.
9-10절입니다.

"그가 그의 거룩한 자들의 발을 지키실 것이요 악인들을 흑암 중에서 잠잠하게 하시리니 힘으로는 이길 사람이 없음이로다. 여호와를 대적하는 자는 산산이 깨어질 것이라 하늘에서 우뢰로 그들을 치시리로다 여호와께서 땅 끝까지 심판을 내리시고 자기 왕에게 힘을 주시며 자기의 기름 부음을 받은 자의 뿔을 높이시리로다 하니라."

이 말씀 안에서는 하나님의 공의로 통치하시는 몇 가지를 볼 수 있습니다. 먼저, 거룩한 자들을 지키시고 악인들은 잠잠하게 하신다는 것입니다. 하나님을 대적하는 자는 박살을 내시고 심판을 행하심과 동시에 기름부음 받은 하나님의 종들은 높이신다는 것입니다. 한 마디로, '하나님께서는 공의로 인간의 범사를 통치하신다.' 는 것입니다.

성경은 실제로 그 역사를 증거하고 있습니다.
모세를 대적한 미리암은 나병이 들었습니다.
나답과 아비후가 여호와께서 명하시지 않은 다른 불을 담아 분향하자 불이 여호와 앞에서 나와 그들을 삼켰습니다.
고라와 르우벤 자손인 다단과 아비람이 모세와 아론의 권위에 도전하자 땅이 갈라져 그들을 삼켜버렸습니다.
이스라엘 백성들이 모세와 아론을 원망하자 하나님께서 그들을 멸하려고 염병을 보내서서 14,700명이 죽었습니다.
이렇게 하나님을 대적하는 자, 기름부음 받은 자들을 대적하는 자들은 산산조각이 났습니다. 이 일련의 사건들을 통해 하나님은 당신께서 심판주가 되심을 보여주신 것입니다.

이것이 한나의 하나님을 향한 감사의 기도와 찬양의 내용입니다. 참으로 오늘을 살아가는 성도들에게 거울처럼 보여주는 축복 메시지입니다.

3. 내일의 모든 것을 하나님께 맡기는 믿음입니다.

11절은 아주 아름다운 한 폭의 그림처럼 마무리 되었습니다.
"엘가나는 라마의 자기 집으로 돌아가고 그 아이는 제사장 엘리 앞에서 여호와를 섬기니라."

다음 편에 이어질 엘리 제사장의 아들들과는 너무나도 대조적인 사무엘의 모습을 미리 복선을 깔고 있는 부분입니다.

한나는 사무엘을 어려서부터 하나님을 섬기는 것을 배우게 했습니다. 비록 어린 사무엘이지만 영적 암흑기에 아들이 이스라엘의 등대처럼 세워지기를 소망했습니다. 그래서 오히려 어려서부터 성전생활을 통해 빛의 자녀로 자라기를 소망하는 엘가나와 한나의 마음이 그림처럼 그려지고 있는 부분입니다. 아이를 두고 떠나는 부모들의 모습, 그리고 여호와를 섬기는 어린 사무엘, 참으로 아름다운 한 폭의 비전제시의 그림입니다.

여러분은 여러분의 자녀를 지금 어떻게 양육하십니까?

갓 젖을 뗀 어린 아들 사무엘을 성전에 두고 집으로 돌아가는 엘가나와 한나의 모습은 내일의 모든 것을 하나님께 전적으로 믿고 맡기는 신앙인의 자세 바로 그것이었습니다. 그런 그들이었기에 감사 기도가 가능했고 하나님을 찬송할 수 있었던 것입니다.

시편 37편 5-6절입니다.

"네 길을 여호와께 맡기라 그를 의지하면 그가 이루시고, 네 의를 빛같이 나타내시며 네 공의를 정오의 빛 같이 하시리로다."

잠언 20장 11절입니다.

"비록 아이라도 자기의 동작으로 자기 품행이 청결한 여부와 정직한 여부를 나타내느니라."

잠언 22장 6절입니다.

"마땅히 행할 길을 아이에게 가르치라 그리하면 늙어도 그것을 떠나지 아니하리라."

한나의 감사기도와 찬양의 내용은 오늘을 살아가는 우리에게 절대적으로 요구되는 믿음의 삶의 고백입니다. 그녀는 지난날의 모든 것을 하나님의 은혜로 수용하는 믿음이 있었기에 감사와 찬양을 할 수 있었습니다. 지금의 범사를 하나님이 주관하심을 확신하기에 겸손하게 생활하면서 하나님께 영광을 돌렸습니다. 내일의 모든 것을 하나님께 맡기는 믿음이 있었기에 감사와 찬양을 드릴 수 있었습니다.

한나의 이 믿음과 이 고백의 찬양이 오늘 우리의 삶이되기를 주님의 이름으로 축복합니다. 아멘!

6.

여러분의 자녀는 어떻습니까?

"이 소년들의 죄가 여호와 앞에 심히 큰은
그들이 여호와의 제사를 멸시함이었더라"
(삼상 2:17)

공부하는 것을 좋아하여 항상 배우기를 쉬지 않으며 더 좋은 목회자가 되기를 소망하는 저의 큰 아이가 5살 때의 일입니다. 여느 때와 같이 동생과 함께 장난감을 가지고 오손 도손 잘 놀다가 갑자기 "이 새끼야" 하고 소리를 질렀습니다. 저는 너무나 놀란 나머지 할 말을 잃고 있다가 "훈아 지금 너 뭐라고 했지?" 하고 물었습니다. 아이에게서 그 말을 처음 들었기 때문입니다.

아이는 순식간에 얼굴이 붉어졌습니다. 그리고는 곧 두 눈 가득 눈물이 고이더니 무릎을 꿇고 말했습니다.

"아빠 잘못했어요. 다시는 안 그럴게요."

"그래 잘못했다는 것을 알게 되었으니 아빠가 용서한다. 그러나 아빠가 훈이를 너무 너무 사랑하는 마음으로 오늘 네가 잘못한 것을 기억하여 다시는 그런 말을 하지 않도록 하기 위해서 종아리 다섯 대를 회초리로 때리려고 하는데 훈이 맞을 수 있지?"

아이는 "예!" 하고 대답을 하며 눈물을 뚝뚝 흘렸습니다. 저는 아이에게 대나무로 만든 파리채 회초리로 다섯 대를 때렸습니다. 아이는 이를 악 물고 하염없이 눈물을 흘리면서 다섯 대의 매를 맞았습니다.

그 날 이후 오늘까지 장성하도록 두 아이는 세상 그 어느 형제보다 서로를 사랑하고 위해주는 형제로 성장했습니다. 물론 그 이후부터는 아이들로부터 속된 언어를 사용하는 것을 정말 단 한 번도 들어보지 못했고요.

지금 큰 아이는 하나님 앞에서 좋은 목회자가 되기 위해 장도의 유학길에 올라있습니다.

자녀 양육에 관한 문제는 어제 오늘의 이슈만은 아닙니다. 부모라면 너나없이 자녀교육에 온 생애를 걸듯 살아갑니다. 이 세상에서 가장 어려운 것이 아이 키우는 일이라고 부모들은 이구동성으로 말합니다.

교육부 장관만 바뀌면 달라지는 입시제도는 또 얼마나 우리를 혼란스럽게 하고 우리의 자녀들을 곤혹스럽게 하는지요. 물론 선진국으로 정착되어가는 과정 중의 하나이기도 하지만, 언제나 변수가 도사리고 있는 교육정책은 도무지 마음을 놓고 있을 수가 없는 난제입니다.

이렇게 어렵고 힘든 일생의 과제를 쉽게 해결할 수 있는 방법이 있다면 얼마나 좋겠습니까? 그렇지요? 예! 그런데 놀라운 것은 길이 있다는 것입니다. 어디에 있느냐고요? 바로 성경에 있습니다.

성경에는 아이를 잘 키울 수 있는 비결이 구체적으로 기록되어 있습니다. 마치 어려운 수학 문제를 잘 풀어갈 수 있는 분명한 수학 공식처럼 말입니다. 그런데 참으로 이상한 것은 대부분의 사람들이 그 귀한 지침을 그냥 간과해 버리는 것입니다. 그리고는 자녀들을 세상의 온갖 풍조를 따라 교육을 시키느라 볶아댑니다. 지져댑니다. 그러다가 자녀들이 낭패를 당하거나 타락을 하게 되면 그때서야 울고불고 법석을 떨며 하나님의 말씀을 찾아 나섭니다. 참으로 안타깝습니다. 애달픕니다. 그렇게 하는 것은 미련한 짓입니다.

가정의 소중함

하나님이 인간을 만드시고 가장 아름다운 조직 둘을 주셨습니다. 그것이 교회와 가정입니다. 이 두 조직은 하나의 공통점이 있는데 그것은 인간생활의 울타리가 된다는 것입니다. 가정이라는 조직을 통해서는 사회가 구성됩니다. 그 사회는 국가의 단위가 됩니다. 그리고 교회라는 조직을 통해서는 하나님의 나라가 이루어집니다.

좋은 가정에서 잘 자란 아이들은 건강한 사회의 기초를 이루는 구성원이 됩니다. 그 사회는 질서와 조화가 있습니다. 더불어 살아가는 가치와 의미를 경험하게 합니다.

반대로 그렇지 못한 가정에서 잘못 자란 아이들은 건강한 사회를 황폐하게 하는 주역이 됩니다. 물론 좋은 가정에서만 좋은 자녀가 나고 불행한 가정에서는 나쁜 자녀만 난다는 뜻은 아닙니다. 좋은 가정에서도 나쁜 자녀가 나올 수도 있고 불행한 가정에서도 좋은 자녀가 나올 수도 있습니다. 단지 보편적으로 그렇다는 세계적인 통계를 기준으로 한 이야기입니다. 어쨌거나 사회가 어지럽고 균형을 잃게 되면 국가는 표류하는 배와 같이 되고 맙니다.

교회도 마찬가지입니다. 하나님의 말씀의 올바른 울타리 안에서 건강한 신앙인격으로 성장하는 그리스도인들은 튼튼한 국가와 사회의 좋은 기초가 됩니다. 그러나 교회가 무질서하고 타락하면, 거기서 보고 배우며 성장한 그리스도인은 결코 이 사회에 좋은 열매를 가져다주지 않습니다. 오히려 그들은 거짓과 타협과 무질서의 원인과 행동을 제공하는 사회와 국가의 암적인 존재가 되고 마는 것입니다.

오늘 본문의 엘리 가정이 후자의 상황이고 다음에 함께 나눌 엘가나와 한나의 가정이 전자에 속하는 표본입니다

본문의 주인공 엘리 제사장과 그 두 아들 홉니와 비느하스를 통해 오늘 우리들의 가정과 자녀를 조명해 볼 수 있습니다. 마치 우리를 환히 보이는 거울 앞에 선 듯한 느낌을 갖게 합니다. 그래서 더욱 가정의 소중함과 자녀교육의 중요함을 다시금 깨닫게 됩니다.

엘리 가정의 문제점

첫째는 자식들이 불량자로 자랐습니다.
12절입니다.
"엘리의 아들들은 행실이 나빠 여호와를 알지 못하더라."

여기의 '행실이 나빠' 라는 원문은 '벨리야알(בְּלִיָּעַל)' 입니다. 한글 개역에는 '불량자' 로 번역했습니다. 한마디로 '가치 없는' 이라는 뜻

입니다. 영어 성경을 살펴보면 이 말이 얼마나 나쁜 표현인가를 더 확실하게 알 수가 있습니다.

KJV는 'Belial(사악)' 로 번역하고, ASV는 'base men(비열한자들)' 으로 번역합니다. NRSV는 'scoundrels(악당들)' 로 번역하며, NKJV는 'corrupt(타락한, 부도덕한)' 로 번역합니다. 또한 헬라어 구약 성경 70인 역에서는 '해로운 아들들' 로 번역합니다. 한 마디로 백해무익한 존재라는 말입니다.

이렇게 일반 명사로 사용되던 이 단어가 나중에는 고유명사화 되면서 악의 인격체처럼 사용된 단어입니다. 이 단어를 여기서 강조하는 것은 이런 부류의 사람들이 신적인 질서를 혼란으로 몰아가고, 결국에는 하나님 나라를 무너뜨리는 행동을 한다는 것을 강조하고 있기 때문입니다.

우리 모두 함께 오늘 이 상황을 숙고해 보기를 원합니다.

엘리의 아들들은 엘리의 뒤를 이을 이스라엘의 제사장 직임을 가진 자들입니다. 당연히 그들의 임무와 책임은 제사장으로서 하나님 나라를 세워가야 합니다. 그런데 오히려 그들의 생활은 하나님 나라를 파괴하는 자들의 모습으로 나타나고 있습니다. 왜 이런 일이 일어났을까요? 이어지는 말씀에서 그 답을 찾게 됩니다.

"여호와를 알지 못하더라."

제사장의 아들이라는 자들이 하나님을 알지 못한다니 이게 무슨 말입니까? 속뜻은 그들이 단순히 하나님에 대한 지식이 없다는 말이 아니라는 것을 충분히 알 수 있습니다. 그들은 살아계신 하나님을 두려워하지 않았다는 말입니다. 그들은 하나님께 순종하지 않았고, 감히 하나님을 업신여겼으며, 또한 하나님을 대적하는 행위를 했다는 말입니다.

그 엄청난 사실을 너무도 적나라하고 정확하게 고발하는 문장이 바로 '여호와를 알지 못하더라' 입니다.

우리말에 '무식하면 용감하다' 라는 것이 있습니다. 죽을지 살지도 모르고 천방지축으로 날뛰고 나대는 사람을 보며 하는 말입니다. 엘리의 아들들이 바로 그런 무식이 충만한 자들입니다.

그들의 행위가 어떻게 나타났는지 우리가 확인을 해 볼까요?

13-14절은 엘리 아들들의 타락한 모습을 세세히 기록해 놓았습니다. 참으로 읽기조차도 민망스러운 모습들입니다.

사람들이 하나님께 제사를 드리기 위해 관습을 따라 행하고 있는데 엘리의 아들들은 감히 하나님의 제사법을 무시하고 탐욕에 눈이 어두워 제멋대로 행동하고 있는 장면들입니다. 주어진 거룩한 직분의 제도적 권한을 뛰어넘는 월권행위를 하는 불량자의 모습을 그대로 드러내고 있습니다. 멸망을 부르는 아주 무서운 행동입니다.

여기서 설명할 단어와 문장이 있습니다. 첫째는 "그 제사장들이 백성에게 행하는 관습" 이라는 말인데 여기의 '관습' 은 원어로 '미쉬파트(מִשְׁפָּט)' 라는 것입니다. 이 말의 뜻은, 제사장으로서 행할 제도적 권한을 뛰어 넘는 월권행위를 할 때 쓰는 단어입니다. 이 단어가 바로 이 엘리의 아들들의 모습을 묘사하는 말에 쓰였습니다. 참으로 무서운 일입니다.

오늘날 현대 교회 속에도 이런 사람들이 더러 있는 것을 우리는 보고 있습니다. 그들은 참으로 조심해야 합니다. 다시 한 번 강조 합니다. 조심해야 합니다!

둘째는 "갈고리를 가지고 와서, 그것으로 냄비에나 솥에나 큰 솥에나 가마에 찔러 넣어 갈고리에 걸려 나오는 것은 제사장이 자기 것으로 가지되"라는 말씀입니다.

막말로 표현을 하자면 완전이 제 멋대로 행동했다는 말입니다. 이 말씀 안에는 탐욕이 가득한 모습이 그려져 있습니다. 망령된 행위입니다. 타락한 자의 모습입니다. 하나님을 믿는다는 자가, 그것도 차기 제사장의 임무를 수행할 자들이 감히 어떻게 성전에서 이럴 수가 있다는 말입니까. 이것은 하나님이 없다고 외면하며 살아가는 사람들의 모습과 동일합니다. 깨달으시기 바랍니다. 이런 난동을 보고 여러분 자신을 재조명해 보는 지혜가 있으시기를 바랍니다.

15-16절은 그들의 행위가 점점 더 타락하고 악해지는 모습입니다.

"기름을 태우기도 전에"라는 말은 온전히 제사를 드리기도 전에 라는 뜻이잖아요? 예! 그런데 고기를 갖고자 하는 그들의 탐욕이 절정에 이르러서 이미 막갈 데로 간 것을 드러내고 있습니다.

"지금 내게 내라 그렇지 아니하면 내가 억지로 빼앗으리라"는 말은 자기의 소욕을 이루기 위해서는 기다리지 않겠다는 것입니다. 법도가 무엇에 쓰는 것입니까, 그런 것은 필요도 없다는 것입니다. 자기가 원하고 행하는 것이 법입니다. 모든 것을 자기 뜻대로, 생각대로, 불도저처럼 밀어 붙이고, 행동해버리는 구제불능의 타락상을 보여줍니다.

누가요? 엘리 제사장의 두 아들 홉니와 비느하스입니다. 참으로 아연실색에 심장마비를 일으킬 무서운 일입니다.

당신의 자녀는 어떻습니까? 당신은 괜찮으십니까?

둘째는 자식들이 하나님께 예배하는 것을 멸시했습니다.

17절입니다.

"이 소년들의 죄가 여호와 앞에 심히 큼은 그들이 여호와의 제사를 멸시함이었더라."

제사장의 아이들이 하나님께 드리는 제사 행위를 멸시한다는 것이 말이 됩니까? 예, 안 됩니다. 그러나 오늘 본문은 그랬다는 사실을 정직하게 기록하고 있습니다.

놀랍게도 이들의 이와 같은 행위, 즉 예배를 무시하는 것은 여호와 앞에 무서운 죄라는 사실을 17절은 강조하여 밝히고 있습니다.

한 때 대통령의 아들들로 인하여 온 나라가 시끄러웠습니다. 그 대통령의 아들들 가운데 믿음의 가정 아들들이 있어 교회가 어찌할 바를 몰라 안타까워했던 때가 있었습니다.

이승만 대통령이 장로님이었지만 그의 양아들 때문에 나라가 시끄러웠습니다.

'전사불망 후사지사(前事不忘 後事之師)' 라는 말이 있습니다. "과거를 잊지 않고 미래의 교훈으로 삼는다."는 뜻입니다.

그런데 김영삼 대통령도, 김대중 대통령도 그 교훈을 잊어버리고 그 어른들의 아들들이 나라를 시끄럽게 했었습니다. 아무리 생각해도 슬픈 일입니다. 그러면서 새삼 깨닫는 것은, 무엇보다 귀한 것이 자녀의 올바른 신앙교육이라는 사실입니다.

목사의 아들들 이야기도 심심찮게 언론에 오르내렸습니다. 장로의 아들들의 이야기도 마찬가지였습니다. 그 문제의 중심을 찾아 들어가 보면 모두가 하나님께 예배드리는 것을 대수롭지 않게 여긴 무서운 죄가 원인이라는 것을 찾을 수가 있습니다.

이 사실들이 우리에게 가르치고 있는 것이 무엇입니까? 자식을 향한 부모의 가정교육이 얼마나 중요한 것인가라는 것입니다. 여러분의 자녀는 어떻습니까?

셋째는 엘리의 잘못된 자식 사랑이 문제였습니다.

29절입니다.

"너희는 어찌하여 내가 내 처소에서 명령한 내 제물과 예물을 밟으며 네 아들들을 나보다 더 중히 여겨 내 백성 이스라엘이 드리는 가장 좋은 것으로 너희들을 살지게 하느냐"

제사장의 직무는 사나 죽으나 하나님의 영광을 위하여 살아야 되는 것입니다. 그런데 엘리는 그렇지 못했습니다. 이런 엘리 제사장에게 하나님은 당신의 사자를 보내셔서 위의 말씀으로 책망을 하고 계십니다. 무서운 말씀 아닙니까?

하나님의 성전에서 하나님의 명령을 무시했습니다. 하나님께 드려진 제물과 예물을 밟는, 참으로 불경한 경거망동의 죄를 범했습니다.

제사장은 이미 하나님께 드려진 사람입니다. 그러므로 하나님 보다 귀한 것이 세상에서는 없어야 합니다. 그러나 불행하게도 엘리는 자식을 하나님 보다 더 귀중히 여겼습니다.

그래서 나타난 현상이 무엇입니까?

22-25절까지를 보면 자식들의 범죄 행위를 들어서 알고 있었습니다. 그럼에도 불구하고 마땅히 해야 할 아버지와 제사장으로서의 사

랑의 권위를 사용하지 않았습니다. 어떻게 해서라도 따끔하게 교훈을 하고 다시는 그런 일이 없도록 가르쳐야 했습니다. 그러나 그는 단지 형식적인 꾸지람을 하는 것으로 그쳤습니다. 자식들이 사랑스럽다는 이유로 강력한 징계를 하지 못했습니다.

그런 엘리의 우유부단함은 마침내 30절에서 하나님의 무서운 경고가 내려지기에 이릅니다.

"나를 존중히 여기는 자를 내가 존중히 여기고 나를 멸시하는 자를 내가 경멸하리라."

그리고 이어서 31절부터 엘리 가정의 몰락이 선고됩니다. 잘못된 자식 사랑이 자초한 무서운 결과입니다. 동시에 자식 교육을 잘못한 결과가 얼마나 무서운 결과를 가져오는가를 철저하게 교훈하고 있습니다.

자녀가 잘 되기를 바라지 않는 부모는 없습니다. 그래서 부모 된 자로서 자신들이 할 수 있는 최선의 교육을 시킵니다. 그러나 오히려 그 교육 방법에 문제가 있어 자녀 교육에 실패하는 경우가 많습니다. 자녀가 너무 소중하고, 그런 자녀가 잘 되기를 바란 나머지 정작 주어야 할 것은 주지 못하고, 주지 않아도 될 것은 주어 결국 자녀 교육에 실패하는 경우도 있습니다.

세계적인 통계를 보아도 훌륭한 부모 교육 아래서 훌륭한 자녀가 성장한다는 것은 속일 수 없는 현실입니다. 즉, 훌륭한 사람의 배후에는 반드시 부모의 훌륭한 교육이 있었음을 볼 수 있다는 말입니다. 어느 부모가 자식을 바르게 양육하고자 하지 않겠습니까. 그러나 옛 어른들 말씀에 '자식 농사만큼은 부모마음대로 안 된다.'는 말이 있습니다. 부모들이 아무리 애를 써도 안 되는 것은 안 됩니다. 맞습니다. 아무리 부모가 애를 써도 안 되는 것이 분명히 있습니다. 그것은 부모들이 자녀에 대해 곡해하고 있는 부분입니다.

그래서 성경은 자녀 교육에 관해 여러 가지 지혜의 말씀으로 가르치고 있습니다.

잠언 13장 24절입니다.

"초달을 차마 못하는 자는 그 자식을 미워함이라. 자식을 사랑하는 자는 근실히 징계하느니라."

"아이를 훈계하지 아니치 말라. 채찍으로 그를 때릴지라도 죽지 아니하리라. 그를 채찍으로 때리면 그 영혼을 음부에서 구원하리라."(잠 23:13-14)

중요한 것은 채찍질 할 때의 자세입니다. 자식을 채찍질 하되 사랑의 채찍질이어야 한다는 것을 깨닫게 하는 말씀입니다. 자식을 진실로 사랑한다면, 자녀가 잘못될 때 바르게 되도록 채찍질을 해야 한다는 말씀입니다.

엘리 가정이 파멸을 자초한 것은 바로 이 교훈을 지키지 못했기 때문입니다.

옛말에 "자식 둔 부모 큰소리 칠 수 없다"는 말이 있습니다. 그것은 자식들이 언제 어디서 무슨 일을 저지를지 알 수 없기 때문에 생겨난 말입니다.

부모는 가정이라는 선교지를 향해 파송 받은 선교사입니다. 가정교회를 위한 목회자로 선임된 목회자이기도 합니다. 가정이라는 행복 제조공장의 공정(工程)을 이끌어 갈 공장장입니다. 그렇다면 자녀는 하나님의 말씀을 따라 올바르게 양육해야 할 책임이 부모에게 있다는 사실을 깊이 깨달아야 합니다.

예화 사전에 나오는 이야기 한 토막을 들려드리고자 합니다. '가르침과 배움'의 상관관계가 있는 교훈적인 이야기입니다.

옛날 시골 교회는 목회자가 너무도 귀했습니다. 대부분 신학생들이 농촌 교회를 담임하면서 주중에는 학교에서 공부를 하고, 주일은 교회에서 목회를 했습니다. 학업과 목회를 겸하는 신학생을 대신해서 수요일 예배는 대부분 장로님들이 모임을 인도했습니다.

어느 수요기도회 시간이었습니다. 시간을 맡으신 장로님이 〈세상의 소금되어 살자〉라는 제목으로 설교를 하셨습니다.

"사랑하는 성도 여러분! 우리 주님께서는 우리를 가리켜 세상의 '소곰'이라고 했습니다(소곰은 소금의 지방 사투리로써 옛 어른들이 사용한 용어). '소곰'이 뭡니까? 소와 곰을 말하는 것입니다. 소는 온순하고 착합니다. 곰은 사납고 힘이 있습니다. 주님이 우리들을 세상의 소곰이라 하신 것은, 주님 앞에는 소처럼 온순하게 순종 잘 하고, 마귀에게는 곰처럼 강하고 힘 있게 싸워 이겨야 한다는 뜻으로 말씀 하신 것으로 생각합니다. 우리 모두 '소곰'처럼 살아갑시다."

성도들은 장로님의 설교에 큰 은혜를 받고 아멘을 하면서 감동을 했습니다.

비록 이 이야기는 사실 여부를 떠난 풍자적인 이야기겠지만 우리가 깨닫는 것이 있습니다. 그 하나는 성경을 바르게 이해하지 못하면 큰 오류를 범할 수 있다는 것입니다. 그리고 또 다른 하나는, 신학적 지식은 없지만 오직 주님에게 초점을 맞추고 살아가는 장로님의 생활 설교의 좋은 것은 받아들이며 아름다운 믿음생활을 하고자 하는 성도들의 아멘입니다.

이 성도들의 모든 삶의 관점이 오직 주님께로 맞추어져 있다는 사실은 오늘을 살아가는 우리들의 삶에 많은 것을 깨닫게 해 주는 이야기입니다.

우리에게는 눈에 넣어도 아깝지 않을 자식들이 있습니다. 그 자식들은 부모님의 언행심사가 하나님께 맞추어진 삶을 보면서 성장하면 그들 또한 그렇게 살아가게 됩니다. 높은 세상적인 지식과 도덕적인 논리의 가르침도 필요합니다. 그러나 그것이 자녀들을 온전히 바로 세워주지는 않습니다.

엘리 가정의 자식들이 패역한 자식들이 된 이유는 두 말할 것도 없이 엘리 제사장의 잘못된 신앙관에서 출발 된 가정생활, 직분생활에서 찾을 수 있습니다. 거기서 엘리의 자식들은 불량자가 되었습니다. 그래서 그들이 하나님께 드리는 예배를 멸시했습니다. 그것은 엘리 제사장의 잘못된 자식 사랑에서 출발된 불을 보듯 빤한 결과였습니다. 그로 인하여 엘리 제사장의 가정은 몰락했습니다. 부모의 옳은 교육의 부재가 불러온 소산물인 타락한 자식들 때문이었습니다.

오늘 여러분의 삶은 어떠십니까? 그리고 여러분의 사랑하는 자녀는 어떻습니까? 여러분의 자녀 교육은 어떻습니까?

하나님의 말씀으로 권면합니다. 이 말씀이 여러분의 오고 오는 후대에게 순종으로 행해지기를 바랍니다. 그래서 복 주시는 하나님의 가정들이 되시기를 주님의 이름으로 축복합니다. 아멘

“아이를 훈계하지 아니치 말라. 채찍으로 그를 때릴지라도 죽지 아니하리라. 그를 채찍으로 때리면 그 영혼을 음부에서 구원하리라.”(잠 23:13-14) 아멘!

7. 하나님의 은혜를 입은 가정

"여호와께서 한나를 돌아보시사
그로 하여금 임신하여 세 아들과 두 딸을 낳게 하셨고
아이 사무엘은 여호와 앞에서 자라니라"(삼상 2:21)

어느 목사님에게 아들들이 있었습니다. 정말 눈에 넣어도 아프지 않을 사랑스러운 아들들이었습니다. 그 목사님은 자신의 아들들을 지극히 사랑했습니다. 모든 부모들의 자식에 대한 사랑이 다 그렇듯이 그도 그랬습니다.

안타까운 것은 그 목사님이 아들들을 너무 사랑한 나머지 잘못된 행동을 하는 데도 따끔하게 꾸지람을 하지 않는 것이었습니다. 아들들의 교회생활도 난장판이었습니다. 그러나 아들들이 너무 사랑스럽고 귀여워 별다른 제재를 가하지 않고 멋대로 자라게 버려두었습니다.

아이들은 예배 시간은 잘 지켰지만 기도시간에는 떠들어댔습니다. 말씀 듣는 시간에는 예배당 안을 무질서하게 돌아다녔습니다. 헌금 시간에는 헌금함에서 돈을 끄집어내어 밖으로 뛰쳐나가 얼음과자를 사 먹으며 즐거워했습니다.

보다 못한 선생님들이 그래서는 안 된다고 타일렀습니다. 그러나 아이들은 들은 척도 하지 않았습니다. 그 목사님은 아이들은 그러면서 자라는 것이라고 대수롭지 않게 반응하며 내버려두었습니다.

세월이 흘러 아이들이 장성하여 결혼을 하게 되었습니다. 아버지인 목사님도 이제는 늙어서 사리분별조차 하기 어렵게 되었습니다. 영적 안목과 목회적인 능력도 상실하면서 판단능력도 현저히 떨어졌습니다. 그런 때에 목사님이 사랑하던 아들들이 교통사고로 그만 둘 다 죽게 되었습니다. 며느리는 아이를 해산하다가 죽었습니다. 사람들은 그 목사님을 두고 하나님의 징계를 받았다고 입을 모아 수근 거렸습니다.

시작하는 이야기가 다소 무겁고 어두웠습니다. 어떻게 저런 목사가 있을까 싶은 생각이 들지요? 예, 저도 그렇습니다. 그러나 내용을 조금 각색했을 뿐, 사무엘상 2:12-17절의 원인으로 실제 일어난 엘리 제사장 가정의 이야기입니다. 불행한 가정, 하나님의 축복이 떠난 가정의 현실입니다.

성경에는 가정에 관한 이야기가 많이 있습니다. 행복한 가정에 관한 이야기도 많이 있고, 하나님의 은혜를 입은 가정 이야기도 많이 있습니다.

아브라함의 가정이 그렇고, 고넬료의 가정이 그렇습니다. 요셉의 가정이 그렇고, 엘가나 가정이 그렇습니다.

이 가정들이 하나님의 은혜를 받은 것이 우연일까요? 그렇지 않습니다. 하나님께서 이들의 가정에 은혜를 주실 수밖에 없는 일들이 그들 가정에 있었습니다. 본문 엘가나의 가정도 그렇습니다.

어떻게 엘가나와 한나의 가정이 하나님의 은혜를 입은 가정이 될 수 있었을까요? 오늘도 성경은 우리에게 '축복 받은 엘가나와 한나의 가정' 이라는 한 폭의 주제 있는 풍경화를 보여주듯 그 비결을 펼쳐 보여주고 있습니다.

1. 올바른 자녀교육이 있었습니다.

18절입니다.

"사무엘은 어렸을 때에 세마포 에봇을 입고 여호와 앞에서 섬겼더라."

이 구절에서 주목할 것은 두 가지입니다. 첫째는 사무엘이 '어렸을 때에 세마포 에봇을 입었다.' 는 것이고, 둘째는 '여호와 앞에서 섬겼더라.' 는 것입니다.

이 부분을 히브리어 원문으로 보면 시작 부분에 접속사 '와우(but)' 가 붙어 있습니다. 이것은 앞 문장과 뒤 문장의 대립관계를 나타낼 때 쓰는 우리말의 '그러나' 가 쓰인 문장입니다.

그래서 이 부분에 주목할 필요가 있습니다. 즉 12-17절에서 엘리제사장 아들들의 하나님 앞에서의 타락한 모습을 밝힌 후 '그러나' 엘가나의 아들 사무엘은 이러했다고 밝히고 있기 때문입니다.

사무엘이 에봇을 입었다고 했는데, 에봇은 제사장이 입었던 일종의 겉옷입니다. 당시 대제사장의 에봇은 아주 화려했습니다. 그러나 일반 제사장과 레위인들은 단순한 흰 색의 에봇을 입었습니다. 어린 사무엘이 에봇을 입었다는 것은 그 어린나이에 이미 하나님의 성전에서 제사 업무에 헌신하였음을 나타냅니다.

옷이란 그 사람의 신분을 나타내는 표식이기도 합니다. 그래서 사람은 어떤 옷을 입느냐에 따라 그 행동이 달라지기도 합니다. 항간에 회자하는 말 가운데 '아무리 점잖은 사람이라도 예비군복만 입혀 놓으면 스스럼없이 전봇대 앞에서 소변을 본다.'는 말이 있습니다. 결코 그냥 웃고 넘길 말만은 아닙니다.

그런가 하면 아무리 개구쟁이 어린 아이라도 단정한 정장을 입혀 놓으면 행동을 함부로 하지 않고 의젓하게 달라지는 것을 우리가정에서도 얼마든지 봅니다.

어린 사무엘에게 에봇을 입혔다는 것은 어릴 때부터 사무엘은 하나님의 사람으로 성장하는 환경에 있었을 뿐 아니라 그 성장 과정을 통해 인격과 신앙에 결정적인 영향을 끼칠 수 있는 또 다른 요인을 갖고 자랐음을 깨닫게 됩니다. 바로 이것이 교육의 중요성을 새삼 생각하게 하는 요소이기도 합니다.

사무엘이 훗날 훌륭한 하나님의 사람으로 자랄 수 있었던 것은 엘가나와 한나의 철저한 신앙교육의 열매입니다. 이 사실은 또한 우리에게 하나님 앞에서 부모로서 자녀를 올바르게 교육하는 것이 그 아이의 미래를 크게 좌우할 수 있다는 것을 깨닫게 해 줍니다.

요즈음 많은 교회에서는 '자녀들이 교회 생활은 열심히 하지만 올바른 교회 교육은 부재하다.'는 자성의 소리가 터져 나오고 있습니다.

항존직분자들의 자녀들이 엘리의 아이들처럼 되어 가는 경우도 있습니다. 경건의 모양은 있지만 경건의 능력은 찾아보기가 어렵다는 아픔을 토로하는 일도 많아졌습니다.

어느 교회는 교회 직분자의 자녀들이 교회 생활에서는 열심을 보이는데 그 이면의 생활은 불신 학생들보다 더 타락한 생활에 빠져들고 있다는 보도가 있어 우리를 슬프게 하고 있습니다. 여러분의 자녀들은 어떻습니까?

우리 교회학교 교육은 제대로 되어 가고 있는가? 새삼 두려운 마음으로 깊은 묵상을 하며 하나하나 되돌아봅니다.

로마서 13장 14절입니다.

"오직 주 예수 그리스도로 옷 입고 정욕을 위하여 육신의 일을 도모하지 말라."

그렇습니다. 우리의 아이들이 어릴 때부터 그리스도로 옷 입도록 교육해야 합니다. 제대로 그리스도의 옷을 입혀놓기만 하면, 우리의 아이들은 언어와 행동이 그리스도의 사람으로 자연스럽게 연출 될 것입니다. 그러므로 아무리 강조해도 지나치지 않는 중요한 것이 자녀 교육입니다. 가정에서나 교회에서나 올바른 자녀 교육은 그 부모의 신앙과 인격에서 나옵니다. 부모 된 우리는 이것을 절대로 간과해서는 안 됩니다.

2. 경건한 부모의 신앙생활이 있었습니다.

19절입니다.

"그의 어머니가 매년 드리는 제사를 드리러 그의 남편과 함께 올라갈 때마다 작은 겉옷을 지어다가 그에게 주었더니"

이 구절은 엘가나와 한나의 신앙생활을 가늠하게 해 주는 구절입니다. 하나님이 주신 아들이기에 서원한대로 하나님께 드렸습니다.

많은 사람들은 서원한 것을 드리고 나면 그 다음은 나 몰라라 하고 무심하기가 쉽습니다. 그러나 한나는 그런 어미가 아니었습니다. 육신적으로는 아들에게 최선을 다하는 어머니로서, 그리고 영적으로는 하나님의 뜻을 이루어 드리는 최선의 모습으로 정성스러운 삶을 살고 있는 모습을 보여주고 있습니다.

엘가나와 한나에게 있어서 돋보이는 것은 하나님께 예배하는 생활이 항상 우선이었다는 것입니다. 그런 하나님 앞에서의 경건한 신앙생활은 사무엘이 훌륭한 인물로 성장할 수 있는 영적 환경을 만들어 주는데 최선을 다한 부모의 모습이었습니다. 항상 드리는 매년제가 그랬습니다. 또 특별히 드리던 서원제가 그랬습니다.

어느 가정 무론하고 자녀는 부모의 신앙 척도에 따라 그 영적 상태가 결정된다는 것을 우리는 잘 알고 있습니다. 부모의 오직 하나님 중심의 삶은 자녀들이 영적으로 바르게 성장하게 하는 중요한 중심 내용이 된다는 말입니다.

구약의 인물가운데 우리가 본받아야 할 하나님 앞에서의 한 사람 욥이 있습니다. 그는 하나님 앞에서 매사가 이러했다고 합니다. 욥기 1장 4-5절입니다.

"그의 아들들이 자기 생일에 각각 자기의 집에서 잔치를 베풀고 그의 누이 세 명도 청하여 함께 먹고 마시더라. 그들이 차례대로 잔치를 끝내면 욥이 그들을 불러다가 성결하게 하되 아침에 일어나서 그들의 명수대로 번제를 드렸으니 이는 욥이 말하기를 혹시 내 아들들이 죄를 범하여 마음으로 하나님을 욕되게 하였을까 함이라 욥의 행위가 항상 이러하였더라."

자식들이 하나님 앞에서 범죄하지 않고 믿음으로 성장하게 하기 위한 아버지 욥의 모습니다. 그는 자식을 위해서는 하나님 앞에 재물도, 시간도, 몸도 아낌없이 드리면서 헌신한 사람입니다. 그 아버지 욥의 생활 단면이 섬세하게 드러나 있는 구절입니다. 말씀의 마지막 부분에 있는 "욥의 행위가 항상 이러하였더라."는 말씀은 우리의 가슴을 뭉클하게 합니다.

모세가 그토록 훌륭한 인물이 된 것은 두 말할 필요도 없이 그의 어머니 요게벳의 경건한 신앙생활의 영향이었습니다.

어거스틴이 세기의 위대한 성자가 된 것도 그의 어머니 모니카의 아름다운 신앙생활의 영향을 받았던 것을 우리는 너무나 잘 알고 있습니다. 그래서 시편 37편 25-26절은 이렇게 교훈합니다.

"내가 어려서부터 늙기까지 의인이 버림을 당하거나 그의 자손이 걸식함을 보지 못하였도다. 그는 종일토록 은혜를 베풀고 꾸어 주니 그의 자손이 복을 받는도다."

그렇습니다. 세상 모든 사람은 속여도 자식은 못 속인다는 말이 있습니다. 왜냐하면, 자식은 부모의 일거수일투족, 그 정신과 생각까지 느끼고 체득하기 때문입니다. 이것이 자타가 공인하는 인지상정이라면, 부모는 자식을 위해서라도 경건한 신앙생활을 해야 합니다. 그것이 하나님의 은혜를 입는 축복받는 가정의 비결입니다.

3. 주의 종의 축복이 있었습니다.

20절입니다.

"엘리가 엘가나와 그의 아내에게 축복하여 이르되 여호와께서 이 여인으로 말미암아 네게 다른 후사를 주사 이가 여호와께 간구하여 얻어 바친 아들을 대신하게 하시기를 원하노라 하였더니 그들이 자기 집으로 돌아가매"

축복이 흘러오는 통로에 대한 중요한 대목입니다.

하나님은 항상 주의 종을 통하여 주님이 백성들에게 은혜와 복을 주셨습니다. 엘리의 기도는 제사장으로서의 축복 기도이기도 하지만 보다 면밀히 살펴보면 중보기도가 됩니다.

이 축복의 기도를 통해 우리가 배우는 것이 또 하나있습니다. 곧, 우리의 중보기도는 내가 중보기도 하는 대상이 하나님의 은혜를 입는 첩경에 든다는 것입니다. 우리가 날마다 주님의 중보기도 속에 있는 것처럼 말입니다. 뿐만 아니라 동시에 나 자신도 하나님의 은혜를 입는 축복의 통로로 사용 되는 놀라운 은총 속에 있게 됩니다. 중보자가 된다는 것은 참으로 큰 축복입니다.

야고보서 5장 16절입니다.

"그러므로 너희 죄를 서로 고백하며 병이 낫기를 위하여 서로 기도하라 의인의 간구는 역사하는 힘이 큼이니라."

서로를 위하여 기도하는 것만큼 아름다운 일이 또 있을까요?

아브라함의 중보기도는 소돔과 고모라가 멸망할 때 롯의 가족을 살려냈습니다(창 18:22-23). 모세의 중보기도는 이스라엘 백성을 향

하신 하나님의 진노에서 백성들을 구했습니다(민 14:11-25). 에스더
와 모르드개의 중보기도는 하만의 간계로 멸망 직전에 이른 이스라
엘을 살려냈습니다(에 4:16). 옥에 갇힌 베드로를 위한 교회의 중보기
도는 하나님께 상달되고, 하나님은 천사를 보내사 옥중의 베드로를
구했습니다(행 12:5).

어린 사무엘도 이것을 체득하며 성장하였으므로 위대한 이스라엘
의 선지자가 되었을 때 사무엘상 12장 23절을 통해 놀라운 고백을 했
던 것입니다.

"나는 너희를 위하여 기도하기를 쉬는 죄를 여호와 앞에 결단코 범하
지 아니하고 선하고 의로운 길을 너희에게 가르칠 것인즉"

중보기도를 하지 않는 것은 하나님 앞에서 죄를 범하는 것이라고
생각했던 사무엘입니다. '너를 위한 나의 기도'는 그만큼 절대적이
며 귀한 것입니다. 하물며 주의 종의 중보기도이겠습니까. 그것이 얼
마나 귀한 것인가를 본문은 깨우쳐 주고 있습니다.

제사장의 축복에 관해 민수기 6장 22-27절은 기록하고 있습니다.
이 말씀은 곧 구약의 축도입니다.

"여호와께서 모세에게 말씀하여 이르시되, 아론과 그의 아들들에게
말하여 이르기를 너희는 이스라엘 자손을 위하여 이렇게 축복하여 이르
되, 여호와는 네게 복을 주시고 너를 지키시기를 원하며, 여호와는 그의
얼굴을 네게 비추사 은혜 베푸시기를 원하며, 여호와는 그 얼굴을 네게
로 향하여 드사 평강 주시기를 원하노라 할지니라 하라. 그들은 이같이
내 이름으로 이스라엘 자손에게 축복할지니 내가 그들에게 복을 주리
라."

첫 번째 축복은 보호의 축복(Blessing of protection)입니다. 24절의 너를 지키시기를 원한다는 말씀은 목자가 양을 지키듯 하나님이 울타리가 되셔서 보호하시는 축복입니다.

두 번째 축복은 은혜의 축복(Blessing of grace)입니다. 25절의 은혜 베푸시기를 원한다는 말씀은 우리를 향하신 하나님의 얼굴이 진노가 아닌 햇빛처럼 빛나는 생명과 기쁨을 더해 주시는 축복입니다.

세 번째 축복은 평강의 복(Blessing of peace)입니다. 26절의 평강주시기를 원하노라는 말씀은 세상에서 모든 것을 소유해도 평강이 없으면 소용없는 것이기에 범사의 평강을 더해주시는 기원입니다.

오늘도 하나님이 이 글을 읽고 있는 당신에게 민수기 6장의 축복을 선포하나니 그대로 되기를 바랍니다. 아멘!

그렇습니다. 오늘날도 주의 종의 축복기도가 있는 사람이 복을 받습니다. 가정이 복을 받습니다. 국가가 복을 받습니다. 그러므로 주의 종의 입술에서 원망이나 불평이나 악한 말이 나와서는 안 됩니다.

주의 종들의 입에서 축복이 선언되어야 나라가 평안하고 사회가 안정 됩니다. 그런 나라와 사회가 되도록 우리 그리스도인들은 더욱 기도해야 합니다.

여러분의 가정이 복 되시기를 바랍니다. 자녀들이 복되기를 바랍니다. 사업과 직장이 복 되기를 바랍니다. 여러분의 범사와 건강을 주님의 이름으로 축복합니다. 아멘!

복된 가정은 그냥 이루어지는 것이 아님을 우리는 엘리와 엘가나의 두 가정을 통하여 깨닫게 되었습니다. 하나님의 은혜를 입은 가정은 우연히 그렇게 된 것이 아닙니다. 복된 가정은 올바른 자녀 교육이 있어야 합니다. 경건한 부모님의 신앙생활이 울타리가 되어야 합니다. 주의 종의 축복이 선포되는 가정이어야 합니다. 우리의 가정이 이렇게 되기를 주님의 이름으로 축원합니다. 아멘.

8.

원인 없는 결과는 없습니다

집이 가난하여 초등학교도 다니지 못했던 소년이 있었습니다. 그는 15살에 고아가 되어 소년 가장이 되었습니다. 성장하며 학력이 부족하여 대기업의 공장 사환으로 들어가게 되었는데 매일 아침 5시면 출근을 해야 했습니다. 출근하면 청소부터 시작했습니다.

어느 날 공장에서 제일 무서운 선배가 "야 이 새끼야!" 하고 부르더니 공장 기계를 전부 다 닦으라고 했습니다. 그것도 아주 짧은 날짜 안에 다 닦으라는 것이었습니다. 그는 아무 말 없이 2,612개나 되는 기계를 정성을 다해 몇 날 며칠을 닦았습니다. 닦는 동안에는 집에도 들어가지 않았고 마치 자신의 몸을 닦듯 정성을 다했습니다. 잠도 자지 않고 2,612개의 기계를 시일에 맞추어 다 닦고 가지런히 정리를 해놓았습니다.

무서운 선배는 그를 더 이상 "야 이 새끼야!"라는 호칭으로 부르지 않았습니다. "김 군, 수고 했어!"하고 치하를 해 주었습니다. 그 날부터 그는 "김 군!"으로 불렸습니다.

그렇게 사환에서 반장으로 승진을 했습니다. 훈장 2개, 대통령 표창 4번, 발명특허대상, 장영실상을 5번 받았으며, 1992년에는 초정밀 가공분야 명장(名匠)으로 추대되었습니다. 제안 24.612건에 국제발명특허 62개를 받아 지금의 명장이 되기까지 그는 날마다 새벽 5시에 출근해서 기계를 닦는 사람이었습니다. 그는 지금 5개 국어를 구사합니다. 바로 그 주인공이 대우 중공업 김규환 명장입니다.

오래 전에 그가 쓴 「어머니 저는 해냈어요」라는 자서전을 읽으며 주먹을 불끈 쥐었던 기억이 새삼스럽습니다. 그 분의 말씀 가운데 특별히 이 말을 기억에 담고 있습니다.

"저는 심청가를 1,000번 이상 듣고 완창하게 되었습니다. 심청가에 보면 다음과 같은 구절이 있습니다.

'한 번 밖에 없는 인생, 돈에 노예가 되지 마라. 지금 하고 있는 일이 바로 너의 인생이다. 지금 하고 있는 일에 최선을 다하는 자는 영화를 얻는다.'

힘들고 어려운 길은 반드시 행복으로 가는 길입니다. 목숨 걸고 노력하면 안 되는 것이 없습니다. 목숨을 거십시오. 내가 하는 분야에서 아무도 다가올 수 없을 정도로 정상에 오르면 돈이 문제가 아닙니다. 내가 정상에 올라가면, 길가에 핀 꽃도 다 돈입니다."

김규환 명장의 집 안방에는 이런 가훈이 써 있다고 소개했습니다.
〈목숨 걸고 노력하면 안 되는 일 없다.〉

갈라디아서 6장 7-9절에는 이 이야기와 맥락을 같이하는 말씀이 있습니다.

"스스로 속이지 말라 하나님은 업신여김을 받지 아니하시나니 사람이 무엇으로 심든지 그대로 거두리라. 자기의 육체를 위하여 심는 자는 육체로부터 썩어질 것을 거두고 성령을 위하여 심는 자는 성령으로부터 영생을 거두리라. 우리가 선을 행하되 낙심하지 말지니 포기하지 아니하면 때가 이르매 거두리라."

원인 없는 결과는 없다는 생각을 하게 하는 말씀입니다. 성경에는 심고 거두는 법칙에 관하여 여러 곳에서 가르치고 있습니다. 심고 거두는 법칙에는 몇 가지의 순서가 있습니다.

첫째는 심어야 합니다.

둘째는 심은 것을 거둡니다.

셋째는 심은 만큼 거두는 법입니다.

넷째는 심을 때 심어야 합니다.

다섯째 거두는 때가 되어야 거둡니다.

여섯째 울며 씨를 뿌리면 기쁨으로 단을 거둡니다.

우리의 인생도 이와 같습니다. 신앙도 마찬가지입니다. 심지 않고 거두는 법은 없습니다. 중요한 것은 무엇을 심느냐 하는 것입니다.

심는 것을 원인이라고 하고 거두는 것을 결과라고 합니다. 그래서 원인 없는 결과는 없다고 합니다.

이와 유사한 동의어들이 있습니다. 인과응보(因果應報), 사필귀정(事必歸正), 자업자득(自業自得), 근묵자흑(近墨者黑)이라는 것들입니다.

엘리 가정의 몰락의 원인

오늘 본문은 제사장의 가정이 몰락하는 기막힌 광경입니다. 왜? 어떻게 이렇게나 참담하게 엘리 가정이 몰락해야 했을까요? 이 슬픈 결과에 대한 줄기를 거슬러 올라가 보면 그럴 수밖에 없는 원인이 있었음을 발견하게 됩니다.

엘리 가정의 몰락 1단계- 두 아들의 패역한 생활(22-23절).

패역이란 인륜(人倫)에 어긋나고 순리를 거스름을 뜻하는 말입니다. 다른 말로 표현하면 부적절한 행동의 생활이라는 말입니다. 부적절하다는 것은 '잘 맞지 않아서 어울리지 않는다.' 는 뜻입니다. 이런 관계는 자신은 물론 함께 하는 사람의 몰락을 가져오게 됩니다.

한 때 우리 정치권의 이슈로 등장 했던 총리의 3.1절 골프 문제와 국회의원의 여기자 성추행 사건이 있습니다. 이 모든 내용을 통틀어 언론은 '부적절한 관계' 로 보도했습니다.

뉴스를 보고 듣는 국민들은 분노를 넘어 허탈한 심정에 너 나 없이 할 말을 잃어버렸습니다. 도덕적, 윤리적 가치기준은 이미 사라진지 오래되었습니다. 자기들이 말하고 행하는 것은 불의임에도 정의이고, 남이 하는 것은 옳아도 틀렸다고 우기는 지도자들의 모습을 우리는 과거뿐만 아니라 오늘도 매일 언론을 통해서 보고 있습니다.

옛날이나 지금이나 우리가 더 크게 큰 충격을 받는 것은 지도자가 실책을 했을 때 인 것 같습니다. 그럴 수밖에 없는 것이 또한 그들은 소위 '지도자' 라는 위치에 있기 때문입니다.

본문의 내용은 당시의 최고 지도자들의 부적절한 삶의 행태를 보여주고 있습니다.

엘리 제사장 아들들의 타락상은 거론하기조차 하나님 앞에 죄송스러운 내용입니다. 그들은 이미 밝혀진 바, 하나님을 알지 못하는 무지한 사람들이었습니다. 성전에서 하나님께 드려지는 예물을 제 멋대로 사용하는 무서운 죄를 범했습니다. 하나님께 드리는 제사를 멸시했습니다. 성전에서 수종드는 여인들과 동침을 하는 도덕적, 윤리적으로 타락한 생활을 했습니다. 그들의 악행이 백성들에게까지 들려졌습니다.

엘리 가정의 몰락 원인 2단계-무너진 부모의 권위.

24-25절의 내용은 엘리 가정의 가정질서가 황폐하게 됨을 느끼게 합니다. 25절 중반 절입니다.

"그들이 자기 아버지의 말을 듣지 아니하였으니 이는 여호와께서 그들을 죽이기로 뜻하셨음이더라."

무서운 말씀입니다. 아버지의 권위가 실추된 모습입니다. 자식들이 아버지의 말씀을 전혀 대수롭지 않게 여기는 상황입니다. 이것은 가정의 몰락에 있어 아주 기본 원인이 됩니다.

우리는 여기서 아주 중요한 것 한 가지를 생각하고 넘어가야 합니다. 우리 속담에 '세 살 버릇 여든까지 간다.' 는 말이 있습니다. 이 말은 사람의 습관은 어려서부터 반복 되다가 그것이 고착되어 죽을 때까지 간다는 것입니다. 그러므로 경고의 의미로 쓰여 지는 격언으로 '어릴 때부터 좋은 바른 습관을 갖도록 하라.' 는 의미입니다.

그런데 엘리는 아이들의 잘못에 대해 간과했습니다. 아이들은 어릴 때부터 아버지의 말을 듣지 않고 자랐습니다. 그리고 그 아이들이 장성했습니다. 아니 할 말로 막 자란 다 큰 아이들이 늙어 힘없는 아비의 말을 듣겠습니까? 어릴 때부터 아비의 말을 듣지 않으면서 성장한 엘리의 아이들입니다.

기억하시기 바랍니다. 아무리 부모님이 늙고 힘이 없어도, 어릴 때부터 부모님의 말씀의 권위 아래 순종하며 장성한 자식이라면, 그 부모님이 이 땅을 떠나시는 날까지 순종하게 되어있습니다.

다시 기억하시기 바랍니다. 교회 생활에서 주의 종을 통해 선포되어지는 하나님의 말씀을 경원시하는 사람들의 가정을 들여다보면, 대부분이 그럴 수밖에 없는 원인을 갖고 있음을 발견하게 됩니다.

하나님을 사랑하는 자는 주의 종을 사랑합니다. 하나님을 두려워하는 자는 주의 종 또한 존중합니다. 가정에서 부모님을 통해 이것을 보고 듣고 훈련받은 자식들은 자라서도 교회생활을 할 때 어김없이 그대로 답습하는 것을 볼 수 있습니다.

그런데 엘리 제사장의 가정은 그렇지 못했습니다. 아들들이 성전에서 온갖 죄를 짓는데도 제사장인 아비가 그것을 듣고 보면서도 대수롭지 않게 여겼습니다. 그것이 왜 그런 것이겠습니까? 그것은 하나님을 두려워하지 않았기 때문입니다. 하나님을 존중하지 않았기 때문입니다.

왜 엘리 가정이 이 지경이 되었습니까? 그 이유가 이어집니다.

엘리 가정의 몰락 3단계-자식을 하나님보다 더 사랑했다.

자식을 사랑하지 않는 부모는 없습니다. 당연한 것입니다. 그러나 아무리 그렇더라도 순서가 있습니다. 가장 첫째가 하나님입니다. 그리고 자식은 그 다음이어야 합니다.

29절입니다.
"너희는 어찌하여 내가 내 처소에서 명령한 내 제물과 예물을 밟으며 네 아들들을 나보다 더 중히 여겨 내 백성 이스라엘이 드리는 가장 좋은 것으로 너희들을 살지게 하느냐"

이 말씀은 참으로 무서운 말씀입니다. 그리고 이 말씀은 지금 우리에게 하시는 하나님의 질문입니다.
우리는 찬송가 102장을 애창합니다.
"주 예수 보다 더 귀한 것은 없네.
이 세상 부귀와 명예와 행복과 바꿀 수 없네."

그렇습니다. 중요한 것은 이것입니다. 모든 것이 다 귀하고 좋지만 주 예수 보다 더 사랑해서는 안 됩니다.
그래서 주님은 베드로에게 물으셨습니다. "이 모든 것보다 나를 더 사랑하느냐?" 그래서 하나님은 아브라함에게 말씀하셨습니다. "네 사랑하는 아들 이삭을 모리아 산에 번제로 바쳐라." 베드로도 아브라함도 하나님 제일주의의 신앙을 자신들의 삶으로 응답해 드렸습니다.

여러분은 자식을 너무 사랑하기 때문에 하나님을 제일로 사랑할 수가 없습니다. 그러나 하나님을 제일로 사랑하기 때문에는 자식을 아주 많이 사랑할 수는 있습니다. 말이 너무 어렵습니까? 그렇지 않습니다. 잘 생각해 보십시오. 너무도 쉬운 말입니다.

지난 주간에 한 가정을 상담 하면서 어려운 결정을 해 주었습니다. 남편은 한국에서 열심히 일하고 아내는 아이들과 외국으로 조기 유학을 가고자 하는 가정이었습니다. 들으면서 기도하고 또 기도하는 마음으로 앞뒤를 생각한 후 결론을 내렸습니다.

'이것이 정말로 하나님을 사랑하는 것인가? 이것이 정말로 자식을 사랑하는 길인가?' 결론은 아니라는 것입니다. 잘못 판단하는 것인지는 모르지만 그들의 상담 내용은 지극히 인간적이고 세상적인 욕구가 안으로부터 분출되고 있는 것임을 발견했기 때문입니다.

놀라운 것은 그들이 겸손하게 저의 말을 수용하고 돌아간 것입니다.

제가 확신하는 것은, 하나님은 그들의 앞길과 그들의 자녀들에게 복을 주실 것이라는 것입니다.

우리네 오늘의 삶의 중심이 자식이 되어서는 안 됩니다. 명예나 권력이나 재물이 되어서도 안 됩니다. 우리의 삶은 철저하게 하나님이 중심이 되어야 합니다. 그리하면 삽니다.

엘리 가정의 몰락 원인은 살펴본 대로 위와 같습니다. 첫째는 아이들의 패역한 생활입니다. 둘째는 부모의 잘못된 자녀 양육, 다른 말로 하면 부모의 권위가 무너진 것입니다. 셋째는 자식을 하나님 보다 더 사랑한 것입니다. 그 결과는 참으로 무서운 것이죠?!

멸망한 엘리제사장의 가정

엘리제사장의 가정의 멸망에 대해서는 3장에서 이미 예고가 되었고 4장에서 구체화되지만, 본문에서도 몇 가지로 정리되고 있습니다.

첫째는 31절 내용으로써 엘리 가문의 팔이 끊어진 것입니다.

팔은 힘과 권세를 상징합니다. 그러므로 이 말씀은 엘리 집안의 권세를 꺾고 빼앗는다는 뜻입니다. 가장 치명적인 것은 노인이 하나도 없게 한다는 것이었는데 이것은 엘리 후손들은 모두가 단명(短命)한다는 심판입니다.

하나님의 제사를 멸시하고 성전에서 패역했던 그 모든 것이 원인이 되어 돌아온 결과입니다.

둘째는 32절과 33절의 내용으로서 다른 백성들이 하나님의 복을 받을 때 엘리 가문은 화를 겪게 되리라는 것과 제사장의 직무를 수행하는 가문으로서 그 직무 수행은 이어지겠지만 가문의 몰락과 후손들이 조사(早死)함으로 슬픔이 끊어지지 않게 되리라는 것입니다. 실제로 이스라엘의 제사장 가문 중에 18세 이상을 살지 못한 가문이 확인 되었는데 그것이 엘리의 가문이었다고 역사학자들이 발표한 것을 보고 들으면 온 몸이 떨리는 말씀입니다.

늙은 아비의 말을 무시한 원인은 후손대대로 노인이 없게 되는 결과로 돌아왔습니다.

34절 말씀은 그렇게 엘리가 사랑하고 아꼈던 두 아들 홉니와 비느하스가 한 날에 죽으리라는 것입니다. 이는 4장 11절에서 그대로 성취되었습니다.

자식을 하나님 보다 더 사랑한 원인의 결과입니다.

35절 말씀의 내용은 직분에 교만하여 타락한 일을 행한 엘리 제사장 가문을 버리고 새로운 충실한 일꾼을 세우셔서 하나님의 일을 행하게 하실 것이라는 말씀입니다.

제사장 직무수행을 간과했던 원인이 그 존귀한 축복의 직분을 잃어버리는 결과가 되었습니다.

36절 말씀의 내용은 하나님의 징벌로 파멸한 엘리 집안 후손들의 빈핍하고 처참한 실상을 예고하신 말씀인데, 제사장 가문의 후손들이 굶주림을 면키 위하여 동전 한 닢과 떡 한 덩이를 구걸하는 비참한 상태에 이르게 될 내용입니다.

하나님께 드릴 것을 빼앗아 자신들의 배를 불린 원인으로 보응될 가난이라는 결과입니다.

이렇게 엘리 제사장의 가정은 몰락해 갔습니다. 살펴보면 참으로 두려운 원인과 결과 절입니다.

30절 말씀입니다.

"나를 존중히 여기는 자를 내가 존중히 여기고 나를 멸시하는 자를 내가 경멸하리라."

갈라디아서 6장 7절입니다.

"사람이 무엇으로 심든지 그대로 거두리라."

미국의 법률학자 잉거솔이 갈파한 말입니다. "현재는 필연적인 과거의 결과이며 현재는 필연적인 미래의 원인이다."

오늘 좋은 원인을 만들면 내일 좋은 결과를 보게 됩니다. 오늘 뒷맛 좋지 않은 원인을 만들면 내일은 불편스러운 결과를 맞게 됩니다.

저는 저에게 큰 감동을 준 뉴스의 한 주인공 김영희 씨를 기억하고 있습니다. 그녀는 미국 최고인기 스포츠인 프로 풋볼리그(NFL) 슈퍼볼(챔피언결정전) MVP(최우수선수)에 선정되어 4년간 250억 원을 받게 된 '하인스 워드'(Hines Ward, 30 · 피츠버그 스틸러스)의 어머니입니다. 그녀는 주한 미군 흑인과 결혼해서 낳은 아들 '하인스 워드'를 겸손하면서도 당당한 사람으로 양육하고자 애틀랜타 공항 음식점에서 접시닦이, 호텔 청소부, 식료품점 점원 등 세 가지 일을 한꺼번에 하며 살았습니다. 그녀의 바쁜 일상이 끝나고 누울 수 있는 시각은 새벽 2시즈음이라야 겨우 얻을 수 있었습니다.

그녀의 아들 '하인스 워드'는 세계 뉴스의 중심에 섰을 때 이렇게 말했습니다. "아무리 애를 써도 나는 결코 어머니가 내게 해 준 것을 되갚지 못할 것입니다. 내가 지금 여기 있을 수 있었던 원인은 나의 어머니입니다."

김영희 씨의 자식을 향한 헌신적인 삶은 눈물과 고난, 아픔과 서러움의 세월을 견디어 온 원인이라는 씨앗으로 오늘의 '하인스 워드'라는 결과의 열매를 가져왔습니다.

그렇습니다. 원인 없는 결과는 이 세상 어디에도 없습니다. 우리의 신앙도, 삶도 마찬가지입니다.

하나님을 더 사랑하는 원인을 통해 하나님의 복을 받는 행복자라는 결과의 주인공이 되시기를 주님의 이름으로 축복합니다. 아멘!

9. 하나님이 부르시는 사람

제가 자란 모 교회의 부흥사경회가 있던 날이었습니다. 그날은 제가 스무 살이 되던 3월이었고, 강사는 지금 안동 서부교회 원로 목사님이신 김원진 목사님이셨습니다.

먹을 것조차 제대로 없고 입을 것조차 제대로 입지 못하는 열악한 가정환경에서 지내던 저의 소원은, '어떻게 하면 남들처럼 헌금을 할 수 있을까?' 하는 것이었습니다. 주일이 오면 교회에 가고 싶어 견딜 수 없는 행복감으로 출렁이지만 헌금 시간이 싫어서 교회 가기가 어려웠던 날도 종종 있었습니다. 그래서 헌금 시간만 되면 살짝 밖으로 빠져나와 있다가 헌금 시간이 지난 후에야 예배당 안으로 들어가는 날도 많았습니다.

그런 시간 속에 부흥회를 맞게 되었습니다. 첫 날 밤 강단에 헌금

봉투를 올리는 것이 꿈에도 소원이었습니다. 그 소원을 위해 간절히 기도하던 중 성령님께서 주시는 지혜가 하나있었습니다. 나무를 해서 팔아 헌금을 하면 되겠다는 것이었습니다.

당시의 시골 땔감 재료는 연탄도 기름도 아닌 화목(火木)뿐이었습니다. 그래서 당시의 인근 산은 집집마다 화목으로 사용할 나무를 베고 지푸라기를 끌어다 쓰느라 온통 민둥산이 되어 땔감을 구하기가 어려웠습니다. 그런 탓에 나무 한 짐을 하려면 족히 20리 길은 깊은 산속으로 들어가야만 했습니다. 그러니 많이 해야 하루에 겨우 두 짐의 나무 밖에 할 수 없는 처지였습니다.

삼덕교(지금의 증산도)를 신봉하는 유교사상이 깊은 부모님의 눈을 피해 교회 다니는 것도 어려운데, 나무를 해다 팔고 그 돈을 예배당에 바친다는 것은 불을 보듯 뻔히 아버님께 매 맞을 일이었습니다. 그래서 하루 세 짐의 나무를 하기 위해 이른 아침부터 있는 힘을 다해 열심을 내었습니다. 그렇게 부지런을 떤 결과 두 짐은 정상적으로 집에 가져가고도 한 짐은 따로 모을 수가 있었습니다. 월요일부터 토요일까지 한 주간을 죽기 살기로 소원을 꿈꾸며 여섯 짐의 나무를 더 해서 팔았습니다.

드디어 헌금을 마련했습니다. 한 짐에 500환(지금의 50원), 여섯 짐을 판 값 3,000환을 받아들고 황 봉투에 소원을 적기 시작했습니다.
첫째 "나는 배가 고픈 사람이니 밥 좀 실컷 먹게 해 주소서."
둘째 "팬티랑 런닝 셔츠 한번 입게 해 주소서."
셋째 "공부하고 싶으니 공부하게 해 주소서."
넷째 "부모님 예수님 믿고 구원받게 해 주소서."

그렇게 앞뒤로 47 가지를 적고나니 더 이상 적을 곳이 없었습니다.

부흥회 첫 날 강사 목사님이 헌금 봉투에 적힌 사람들의 이름을 불렀습니다. 그렇게 호명을 하시다가 제 이름을 부르시고는 소원의 첫 번째부터 읽기 시작했습니다. 회중들이 배꼽을 잡고 웃는 소리로 온 예배당 안이 울렸습니다. 그 때 앞자리에 앉았던 깡마르고 볼품없던 청년 서임중이는 목이 터지라고 '아멘'을 외쳤습니다.

그날 밤 집회가 시작도 되기 전에 성령님이 제게 임하셨습니다. 하나님의 부르심에 온 몸을 떨었습니다.

부흥회가 끝난 후 저를 어여삐 보신 강사 목사님은 담임 전도사님과 이야기를 나누셨습니다. 그리고 그 때 한 분 뿐이셨던 권영주 장로님께 제 등록비를 납부하도록 당부하시고 제 손을 잡고 당시 그 유명한 안동 경안성서 신학원에 늦은 3월 입학을 시켜 주셨습니다. 눈물을 음료로 삼키면서 그렇게 신학 수업이 시작되었습니다.

그렇게 시작된 성경학교 재학 중 나라의 부름을 받고 국방의 의무를 수행했습니다.

전역한 후 마음이 바뀌어 "이것이 아니다"라는 판단으로 교육공무원의 길을 걸었습니다. 수차례 죽을 고비에서 살리신 하나님의 은혜를 다 잊고 세상적으로 잘 살아보려는 저의 몸부림이었습니다.

그런 7년을 지내던 어느 날 주님은 다시 저를 부르셨습니다. 저의 빗나간 걸음을 돌리시는 방편은 까닭을 알 수 없는 두통이었습니다. 학교에 근무를 하는 중 반쪽머리가 견딜 수 없도록 심하게 아픈 것이었습니다. 병원에서는 원인을 알 수가 없다고 했습니다. 밤이면 도무지 잠이 들 수 없도록 아팠습니다. 수면제를 먹어야만 겨우 서너 시간을 잘 수 있었습니다. 이토록 심한 쪽머리 아픈 병을 통해 주님은 나의 나 됨을 깨닫게 하셨습니다. 깨닫는 순간 앞 뒤 계산도 없이 학교를 사임했습니다. 그리고 다시 신학교에 들어가 늦은 만학도의 길을 걸었습니다. 마침내 하나님은 제 나이 40에 목사 안수를 받게 하셨습니다.

그렇게 흐른 세월이 어언 37년, 경안성서신학원은 교육인적자원부로부터 경안 신학대학원 대학교로 인가를 받아 2005년 3월 10일 개교를 했습니다.

한 때 찢어지게 가난했고 공부가 하고 싶어 한이 맺혔던 청년 서임중이 이 학교의 초대 총장으로 취임을 했습니다. 그렇게 허기졌던 배는 이제 너무 좋은 것을 먹어서 미안하고, 팬티 한 번 입어보지 못했던 청년은 이제는 부흥사경회에 가면 항상 새 팬티와 런닝 셔츠를 입게 되었습니다. 공부도 할 만큼 할 수 있었습니다. 부모님은 예수님을 믿고 믿음생활 잘 하시다가 천국으로 가셨습니다. 47가지를 소원으로 적었으나 하나님은 그 이상의 헤아릴 수 없는 은혜와 은총을 베푸셨습니다.

그렇게 주님 앞에 선 이후 오늘도, 주님의 나귀 되어 목숨 건 목회와 복음전도자의 사명을 수행하고 있습니다.

세상에 태어난 사람이라면 누구든지 적어도 세 번은 하나님의 부르심을 받는다고 합니다. 첫 번째는 이 세상에 태어날 때입니다. 인간이 세상에 태어난다는 자체가 자기 뜻이 아닌 하나님의 부르심이라는 것입니다. 두 번째는 주님을 믿을 때와 직분을 받을 때입니다. 모든 그리스도인들이 하나님의 직분을 받는 것은 하나님의 부르심에 응답하는 것입니다. 그리고 세 번째는 그 누구도 예외 없이 영원한 곳으로 하나님께서 부르신다는 것입니다.

이 세 가지가 세상의 모든 사람 그 누구도 거역할 수 없고 예외일 수 없는 하나님의 부르심 속에 있는 증거입니다.

소명은 누구에게나 있습니다. 그러나 부르시는 분의 말씀은 누구나 듣는 것이 아닙니다. 인간 누구에게나 주시는 소명을 소명되게 하는 것은 들음에서 출발합니다.

소명은 내가 성취할 목표가 아니라 하나님으로부터 이미 주어진 선물입니다. 소명은 내 뜻을 이루는 것이 아니라 주신 분의 뜻을 이루는 것입니다. 그러기에 소명의 자각은 "나는 누구인가?"로부터 시작됩니다.

하나님이 모세를 부르셨습니다. 그가 하나님의 부르심의 음성을 듣지 못할 때는 한낱 애굽 공주의 양아들이었을 뿐입니다. 그러나 그가 하나님의 음성에 순종했을 때, 그는 하나님 나라 백성을 이끄는 지도자로서의 소명 수행자가 되었습니다.

하나님이 이사야를 부르셨습니다. 그가 부르심의 소리를 듣지 못하던 때는 한낱 왕궁 출입 선지자였을 뿐입니다. 그러나 부르심의 말씀을 들었을 때 그는 "내가 여기 있나이다."라고 고백합니다. 그런 그에게 큰 소명이 부여되고 그는 그 소명의 수행원이 되었습니다.

하나님이 바울을 부르셨습니다. 그가 부르심의 소리를 듣지 못했을 때는 그리스도인들을 잡아 죽이는 독실한 유대교인으로서 하나님 앞에 자칭 의인이었습니다. 그러나 다메섹 도상에서 예수님의 부르심의 소리를 들었을 때는 세상의 모든 것을 버리고 주님의 뜻을 수행하는 시대의 사명자가 되었습니다.

오늘 본문은 소명에 응답한 사명에 대한 메시지입니다.

하나님의 부르심을 받은 엘리 제사장은 이제 더 이상 이스라엘 백성들을 영적으로 지도할 상태가 아니었습니다. 그것을 아시는 하나님은 어린 사무엘을 부르셨습니다.

예나 지금이나 하나님이 부르시는 사람이 있습니다. 하나님이 부르시는 사람은 어떤 사람일까요?

1. 타락한 시대의 믿음의 사람(삼상 3:1)

"아이 사무엘이 엘리 앞에서 여호와를 섬길 때에는 여호와의 말씀이 희귀하여 이상이 흔히 보이지 않았더라."

이 말씀에는 두 가지 의미가 있습니다. 첫째는 '말씀이 희귀하다' 라는 것입니다. 둘째는 '이상이 흔히 보이지 않았더라.' 입니다. 이것은 영적 암흑기를 말합니다. 종교적 타락의 상황을 한 마디로 집약한 표현입니다.

제사장 엘리는 영적으로 타락했습니다. 그의 아들들은 도덕과 윤리뿐만 아니라 하나님 앞에서도 악을 행했습니다. 이렇게 지도자가 타락하자 백성들 또한 좌우를 분별할 수 없게 된 참담한 상황을 보여 주고 있는 것입니다.

하나님은 언제나 이스라엘 백성들에게 말씀과 이상으로 자신의 뜻을 나타내셨습니다. 말씀과 이상은 전형적인 계시의 방식이었습니다. 그런데 본문 1절은 말씀도 희귀하고 이상도 보이지 않았다고 했습니다. 그만큼 캄캄한 영적 암흑기에 들었다는 말씀입니다. 이러한 때는 이스라엘을 바르게 이끌어 갈 영적 지도자가 절대적으로 요청되는 때입니다.

그러나 우리가 정말로 제대로 짚고 넘어가야 할 것은, 그 때나 지금이나 '말씀이 없어서 희귀한 것이 아니라' 는 것입니다. 하나님의 말씀은 항상 우리 곁에 있습니다. 그럼에도 불구하고 인간이 말씀을 말씀으로 받아들이지 않고 존중하지 않기 때문에 말씀이 말씀으로 역사되지 못하는 것입니다.

오늘날도 한국 강단은 말씀의 홍수를 이루고 있습니다. 그럼에도 선포되어지는 말씀이 사람의 소리가 되고, 선포되어지는 말씀이 사람의 말로 들려지고 있습니다. 문제는 바로 이것입니다.

여러분 한 번 생각 해 보십시오. 홍수가 나는 것을 '물난리' 라 합니다. 그런데 아이러니 한 것은 물난리가 난 때에 가장 귀한 것은 마실 물입니다. 물이 천지를 뒤덮었는데 마실 물이 없습니다. 생각해 보니 기가 막힐 노릇이지요? 예! 그렇습니다.

아모스 8장 11절에서 하나님은 이렇게 말씀하셨습니다.

"양식이 없어 주림이 아니며 물이 없어 갈함이 아니요 여호와의 말씀을 듣지 못한 기갈이라."

우리가 다시 주목할 말씀은, 1절 첫 부분의 '아이 사무엘이 엘리 앞에서 여호와를 섬길 때에' 라는 곳입니다.

아무리 도덕적으로 영적으로 타락한 시대라도 말씀을 중히 여기고 하나님 제일주의 신앙으로 살아가는 한 사람이 있다는 것입니다. 아무리 어두운 때에라도 하나님의 빛이 있다는 것입니다. 오늘 말씀이 또 한 번 우리에게 그것을 보여주고 있습니다. 이스라엘의 소망이 제시되고 있습니다. 그 소망인 어린 사무엘의 모습을 시작부분에 분명하게 기록하고 있습니다.

사무엘이 첫째는 제사장 "엘리 앞에서", 둘째는 "여호와를 섬길 때에"입니다.

여기서 우리는 다시 한 번 엘가나와 한나의 교육 방법을 높이 평가하지 않을 수 없습니다.

대부분의 사람들은 자녀 교육에 대해 세상 환경을 탓하고 교육 정책을 탓합니다. '이런 가운데서 우리 아이가 어떻게 바르게 자랄 수 있을까? 를 걱정하는 부모님이 대다수입니다. 그러나 우리가 사는 이 시대와 엘리제사장이 집무를 수행하는 시대의 세상 환경은 거기서 거기입니다. 별반 다를 것이 없어요. '그 나물' 에 '그 밥' 이에요. 어느 시대보다 타락한 세상입니다. 도덕적, 윤리적, 영적 상황이 극한 상황에 이르렀다고 할 수 밖에 없는 엄청난 시대입니다.

그러나 한나는 그 상황을 탓하고만 있지 않았습니다. 자신의 어린 아이를 주의 종에게 맡겼습니다. 그리고 성전에서 하나님의 말씀을 배우며 자라게 했습니다. 때가 되었습니다. 이제 하나님께서 어려서부터 예비 되는 그 아이를 부르고 계십니다.

요지는 간단합니다. 아무리 타락한 시대일지라도 하나님 신앙을 굳게 지키고 살아가는 사람이 있다는 것입니다. 그리고 하나님은 그런 사람을 그 시대를 이끌어 갈 위대한 지도자로 부르신다는 것입니다.

정치 지도자들이 타락한 이 시대입니다. 사회 지도자들이 도덕불감증에 빠져 헤어나지 못하는 통탄할 상황입니다. 그러나 세상이 비록 그럴지라도 우리 그리스도인은 불평과 원망을 하지 말아야합니다. 그래서 우리가 오직 더 신앙인답게 하나님을 믿는 믿음을 지켜 가야 합니다.

사회가 악하다고 소리치기 전에, 세상이 온통 썩었다고 외치기 전에, 정치 지도자들이 왜 그 모양이냐고 불평하기에 앞서, 우리 그리스도인은 믿음으로, 믿음으로 말씀을 순종하며 오늘을 살아야 합니다.

2. 영적으로 깨어 있는 기도의 사람(3절)

2절 말씀은 영적으로 깨어 있어야 할 제사장이 오히려 영적 잠에 취한 모습입니다. 문자적으로는 엘리 제사장이 나이가 들어 눈이 어둡다는 것을 말하고 있습니다. 그러나 앞뒤를 잘 살펴 묵상하면 엘리는 영적인 눈도 어두워져 있다는 것을 알 수 있습니다.

영안이 열려 있지 않으면 하나님을 기쁘시게 하지 못합니다. 시대 상황을 분별할 수 있는 능력도 없습니다. 그러나 믿음 있는 사람의 삶은 다릅니다. 고린도후서 4:16절입니다.

"그러므로 우리가 낙심하지 아니하노니 우리의 겉 사람은 낡아지나 우리의 속사람은 날로 새로워지도다."

그렇습니다. 영적으로 깨어있는 사람이 하나님의 말씀을 중심으로 살아갑니다. 말씀이 내 안에 역사되고, 그 말씀을 순종하는 자, 말씀을 존귀히 여기는 사람들은 영적으로 깨어 있는 사람들입니다. 그런 사람들이 하나님의 음성을 듣습니다. 3절 말씀에서 사무엘의 상황이 어떠합니까?

"하나님의 등불은 아직 꺼지지 아니하였으며 사무엘은 하나님의 궤 있는 여호와의 전 안에 누웠더니"

여기의 등불은 매일 저녁마다 성소를 밝히기 위하여 켜 놓는 일곱 가지로 된 등잔의 등불입니다. 이 불은 저녁에 점등되어 새벽까지 계속 켜져 있었습니다.

사무엘은 이 등불이 켜진 성전에서 기도하면서 생활했습니다. 아직은 어린아이지만, 사무엘의 생활은 성전에서 항상 깨어있는 영적 생활에 훈련되고 있었다는 것을 보여주고 있습니다.

하나님의 말씀이 희귀하고, 이상이 보이지 않는, 그래서 영적으로 타락한 시대이지만 사무엘은 영적으로 깨어 있었습니다.

그런 사무엘과 관련된 주목할 단어들이 있습니다. '하나님의 등불', '하나님의 궤', '여호와의 전', '여호와 앞에서' 라는 단어들입니다.

이런 환경 가운데 싸여있는 사무엘이 쉽게 상상이 되시지요? 예! 그렇습니다. 사무엘은 거룩한 상황 속에 들어가 있었습니다. 그리고 그 안에서 항상 영적으로 깨어있었습니다. 그런 사무엘에게 하나님께서 말씀으로 오셨습니다.

그것은 지금도 마찬가지입니다. 목회사역뿐 아니라 목회자의 목회 사역을 도와 하나님의 교회를 평안하게 하는 사람들도, 결국은 영적으로 깨어 기도하는 사람들입니다.

교회의 결정적인 일에 있어서 실패의 경우는 지나고 보면 항상 기도하지 않는 사람들의 말이 앞섰기 때문입니다. 물론 성공적인 경우는 기도하는 사람들의 말이 앞섰을 때였습니다. 이것은 목회의 삶에서 늘 검증되어지는 사실입니다.

역사는 시간 속에 흘러가지만 그 역사는 절대로 속일 수 없습니다. 또한 역사는 거짓말을 하지 않습니다. 하나님의 사람들이 영적으로 깨어 있지 않으면 엄청난 후회를 남긴다는 것은 면면히 흘러오는 역사의 교훈입니다. 그래서 정직과 진실은 삶의 최후 승리의 깃발입니다.

3. 말씀대로 순종하는 아멘의 사람(4절)

"여호와께서 사무엘을 부르시는지라. 그가 대답하되 내가 여기 있나이다."

아직 어린 사무엘! 하나님에 대한 지식도 부족했던 아이 사무엘에게 하나님의 말씀이 들려왔습니다. 사무엘은 엘리제사장이 부르는 줄 알았습니다. 두 번씩이나 반복해서 어린 사무엘은 엘리에게로 달려갔습니다. 이미 영적으로 깨어있지 못한 엘리 제사장은 그 때까지도 깨닫지 못하고 있다가 세 번째에야 비로소 사무엘을 부르시는 분이 하나님이라는 것을 깨닫습니다.

우리가 여기서 주목할 것은 하나님께서 사무엘을 부르실 때 그것을 엘리 제사장의 부름으로 알고 세 번이나 뛰어간 것입니다. 주의 종의 부름에 즉각 응답하여 뛰어간 사무엘의 자세입니다. 하나님의 부르심이든 주의 종의 부르심이든 사무엘의 자세는 항상 하나님의 말씀에 순종하는 기본자세가 되어 있었습니다. 우리가 깊이 새겨야 할 모습입니다.

또 한 가지 중요한 것은 하나님의 음성이 엘리가 아닌 사무엘에게 들려졌다는 사실입니다. 하나님의 말씀을 존귀히 여기고 말씀 앞에 아멘 하는 자세를 갖추지 않는 자에게는 하나님의 말씀은 들려지지 않습니다. 뿐만 아니라, 영적으로 깨어있지 않으면 하나님의 말씀을 들어도 깨닫지 못합니다. 이것을 깊이 명심하고 깨어 있어야 합니다.

이 사실은 그 때나 지금이나 변함이 없습니다. 말씀을 말씀으로 깨닫지 못하면 이미 하나님이 떠난 것입니다. 하나님의 은혜가 떠난 것입니다. 하나님과의 관계가 단절 된 것입니다. 그것은 이미 몰락을 예고하는 무서운 전조입니다.

아무리 시대가 어둡고 타락했을지라도 그리스도인은 하나님의 말씀에 민감한 영감을 가지고 있어야 합니다. 말씀을 소홀히 여기고, 말씀을 대수롭지 않게 여기며, 말씀을 비판하고, 말씀을 깨닫지 못하면, 그것은 하나님에게서 멀어진 타락한 영혼입니다.

하나님은 반드시 말씀을 간직하고 영적으로 깨어있는 사람을 부르십니다. 그를 사용하십니다.

그러므로 목사는 성도의 구미(口味)에 맞는 설교를 선포해서는 안 됩니다. 성도는 말씀을 자기 생각과 자기 마음의 잣대로 나누고 재어서는 안 됩니다. 말씀은 말씀으로만 역사되어야 합니다.

10절 이하는 엘리 가문의 몰락을 예고하는 하나님의 말씀입니다.

15절 말씀을 보면 사무엘은 차마 그것을 엘리에게 선포할 수 없어 두려워합니다. 그렇지만 하나님의 말씀대로 아멘 하여 엘리 가문의 몰락을 선포합니다.

19절 이하를 보면 하나님께서 사무엘에게 말씀 하셨던 대로 행하셨던 것을 알 수 있습니다. 온 백성들은 사무엘을 하나님이 선지자로 세우신 자로 깨닫고 그의 말에 순종하게 됩니다.

하나님의 부르시는 사람은 말씀 앞에 아멘으로 순종하는 사람입니다.

1889년 미국 23대 대통령에 당선된 '해리슨' 대통령이 한 장관을 기용할 때 있었던 일화입니다. 당시 백화점 왕으로 불리던 '존 와나메이커' 의 인격과 성품에 탄복한 대통령은 그에게 체신부 장관이 되어 줄 것을 부탁했습니다. 그때 존 와나메이커는 대통령의 제의를 일언지하에 거절을 합니다. 그 이유는 이런 것입니다. "나는 교회학교 교사입니다. 그런데 내가 만일 장관이 되어 나라 일에 바빠 내 아이들을 가르치지 못하면 주님 앞에 뭐라고 말씀 드리겠습니까?"

와나메이커의 답변에 감동한 해리슨 대통령은, 교회학교 교사직을 계속할 수 있도록 하겠다는 약속과 함께 간곡하게 그에게 체신부 장관직을 맡겼습니다.

와나케이커는 오직 말씀대로 살아가는 행동하는 신앙인이었습니다. 그에게 있어서 교회학교 교사직은 죽을 때까지 해야 하는 그의 본업이었고 체신부 장관직은 몇 년 동안만 할 수 있는 부업이었습니다.

그는 1919년 세계 주일학교협의회 회장이 되었고 1922년 12월 12일 84세로 세상을 떠날 때까지 교회학교 교사의 직분을 성실히 수행하였습니다.

　우리는 말씀 따로, 생활 따로의 신앙인이 되어서는 안 됩니다. 그렇게 살면 하나님의 말씀을 들을 수가 없습니다. 말씀을 들을 수 없다는 것은 하나님에게서 멀어진 것입니다. 그것은 곧 불행의 시작입니다.

　하나님이 부르시는 사람!
　그는 타락한 시대에도 믿음으로 살아가는 사람입니다. 영적으로 깨어있는 사람입니다. 언제나 하나님 앞에서 기도하는 사람입니다. 어떤 경우에도 말씀대로 살아가는 순종의 사람입니다. 그 사람이 바로 당신이기를 바랍니다. 그 사람이 바로 '나' 이기를 바랍니다. 하나님은 그런 당신을, 그런 '나' 를 부르십니다.
　'너 하나님의 사람아!' 아멘.

10. 엘리 가정의 몰락과 교훈

"이스라엘이 블레셋 사람들 앞에서 도망하였고
백성 중에는 큰 살육이 있었고 당신의 두 아들 홉니와 비느하스도
죽임을 당하였고 하나님의 궤는 빼앗겼나이다"(삼상 4:17)

노자(老子)는 난세(亂世)를 사는 명철보신(明哲保身)의 지혜를 3가지로 갈파했습니다. 첫째는 인자(仁慈)요, 둘째는 검소(儉素)며, 셋째는 불감위천하선(不敢爲天下先), 즉 천하에 앞장을 서지 않는다는 것입니다. 이것은 자기의 분수를 알고, 분수를 지키며, 분수에 맞는 삶을 살아가야 한다는 것을 가르치는 처세훈입니다.

사람들은 왜 치욕의 삶을 기록할까요? 그것은 족할 줄을 모르기 때문입니다.

왜 사람들은 위험에 빠지는 것일까요? 이는 멈추어야 할 때 멈출 줄 모르기 때문입니다.

그래서 "욕심이 잉태하면 죄를 낳고, 죄가 장성하면 사망을 낳는

다.”고 성경은 말씀하시며 지혜로운 삶을 살라고 하는 것입니다.

선거 때가 되면 작금의 정치 상황을 비꼬아 ‘클렙토크라시 (Kleptocracy)’ 라고 꼬집습니다. 이것은 ‘도둑 정치’ 라는 뜻입니다. 권력을 이용해서 사복(私腹)을 채우는 도둑들의, 도둑들을 위한 정치를 말합니다.

여야를 무론하고 공천헌금과 관련된 비리가 봇물처럼 터져 나옵니다. 그러면 여의도 1번지로 나갈 때는 그토록 청렴하고 올곧던 그야말로 선량(選良)이었던 분들의 타락한 이야기가 마치 저인망 그물에 줄줄이 낚인 물고기 건질 때 올라오듯 줄줄입니다. 하늘 높은 줄 모르고 자기를 추켜올리다가 곤두박질치는 소리가 이곳저곳에서 들려옵니다.

‘전사불망 후사지사(前事不忘 後事之師)’ 라는 말이 있습니다. “과거를 잊지 않고 미래의 교훈으로 삼는다.”는 뜻입니다.

정치권에서만 이렇겠습니까? 종교계에서도 이 말의 교훈을 간과하며 바벨탑을 쌓다가 몰락하는 경우들이 있고 그것이 심심찮게 안방까지 뉴스로 전달되어 옵니다. 참으로 유감스러운 일입니다.

오늘 본문을 통해서 엘리 제사장 가문의 몰락을 봅니다. 차마 읽기조차도 두렵고 다리까지 후들거리는 내용입니다. 그렇지만 본문을 깊이 묵상하면서 하나님께서 우리에게 무엇을 말씀하시는가를 들을 수 있어야합니다. 두렵고 떨리는 마음으로 본문의 내용을 함께 나눕니다.

이런 때에 우리 모두의 심령의 귀가 열리기를 바랍니다. 그래서 엘리 가문의 몰락을 통해 우리에게 주는 교훈이 무엇인가를 깨닫게 되시기를 바랍니다. 그리고 우리의 가정이 그렇게 되지 않도록 엎드려

기도하면서 아름다운 삶을 살 결단을 하는 은혜가 이 시간 우리 모두에게 있기를 바랍니다.

엘리 가문의 몰락

블레셋과 이스라엘의 1차 전쟁에서 이스라엘 군인이 4천 명이나 죽었습니다. 실로에서 법궤를 진영으로 가지고 온 후에도 이스라엘 군사는 3만 명이 더 죽었습니다. 설상가상으로 하나님의 법궤마저 적군에게 빼앗겼습니다. 게다가 엘리의 두 아들 홉니와 비느하스도 전쟁터에서 죽었습니다.

전쟁의 승전보를 기다리고 있던 엘리에게 전해진 소식은 이스라엘의 패배과 두 아들의 전사 소식, 그리고 하나님의 법궤마저 빼앗겼다는 비보였습니다. 소식을 들은 엘리는 의자에 앉아 있다가 넘어져 목이 부러져 죽습니다.

마침 해산일이 가까웠던 엘리의 며느리, 비느하스의 아내는 남편의 죽음과 시아버지의 임종 소식을 듣고 충격을 받아 조산(早産)을 합니다. 그 때 그녀는 "영광이 이스라엘에서 떠났다"는 저주를 토하며 낳은 아이의 이름을 '이가봇' 이라 명명하고 죽습니다.

한 가정의 몰락을 마치 동영상을 보여주듯 우리에게 이렇게 보여주고 있습니다. 왜? 무엇 때문에 엘리 가정은 이토록 처참하게 몰락해야 했을까요? 몇 가지 원인을 분석해 볼 필요가 있습니다.

엘리 가문 몰락의 이유

'엘리' 라는 이름의 뜻은 '여호와는 존귀하시다' 입니다. 엘리는 아론의 아들 '이다말' 의 후손으로 실로의 대제사장입니다. 이스라엘을 40 년씩이나 치리했습니다. 그런데 이 엘리가 가문의 몰락을 자초했습니다. 도대체 그의 무엇이 그런 화를 불러왔다는 것인지 성경은 분명하게 기록하고 있습니다. 그래서 우리는 주목하지 않으면 안 됩니다.

하나하나 짚어갑니다. 첫째는 타락한 두 아들의 행실을 바로 잡아 주지 못하고 우유부단했습니다(삼상 2:22-25). 둘째는 대제사장으로서 백성들의 존경을 받지 못할 정도로 나약하고 무기력해졌습니다(삼상 2:22, 23; 3:13). 셋째는 아들들을 하나님보다 더 귀히 여겨 사명 수행에 실패를 했습니다(삼상 2:29; 3:13). 넷째는 이스라엘을 40년간 치리한 사사였으나(삼상 4:18) 종국에는 지도자로서 국정수행 능력도 상실했습니다.

이 네 가지 중에 결정적인 심판을 자초한 원인이 이렇게 기록되었습니다. 2장 12절입니다.

"엘리의 아들들은 행실이 나빠 여호와를 알지 못하더라."

제사장의 아이들이 하나님을 알지 못했다는 이 기막힌 요인은, 이미 엘리 가문의 몰락이 예고되어 있음을 볼 수 있는 분명한 단서입니다. 그 뿐입니까. 그들은 이미 권위가 떨어진 아버지의 말씀도 듣지를 않았습니다. 2장 25절 하반 절입니다.

"그들이 자기 아버지의 말을 듣지 아니하였으니 이는 여호와께서 그들을 죽이기로 뜻하셨음이더라."

2장 29절 중반 절입니다.

"너희는 어찌하여 내가 내 처소에서 명령한 내 제물과 예물을 밟으며 네 아들들을 나보다 더 중히 여겨 내 백성 이스라엘이 드리는 가장 좋은 것으로 너희들을 살지게 하느냐."

자식들이 행한 더러운 일이 아버지의 책임이 됨을 깨우침과 동시에 자식을 하나님 보다 더 사랑한 실책에 대해 질책하시는 말씀입니다.

3장 13절입니다.

"내가 그의 집을 영원토록 심판하겠다고 그에게 말한 것은 그가 아는 죄악 때문이니 이는 그가 자기의 아들들이 저주를 자청하되 금하지 아니하였음이니라."

자식들이 하나님의 저주를 자청하되 아비로서 막지 못했습니다.

4장 4절 하반 절입니다.

"그룹 사이에 계신 만군의 여호와의 언약궤를 거기서 가져왔고 엘리의 두 아들 홉니와 비느하스는 하나님의 언약궤와 함께 거기에 있었더라."

그의 아들들은 하나님의 뜻에 순종은 하지 않고 하나님의 법궤를 전쟁 승리의 도구로 사용했습니다.

4장 15절입니다.

"그 때에 엘리의 나이가 구십팔 세라 그의 눈이 어두워서 보지 못하더라."

육신도 늙었지만 엘리는 이미 영안도 어두워졌습니다.

이 모든 것을 요약하면 〈자식 때문에〉입니다. 다시 말하면 하나님 보다 자식을, 하나님 보다 세상을 더 사랑한 엘리 가문의 몰락은 이렇게 차근차근 진행 되어 왔더라는 것입니다.

여러분의 가정은 어떠하십니까?

엘리 가정의 몰락이 주는 교훈

1. 심은 대로 거두는 교훈입니다.

3장 13절은 엘리 가문의 몰락의 핵심 구절입니다.

"내가 그의 집을 영원토록 심판하겠다고 그에게 말한 것은 그가 아는 죄악 때문이니 이는 그가 자기의 아들들이 저주를 자청하되 금하지 아니하였음이니라."

두 아들은 저주의 씨앗을 심었습니다. 가라지는 일찍 뽑아야 하는데도 엘리는 그것을 그대로 방치해 두었습니다. 결국은 하나님이 뽑아버리셨습니다.

갈라디아서 6장 7절입니다.

"사람이 무엇으로 심든지 그대로 거두리라."

그렇습니다. 성도는 살아가면서 요행을 바라서는 안 됩니다. 악한 행위를 해 놓고 좋은 열매를 기다리는 것은 날강도와 같은 심보입니다.

그래서 하나님은 바울을 통하여 선을 행하라고 권고하셨습니다. 육체를 위해 심으면 육체로부터 썩을 것을 거둡니다. 성령을 위해 심으면 성령으로부터 썩지 않을 영원한 것을 거둡니다. 그것이 삶의 진리입니다.

인생의 노후에 대한 두 길이 우리 앞에 펼쳐지는 것을 봅니다. 하나는 영광스러운 노년을 맞고 보내는 경우이고, 다른 하나는 쓸쓸하게 노후를 맞고 보내는 경우입니다. 전자의 경우는 대부분 사람들이 그렇게 말합니다. "평소에 좋은 일을 많이 하더니만 참 잘 늙어가네." 후자의 경우도 대부분 사람들이 말합니다. "그렇게 못된 짓만 골라 하더니 참 불쌍하네." 여러분의 오늘은 어떠하십니까?

2. 시작과 끝이 아름다워야 합니다.

15절입니다.

"그 때에 엘리의 나이가 구십팔 세라 그의 눈이 어두워서 보지 못하더라."

18절입니다.

"하나님의 궤를 말할 때에 엘리가 자기 의자에서 뒤로 넘어져 문 곁에서 목이 부러져 죽었으니 나이가 많고 비대한 까닭이라 그가 이스라엘의 사사가 된 지 사십 년이었더라."

앞서 말씀 드렸지만 '엘리' 라는 이름의 뜻은 '여호와는 존귀하시다' 라는 뜻입니다. 엘리는 아론의 아들 '이다말' 의 후손으로 실로의 대제사장입니다. 58세에 사사가 되어 이스라엘을 치리하는 자리에 올랐습니다. 시작이 좋지 않습니까? 가문도 좋았습니다. 이름도 좋았습니다. 이스라엘의 사사, 다시 말하면 왕정 시대 왕의 자리에 올랐습니다.

그런데 15절과 18절에서 눈이 어둡고 몸이 비대하다고 기록하고 있습니다. 이것은 단순히 엘리가 나이 많아 눈이 어둡고 늙어 몸이 둔한 것만을 언급한 것이 아님을 우리는 이제 압니다.

그의 눈이 어둡고, 몸이 비대하다고 표현한 것에는 영적 교훈이 있습니다. 보지 못하면 아무것도 못합니다.

사명자는 영안(靈眼)이 밝습니다. 동시에 역사를 보는 혜안(慧眼)도 있습니다. 그리고 열심히 사역합니다.

그런데 엘리는 눈도 어둡고 몸도 일할 수 없을 정도로 비대해졌습니다.

어쩌면 이 말씀은 오늘날 한국교회 가운데서도 대형교회를 향한, 교인들 가운데서도 현실에 배불러 사명 수행을 잊어버린 자들을 향한 경고의 메시지는 아닐까 돌아봅니다. 사람들이 직분을 받을 때 감격하여 울었던 시간을 어느 새 까마득히 잊어버리고, 세상에서의 삶이 전부인양 살아가다가 엘리처럼 몰락해 가는 경우를 어렵지 않게 보기 때문입니다.

시작도 좋아야 하지만 끝도 좋아야 합니다. 좋게 시작해서 나쁘게 마무리하면 안 됩니다. 인간관계도 마찬가지입니다. 사랑도 다르지 않습니다. 신앙생활에 있어서는 더더욱 두말 할 나위도 없습니다.

40년 동안 사사로서, 대제사장으로서 사역을 하고 난 후의 엘리의 마지막이 이토록 비참하게 끝나는 것처럼 우리의 인생이 그래서는 안 됩니다. 삼손, 발람, 웃시야, 고라처럼 되어서는 안 됩니다.

3. 하나님의 영광이 떠나면 모든 것은 헛됩니다.

19절 이하는 참으로 가슴 아픈 기록입니다. 한 생명이 세상에 태어난다는 것은 정말로 큰 축복의 시간입니다. 그런데 이곳의 기록은 한 인간이 세상에 태어나되 최악의 저주가 내려지는 것으로 시작되는 장면입니다. 누구에게나 새 생명의 탄생은 기쁨입니다. 그것은 짐승이나 사람이나 모두가 마찬가지입니다. 그런데 엘리의 손자는 그렇지를 못했습니다. 태어나자마자 엄마가 죽었습니다. 그 비참한 죽음에 앞서 아버지의 죽음과 할아버지의 죽음이 있었습니다. 게다가 엄마가 죽으면서 아이에게 이름을 지어 주었는데 '이가봇' 이라 했습니다. 뜻은 '하나님의 영광이 떠났다' 는 것입니다.

오늘 말씀의 마지막 22절은 좀 더 주목할 말씀입니다.
"또 이르기를 하나님의 궤를 빼앗겼으므로 영광이 이스라엘에서 떠났다 하였더라."

앞의 21절에서 기록한 말씀을 다시 한 번 더 기록한 강조의 의미를 알아야 합니다. 비느하스의 아내가 죽으면서 저주를 쏟아낸 것은, 단순히 남편과 시아버지가 죽었기 때문이 아니라 하나님의 궤를 빼앗겼기 때문임을 강조하고 있습니다.

여기서 여러분은 무엇을 깨닫습니까? 그렇습니다. 궤를 빼앗겼다는 것은 하나님의 영광이 떠났다는 것입니다. 말씀이 떠났다는 것입니다.
제사장의 아름다운 이름도 하나님의 영광이 떠나면 헛것입니다. 새 생명의 탄생도, 세상에서의 부귀와 명예와 권세도, 그 어떤 것도 하나님의 영광이 떠나면 끝이라는 것입니다.
자식이 아무리 귀하고 훌륭해도, 아무리 사업이 번영하고 세상에서 영광을 누려도 다 마찬가지입니다. 그래서 찬송가 102장의 가사는 우리를 새롭게 결단하게 합니다.

"주 예수 보다 더 귀한 것은 없네.

이 세상 부귀와 명예와 행복과 바꿀 수 없네.

세상 즐거운 다 버리고,

세상 자랑 다 버렸네.

주 예수 보다 더 귀한 것은 없네.

예수 밖에는 없네."

말씀이 떠나면 끝입니다. 말씀이 말씀으로 들려오지 않아도 문제입니다.

대부분의 사람들은 어려울 때는 하나님 품으로 뛰어듭니다. 그러다가 평안하고 잘되면 하나님 품을 벗어나려고 안간힘을 씁니다. 그러나 그래서는 안 됩니다. 하나님의 영광이 없이는 세상의 그 어떤 것도 헛된 것임을 깨닫는 지혜자가 되십시오.

우리는 사나 죽으나 오직 주님의 영광을 위하여 살아가는 성도입니다. 주님은 나를 위해 생명을 내어 주시고 나를 구원하신 분이십니다. 내가 사는 것은 그분을 대신하여 사는 것입니다. 그러므로 나를 통해 예수님이 나타나게 해야 합니다. 요한복음 12장 11절입니다.

"나사로 때문에 많은 유대인이 가서 예수를 믿음이러라."

사도 바울의 고백입니다. 갈라디아서 1장 24절입니다.

"나로 말미암아 하나님께 영광을 돌리니라."

여러분의 삶은 어떠합니까? 여러분 때문에 하나님이 영광을 받으십니까?

‘이가봇’의 반대 개념은 ‘임마누엘’ ‘에벤에셀’입니다. 하나님이 함께 하시고, 하나님이 도우신다는 뜻입니다.

여러분의 범사에 ‘임마누엘’과 ‘에벤에셀’의 은혜가 함께 하시기를 바랍니다. 그래서 그리스도의 향기요 편지로 사는 당신을 통해서 당신의 가정이 몰락으로부터 오히려 든든히 세워지고, 주님께 영광을 돌리는 가정이 되시기를 예수님의 이름으로 축복합니다. 아멘.

본질(本質)과 비본질(非本質)의 교훈

우리의 삶에는 언제나 본질(本質)과 비본질(非本質)이 있습니다. 본질은 어떤 것이 지니고 있는 가장 중요한 본바탕, 근본을 뜻합니다. 물론 비본질은 그렇지 못함을 의미하는 것이고요.

저도 글을 쓰는 사람입니다만 글 쓰는 자체가 본질은 아닙니다. 책이 얼마나 많이 팔렸느냐? 쓰인 글이 인터넷을 통해서 얼마나 이용되었느냐? 하는가도 본질이 아닙니다. 제가 책을 쓰는 본질은, 읽는 사람들에게 어떤 의미를 주거나 생각을 하게 하는 것입니다. 단 한 사람이라도 마음이 바르게 세워지고 삶의 기쁨과 보람을 갖게 해 주는 것 그것이 글을 쓰는 본질입니다.

또 우리 교회가 이렇게 대형교회로 성장하여 교인수가 많고 예산이 많은 것이 교회의 본질은 아닙니다. 예수 그리스도를 닮은 그리스도인이 얼마나 많으냐가 본질입니다. 예배당이 얼마나 아름다우냐? 예배당 안의 성물들이 얼마나 비싸고 좋은 것이냐 하는 것이 본질이 아닙니다. 예배당 안의 성도들의 신앙이, 삶이 우리 교회의 본질입니다.

과정을 무시한 맹목적인 목적 달성주의는 본질이 아닙니다. 진실과 성실한 마음으로 최선을 다하는 것이 본질입니다.

우리의 삶은 언제나 선악으로 구분되어 있습니다. 이를 상황적으로 표현할 때 본질과 비본질을 추구하는 것으로 정의할 수 있습니다.

본질을 추구하는 사람은 무엇을 하든 그 일의 가장 중요한 것이 무엇인지를 먼저 생각하게 됩니다. 그러나 비본질을 추구하는 사람은 보이는 것 그 자체, 다른 말로 하면 목적 달성 그 자체를 중요시 합니다.

사람을 사귈 때도 상대방의 인격과 마음을 먼저 헤아리는 사람이 있는가 하면, 그 사람을 통하여 내가 어떤 이익을 얻을까를 먼저 생각하는 사람도 있습니다.

교회를 섬기고 봉사할 때도 이해관계를 따지지 않고 감사함으로 헌신하는 사람이 있는가 하면, 무슨 일을 하더라도 이해관계를 먼저 계산해서 나서고 물러서는 사람이 있습니다.

목회를 할 때도 주님의 뜻을 이루기 위한 종의 마음으로 교회를 섬기는 선한 목자 같은 목사가 있는가 하면, 에스겔 34장에서 지적한 것처럼 교인들을 통해서 스스로의 유익을 먼저 챙기려고 하는 삯꾼을 넘어 강도 같은 목사도 있습니다.

목사를 사랑하는 교인들도 오직 주의 종으로 존중하고 사랑하는 교인이 있는가 하면, 자기 자신의 목적을 달성하기 위하여 목사 곁에

다가왔다가 목적을 달성하면 뒤도 돌아보지 않고 떠나는 사람이 있습니다. 게다가 떠날 때는 꼭 아픔을 남기고 떠나는 교인도 있습니다.

오늘 본문은 이처럼 우리의 일상에서 경험되는 본질과 비본질에 대해 주는 중요한 메시지가 있습니다.

이스라엘은 블레셋과의 전쟁에서 하나님의 궤를 전쟁 진영으로 가져오면 이길 줄 알았는데 오히려 법궤를 빼앗겨 버렸습니다. 그리고 제사장의 두 아들 홉니와 비느하스는 죽임을 당했고, 이 소식을 들은 엘리는 놀라 의자에서 넘어져 죽었습니다. 엘리의 며느리이며 비느하스의 아내는 해산을 하다가 이 비보를 듣고 죽게 되는 엘리 가정의 몰락으로 4장이 마무리 되었습니다.

이어지는 5장에는 하나님의 궤로 인하여 재앙이 곳곳에 임하는 내용입니다. 그것을 두 단원으로 분류하면 1-5절에서는 블레셋 신 다곤 신상이 파괴되는 내용이고, 6-12절에서는 법궤가 옮겨지는 곳마다 독종재앙이 임하는 내용입니다.

다곤 신상이 파괴 됨

전쟁에서 승리한 블레셋 사람들은 하나님의 법궤를 에벤에셀에서 빼앗아 와 아스돗의 다곤 신당 다곤 곁에 두었습니다. 그것은 전투에서의 승리를 기념하고, 그들의 신에게 감사드리기 위한 행위였습니다.

그런데 다음날 놀라운 일이 일어납니다. 아침에 일어나 보니 다곤 신상이 하나님의 궤 곁에 엎드러져 있는 것이었습니다. 블레셋 사람들은 그것이 우연히 넘어진 것으로 생각했습니다. 그래서 다시 일으켜 세워 그 자리에 두었습니다. 그런데 다음날 아침에 일어나 보니 웬걸, 다곤 신상이 다시 엎드러져 있었습니다. 이번은 어제 와는 달리 다곤 신상의 머리와 두 팔이 끊어져 있는 것이었습니다. 이것이 3-4절의 내용입니다.

이 앞의 1-2절에서 생각해 볼 것이 두 가지 있습니다. 하나는 법궤가 블레셋 사람들에게 빼앗겼다는 것인데, 이것은 이스라엘이 범죄했기 때문에 내린 하나님의 진노요 벌이었습니다.

다른 하나는 블레셋 사람들이 하나님의 궤를 빼앗아 그들의 신전에 둔 것인데, 이것은 그들의 신이 강하다는 것을 나타내는 동시에, 이스라엘의 신은 아무것도 아니라는 것을 나타내고자 한 것입니다. 물론 그 결과는 그들이 꿈꾸었던 것과는 정 반대로 나타났습니다.

이 원인과 결과 절이 우리에게 말씀하고자 하는 것이 무엇이겠습니까? 하나님은 세계와 역사의 주인이시라는 것입니다. 죄와 불의와 악에 대하여는 반드시 심판주가 되신다는 것입니다. 또한 우리가 죄와 불의와 악에 대하여 강력하게 도전하도록 교훈하시는 것입니다.

3-4절에서도 우리가 배울 점은 또 있습니다. 그들은 비록 우상 숭배자들이지만 아침마다 다곤 신전을 찾는 열심 있는 신앙인이었다는 것입니다. 이들의 모습은, 오늘 하나님을 섬기는 우리의 신앙을 자극하는 모습입니다. 동시에 함께 깨달아야 할 것은, 우상이란 아무 능력도 행할 수 없는 하나의 수공예품이라는 사실입니다.

그러므로 성도는 첫째도 하나님 신앙이요, 둘째도 하나님 신앙으로 일관해야 합니다. 보이는 것이 중요한 것이 아니라 보이지 않는 것이 중요한 것임을 깨닫고 말씀중심의 신앙으로 더욱 견고한 생활을 해야 합니다.

우리 믿음의 대상은 보이는 우상이 아니요 보이지 않는 하나님을 믿는 믿음입니다. 히브리서 11장 1절의 말씀을 기억하시기 바랍니다.

"믿음은 바라는 것들의 실상이요 보지 못하는 것들의 증거니"

독종의 재앙이 내림

다곤 신상이 파괴되는 것으로 하나님의 궤 사건이 마무리가 된 것은 아닙니다. 하나님은 이스라엘 백성들의 범죄 행위에도 화가 나셨고, 또 하나님의 능력을 무시하고 모욕하며 경멸한 블레셋의 행위에도 화가 나셨습니다. 그래서 하나님은 그들의 악함을 징계하셨습니다. 아스돗 사람 그들에게 독종을 내리셔서 그 지역을 망하게 하셨습니다. 그들은 혼비백산하여 두려워하며 블레셋 방백들을 불러서 어떻게 해야 할 것인가를 의논했습니다. 방백들은 하나님의 궤를 가드로 옮겨가라고 합니다. 그들은 방백들의 말을 따라 궤를 가드로 옮깁니다.

가드는 블레셋의 주요 5대도시의 하나로 아스돗에서 동쪽으로 약 20Km 거리에 위치한 곳이며, 골리앗의 고향이기도 합니다.

그런데 하나님은 아스돗 사람들을 징계하시는 것만으로 멈추지 않으셨습니다. 이번에는 궤가 옮겨간 가드의 모든 사람들에게도 독종을 내려 치셨습니다. 그러자 가드 사람들이 하나님의 궤를 에그론으로 옮겼습니다.

에그론은 이스라엘에서 가장 가까운 곳에 위치한 도시입니다. 역시 블레셋의 5대 도시 중 하나이며 아스돗으로부터는 동북쪽으로 18Km가 떨어진 곳입니다.

그런데 에그론 사람들은 이미 하나님의 궤에 대한 이야기를 듣고 있던 터라 궤가 에그론으로 들어오는 것을 환영하지 않았습니다. 못 들어오게 했습니다. 그러자 블레셋의 모든 방백들이 모여 다시 의논을 합니다. 그 결과 하나님의 궤를 있던 곳 곧 에벤에셀로 돌려보내자는 결정을 합니다. 이것이 6-12절의 내용입니다.

이것은 영적 님비(NIMBY)현상입니다. NIMBY는 not in my back yard의 영문 이니셜을 딴 약자로써 "주변에 꺼림칙한 건축물 설치를 반대하는 주민운동"을 뜻합니다. 블레셋 사람들에게 있어서 하나님의 궤를 거부하는 현상은 영적 님비현상입니다.

이런 님비 현상이 단지 당시의 블레셋 사람들이나, 오늘날 핵폐기물 같은 것을 내 지역으로 가져오는 것을 거부하는 지역이기주의 현상만은 아닙니다. 왜냐하면 놀랍게도 오늘날 교회 안에서도 이런 일이 일어나고 있기 때문입니다. 오늘날 교회 안에서 일어나는 님비현상은 대립과 갈등, 분쟁과 분열 바로 이런 것들입니다. 이것이 신앙의 님비현상입니다.

나는 잘못이 없고, 나는 책임을 지지 않겠으며, 모든 것을 거부하는, 그래서 분쟁이 마무리 되지 않는 일련의 사태들이 교회 안에서 언제나 일어나고 있는 것을 봅니다.

그래서 6-12절을 통해서 우리는 몇 가지를 깊이 생각하게 됩니다.

첫째는 하나님을 두려워 할 줄 모르는 사람들에게 돌아가는 결과는 하나님의 엄중한 진노뿐이라는 것입니다.

둘째는 인간의 어떤 지혜와 명철, 모략과 방법으로도 하나님의 권능을 당할 수 없다는 것입니다.

셋째는 빨리 깨닫지 못하는 어리석은 인간은 징계를 받고서야 깨닫지만 이미 그 때는 너무도 많은 손실이 있고 난 후라는 것입니다.

잠깐 쉬어 생각해 봅시다. 법궤 때문에 엘리 가정이 망하고 블레셋이 환난을 겪었습니다. 반대로 법궤 때문에 사무엘은 잘 되고 다윗은 축복을 받았습니다.

그렇다면 그 환난과 축복이 법궤 때문이었을까요? 우리는 이것을 깊이 묵상할 필요가 있습니다. 과연 법궤가 그렇게 하는 것일까요? 당연히 아닙니다.

사실 법궤는 하나님께서 함께 하신다는 것을 상징하는 하나의 상자에 불과합니다. 이 모든 것을 다시 한 마디로 요약하면 이렇습니다.

'하나님의 궤가 중요한 것이 아니라 하나님이 존귀하시다'
'법궤는 비본질이고 하나님이 본질이다.'

이스라엘도 블레셋도 모두가 마음을 본질에 두지 않고 비본질에 두었습니다. 그런 잘못된 관점은 마침내 이스라엘이 전쟁에서 패하게 되자 하나님 앞에서 범죄한 죄를 회개하려고 하지 않고 오히려 하나님의 궤를 전쟁터로 가져오는 헤프닝을 벌입니다. 궤를 가져오면 승리할 줄 알았던 것입니다.

그러나 비본질을 추구한 결과는 언제나 멸망이었습니다. 블레셋도 마찬가지였습니다. 하나님의 궤를 빼앗았으니 이겼다고 생각했습니다. 그래서 그것을 마치 전리품인양 다곤 신상 옆에 갖다 놓고 다곤이 하나님보다 강한 것으로 착각했습니다. 물론 결과는 다곤이 파괴되고 독종이 온 블레셋인들에게 내리게 되는 재앙을 받았습니다.

하나님의 궤가 중요한 것이 아닙니다. 하나님이 존귀하십니다.

하나님 경외 신앙

오늘 본문을 통해 몇 가지를 정리합니다.

첫째, 우리는 어디에 있든지 하나님을 경외하는 신앙을 가져야 합니다.

그것은 절대 믿음, 절대 순종, 절대 감사, 절대 헌신으로 자연스럽게 이어지는 생활입니다. 억지가 아닙니다. 그냥 그렇게 삶으로 이어지는 것입니다. 살아지는 것입니다.

예배당 안에만 하나님이 계시는 것이 아닙니다. 우리의 모든 삶의 현장에 하나님이 계십니다. 참된 신앙생활이란 '언제 어디서나 하나님 앞에서' 라는 자세입니다.

크게 경각심을 가져야 할 회자하는 말이 있습니다. 요즈음 교인들은 예배당 안의 하나님조차도 의식하지 않는 불감증이라는 중병에 걸렸다고 하는 말입니다. 찔림이 있습니까?

정말 하나님이 예배당에 계심을 믿는다면 예배 시간을 그렇게 대수롭지 않게 여길 수는 없습니다. 정말 하나님이 예배당에 계심을 믿는다면 그렇게 무지하고 낭패스러운 언행을 할 수는 없습니다. 때로는 하나님이 전혀 안 계신 듯 말하고 행동하는 사람들을 봅니다. 참으로 무서운 일입니다.

우리가 예배드리고 하나님의 은혜를 받아 감동을 체험했다면, 예배당 밖으로 나갈 때 하나님의 손을 꼭 잡고 나가야 합니다. 그리고 직장과 가정에서, 사업장과 그 어디에서라도 하나님과 함께 생활하는 아름다움이 연출되어야 합니다. 그것이 바른 신앙생활입니다.

둘째, 본질과 비본질을 바로 아는 지혜로 살아야 합니다.

하나님의 궤는 중요시하고 하나님을 존중하지 않는 사람들의 특징이 있습니다. 그것은 법궤를 이용하여 자기들의 승리를 거두기를 원했던 이스라엘 사람들처럼 주님을 이용해서 자기의 이익을 챙기려하는 오늘날의 신앙인들입니다.

다곤 신상이 파괴 된 것을 생각해 보십시오. 목이 부러졌다고 했습니다. 그것은 사고(思考)하지 못한다는 메시지입니다. 손목이 잘라졌습니다. 아무것도 할 수 없는 무능력자라는 메시지입니다.

이것은 블레셋이나 이스라엘이나 모두 마찬가지였습니다. 이스라엘이 법궤를 통해서 자기들 생활의 영광을 누리기 원했던 것이나, 블레셋이 다곤 신을 통하여 자기들의 부와 평강을 누리기를 원했던 것 모두가 같은 맥락입니다. 오늘이라고 예외는 아니지요? 바로 그것이 슬프고 두렵습니다.

우리나라에는 여러 가지 선거가 있습니다. 선거를 통해서 대통령과 국회의원을 선출합니다. 시의회의원과 도의회의원을 뽑습니다. 기초단체장과 광역단체장을 선택합니다. 여기서는 비례대표 의원을 확보하는 방편으로 선호 정당을 선택해야 합니다. 나라의 살림을 위해서만도 우리는 많은 선택을 해야 합니다.

그런데 기가 막히는 것은, 선거철만 되면 교회를 찾는 정치인이 문전성시를 이룬다는 것입니다. 그리고 당선이 되고 나면 그 누구도 아무 말이 없습니다. 내가 언제 찾아갔냐는 듯 코빼기도 안 보입니다.

국회도, 지방자치단체에도, 정부 청사에도, 청와대에도 많은 그리스도인들이 있습니다. 그럼에도 불구하고 정치는 점점 타락해 갑니다. 참으로 놀라운 사실이 아닐 수 없습니다.

어떤 정치 지망생이 국회의원들의 행태를 보고 화가 나서 정치를 접었다고 인터넷에 올린 글을 읽었습니다.

일부 정치적인 그리스도인은 지금도 교회를 이용하고 하나님의 이름을 이용하고 있습니다. 과연 이것이 제대로 된 행동일까요? 그는 분명히 알아야 할 것입니다. 하나님은 누구에게도 이용당하지 않으신다는 것을. 하나님은 역사와 인간의 범사를 주관하시고 섭리하시는 만군의 하나님이심을.

그러기 때문에 중요한 것은 제도가 아니라는 것입니다. 그 제도의 근간이 중요한 것입니다. 예배당이 중요한 것이 아닙니다. 예배드리는 성도가 중요합니다. 헌금의 다소가 문제가 아닙니다. 믿음의 정성이 중요합니다. 은사를 받은 것이 중요한 것이 아닙니다. 은사를 거룩하게 사용하는 것이 중요한 것입니다.

미주 총회에 참석을 했던 어느 날 사랑하는 후배 목사님의 상담을 한 시간이 있었습니다. 내용은 장로님 한 가정이 교회에 등록을 하셨는데 한 달 십일조를 5천불이나 하신다는 것입니다. 그러면서도 아주 겸손하고 예의 바른 분이어서 목회자로서 당연한 관심을 가지고 있던 중 두 달을 지나고 교회를 나오지 않더라는 것입니다. 당연히 걱정이 되어 심방을 하게 되었는데 이리저리 핑계를 대면서 교회를 나오지 않더랍니다. 그러니 이 일을 어떻게 하면 좋겠느냐는 것입니다.

저는 초연하라고 권면했습니다. 그 분에게 마음을 쓰지 말라고 했습니다. 오천 불이 아니라 만 불을 헌금해도 특별한 관심을 가지지 말라고 했습니다.

나중에야 사모님이 고백을 하셨습니다. 안 나오는 이유를 다른 사람들에게 흘리는데 "목사님의 설교가 좋지 않다"는 것입니다. 한마디로 기가 막혔습니다. 물론 목사는 설교를 잘해야 합니다. 그러나 그런 식으로 말하면 안 됩니다. 장로님의 이유에 따른다면 이 세상에 제대로 설교할 목사는 하나도 없습니다. 하나님을 예배하고 존중히 여기는 것이 앞서야지 설교가 자기 맘에 좋고 좋지 않음을 이류로 예배에 참여하지 않는다는 것은 말이 안 됩니다. 헌금이 앞서도 안 됩니다. 봉사가 앞서도 안 됩니다. 구제가 앞서도 안 됩니다.

오늘날 세상 사람들이 왜 교회를 외면하는 줄 아십니까? 그리스도인들이 본질을 잃어버렸기 때문입니다.

우리가 오늘 본문을 통하여 깨닫고 새롭게 결단해야 하는 것은, 하나님의 궤가 중요한 것이 아니라 하나님이 존귀하심을 알고 겸손하게 그 분 앞에서 바르게 생활하는 것입니다.

본질을 중히 여기고 비본질을 멀리할 수 있는 여러분이 되시기를 바랍니다.

우리 인생에게 있어 가장 중요한 것은 하나님을 아는 것입니다. 죄로 죽을 수밖에 없는 나를 구원하시기 위해서 하나님 자신인 예수님이 이 땅으로 오셨다는 것입니다. 그리고 나를 대신해서 주님 예수 그리스도께서 죽으셨다는 것입니다. 그 예수님의 생명으로 내가 살게 되었다는 것입니다. 그 분은 살아나셨고 하늘로 가서서 때가 되면 다시 오실 것이라는 것입니다. 그 때까지 우리는 그 분을 전하며 많은 사람들을 하나님께로 돌아오게 해야 합니다. 그것이 나를 구원하신 하나님께 감사하는 삶입니다. 그것이 하나님을 경외하는 것입니다. 그것이 우리가 사는 본질입니다.

전도서 12장 13-14절 말씀으로 다시 권면합니다.

"일의 결국을 다 들었으니 하나님을 경외하고 그 명령을 지킬지어다 이것이 사람의 본분이니라 하나님은 모든 행위와 모든 은밀한 일을 선악간에 심판하시리라"아멘.

12. 영적 무지(無知)의 교훈

"블레셋 사람들이 제사장들과 복술자들을 불러서 이르되
우리가 여호와의 궤를 어떻게 할까
그것을 어떻게 그 있던 곳으로 보낼 것인지 우리에게 가르치라"
(삼상 6:2)

어느 시대, 어느 나라를 무론하고 물질적인 풍요와 외적 평화로 국가가 번영할 때면, 정치, 사회, 종교가 부패하고 죄악이 만연하며 사회가 썩어져 가는 현상이 공통적으로 나타났습니다.

인간은 하나님을 아는 지식이 없을 때 범죄하게 되고, 하나님 앞에서의 범죄함은 결국 멸망으로 이어지게 되어 있습니다.

그래서 호세아 선지자는 "백성이 하나님을 아는 지식이 없어서 망한다."(호 4:6)라고 했습니다. 다시 말하면 '영적 무지로 인하여 망한다.' 라고 탄식한 것입니다.

호세아서를 통해서 우리는 이스라엘의 패망의 원인이 하나님을 아는 지식이 없었다는 것을 알 수 있습니다. 뿐만 아니라, 하나님을 아는 지식이 없는 원인은, 사회적인 번영으로 인한 하나님 앞에서의 범죄가 번성할 때 나타난다는 것도 알 수가 있습니다.

이러한 일은 옛날이나 지금이나 마찬가지입니다. 가난하고 고난 가운데 있을 때는 하나님을 찾습니다. 그러나 번성하고 평안하면 하나님을 잊어버립니다. 이런 것이 어쩔 수 없는 범죄한 인간의 악한 모습입니다.

우리 민족도 일제 강점기나 공산주의 치하에서는 믿음을 지키면서 기도했습니다. 오직 말씀 중심으로 살려고 몸부림치면서 오늘의 한국교회로 번영하기에 이르렀습니다. 그러나 그렇게 지켜온 기독교의 정신이 근자에 이르러서는 예배조차도 지루하게 느끼는 교인들이 늘어나는 타락의 양태를 보이고 있습니다.

영적 무지에 대한 깨우침

성경에는 영적 무지에 대한 경고의 말씀이 많이 있습니다. 사무엘상 2장 12절입니다.

"엘리의 아들들은 행실이 나빠 여호와를 알지 못하더라."

이 결과는 결국 두 아들이 전쟁터에서 죽습니다. 그들의 아버지는 이 소식 듣고 죽습니다. 뿐만 아니라 그 아들의 아내는 해산하다가 죽고, 결국엔 가문이 멸망해 버렸습니다.

이사야 1장 3절입니다.

"소는 그 임자를 알고 나귀는 그 주인의 구유를 알건마는 이스라엘은 알지 못하고 나의 백성은 깨닫지 못하는도다.”

역대기하 26장 16절입니다.

“그가 강성하여지매 그의 마음이 교만하여 악을 행하여 그의 하나님 여호와께 범죄하되 곧 여호와의 성전에 들어가서 향단에 분향하려 한지라.”

이 웃시야 왕의 결국은 20절 이하 말씀을 보면 나병이 생겨 왕궁에서 쫓겨나고, 별궁에서 죽을 때까지 그 병으로 고생하다가 죽었을 때도 왕들의 묘실에 안장되지 못하고, 그곳에서 가까운 땅 그의 조상들의 곁에 눕게 되었다고 기록되고 있습니다.

빌립보서 3장 8절입니다.

“또한 모든 것을 해로 여김은 내 주 그리스도 예수를 아는 지식이 가장 고상하기 때문이라.”

그렇습니다. 세상에서 가장 고상한 지식은 하나님을 아는 지식입니다. 거기서 진정한 대화가 이루어집니다. 영적대화가 중단되면 이미 그것은 사망입니다. 저주입니다. 혼란입니다. 어두움입니다. 영적으로든지 육적으로든지 무지하면 대책이 없습니다. 이런 것에서 유래한 우리 속담에 ‘무식이 사람 잡는다’ 는 말이 통용된 것입니다.

언제나 이런 일은 있어온 것이지만, 언젠가 지방자치 선거가 끝난 뒤 여당과 청와대 상황에 언론사의 뉴스 초점이 맞추어졌었던 일이 있습니다. 선거 참패에 따른 후유증에 관한 내용이었습니다.

국민들의 관심사는 ‘대통령은 또 어떻게 이 돌파구를 헤쳐나갈까? 였는데 드디어 한 마디 말씀 하신 것을 두고 또 인터넷이 시끄러왔습니다. 왜냐하면 대통령의 답변이 한 마디로 너무도 모른다는 것입니다. 상황 인지력이 문제라는 것입니다. 여당에서도 우려의 소리가 계속 터져 나왔습니다.

1980년대에는 별곡시리즈가 유행이었습니다. 뒤틀린 시대상황을 빗댄 것이었습니다. 1990년대 초에는 '최불암 시리즈'가 유행이었습니다. 기성세대의 무능함과 고지식함을 풍자한 내용이었습니다. 그후 1990년대 말에 '사오정 시리즈'가 유행했습니다. 대화 단절을 풍자한 내용이었습니다.

한 가지만 소개하면 이렇습니다.

레스토랑에 간 사오정 친구들은 '나는 콜라' '나는 주스'라며 각각 다른 메뉴를 주문합니다. 맨 나중에 주문하는 사오정은 "여기 커피 셋이요"라고 제멋대로 주문하였습니다. 국민들의 원성과 문제는 아랑곳없이 계속 싸움질만 하는 국회를 풍자하여 '사오정 국회'라고 불렀습니다. 사회현상을 제대로 파악하지 못한 정부를 빗대어 사오정 정부라고 한 것입니다.

이런 대화 단절 내용이 세대와 계층, 그리고 지역 사이에 확산된 시대가 지금까지 이어지고 있습니다.

대화가 되지 않다보니 모든 것이 불협화음입니다. 무질서 현상입니다. 조화가 이루어지지 않습니다. 살맛이 나지 않는 어두운 상황입니다.

영적 무지도 같은 맥락에서 설명될 수 있습니다. 영적 무지는 대화 단절의 원인이 됩니다. 하나님과의 대화 단절에 대한 말씀이 호세아서 4장 6절에 명확하게 기록되어 있습니다.

"내 백성이 지식이 없으므로 망하는도다 네가 지식을 버렸으니 나도 너를 버려 내 제사장이 되지 못하게 할 것이요 네가 네 하나님의 율법을 잊었으니 나도 네 자녀들을 잊어버리리라."

이 이상의 무서운 저주는 없습니다. 다시 말하면 영적 무지에서 오는 결과가 이렇다는 말씀입니다.

돌아온 하나님의 궤

오늘 말씀은 영적 무지에 관한 교훈입니다. 하나님의 궤가 블레셋에 있은 지 일곱 달이 되었습니다. 재앙이 계속 되자 블레셋 제사장들과 복술자들이 모여서 의논한 결과 하나님의 궤를 이스라엘로 돌려보내기로 결정하였습니다.

그리고 그 방법이 3-9절에 기록되어 있는데 그 내용은 두 가지로 요약할 수 있습니다. 하나는 속건제를 드리는 것입니다. 다른 하나는 궤를 수레에 실어 보낼 때 세상적인 어떤 것에도 사용되지 않은 것을 이용해서 돌려보내야 한다는 것입니다.

이 두 가지는 블레셋 제사장들이 이스라엘의 규례를 어느 정도 알고 있었다는 것이지만, 내용에 있어서는 하나님의 규례에 대해 전혀 무지(無知)한 상황이었습니다. 그들의 무지는 다음과 같습니다.

첫째, 속건제는 생명 있는 짐승의 피가 제물이어야 합니다. 그런데 그들은 금 독종 다섯과 금 쥐 다섯 마리로 대신하고 있습니다. 이것은 한갓 금붙이에 불과했습니다.

둘째, 법궤를 운반할 때는 레위 지파의 고핫 자손들이 어깨에 메어 운반하도록 되어 있습니다(민 4:15). 그런데 블레셋 사람들은 수레에 법궤를 싣고 소로 하여금 끌게 하고 있습니다.

이 모습들은 하나님에 대한 지식이 없는 영적 무지의 상태를 적나라하게 보여주는 것입니다. 이에 대한 구체적인 말씀은 다음 편에서 나누기로 하고 오늘 본문을 통해 기억할 몇 가지 말씀을 생각하겠습니다.

첫째, 하나님을 하나님의 자리에 모셔야 모든 것이 정상이 됩니다.

하나님의 궤가 있어야 할 곳에 있지 못할 때, 이스라엘도 블레셋도 모두 참혹한 일을 당했습니다.

오늘날도 하나님을 믿는 사람들은 하나님에 대해서 바른 지식을 가지고 섬겨야 합니다. 그래야 나라도, 사회도, 개인도 안정된 축복을 누릴 수 있습니다.

역사 이래 하나님을 멸시하고 잘 된 나라는 한 나라도 없었습니다. 그것은 개인도 마찬가지입니다.

현재도 많은 교회를 들여다보면 하나님을 무시하는 일련의 사건들이 얼마나 많이 일어나고 있는지 모릅니다. 무서운 일입니다. 결과는 무질서와 불법에 대한 심판과 저주가 있을 뿐임을 알아야 합니다.

엘림동산을 경험하신 성도님들의 공통된 고백이 있습니다. 하나님을 섬긴다고 하면서 하나님을 하나님으로 섬기지 못했다는 것입니다. 모든 면에 열심을 다했지만, 하나님의 자리에는 항상 내가 있었다는 것입니다. 그런데 엘림동산 영성 훈련을 통하여 모두가 자기 자리로 돌아갈 수 있었다고 고백했습니다. 눈물로, 사랑으로, 감사함으로 고백들을 했습니다.

그것을 바라보는 목사로서의 저의 마음이 그리도 행복했는데 우리

하나님은 얼마나 좋으시겠습니까. 하나님이 기쁨을 이기지 못하실 것입니다.

하나님을 하나님의 자리에 모시기를 주님의 이름으로 축복합니다.

둘째, 하나님에 대한 바른 지식을 가지고 믿어야 합니다.

본문의 블레셋 제사장들과 복술자들도 하나님에 대하여 어느 정도는 알고 있었습니다.

바리새인들도 하나님을 몰랐던 것은 아닙니다. 발람 선지자도 하나님을 몰랐던 것이 아닙니다. 야고보서 2장 19절을 보면 귀신들도 하나님에 대하여 안다고 했습니다. 그러나 그들에게는 바른 지식이 없었습니다. 그러기에 믿지를 못했습니다.

본문을 보면 그들은 블레셋에 내린 재앙이 멈출 수 있는 길은 하나님의 궤를 이스라엘로 돌려보내는 것임을 알았습니다. 그런데 바로 알지 못해서 돌려보낼 때 자기들의 방식으로 행했습니다.

오늘날도 교회 일을 하면서 하나님의 일에 관해 대략 알지만, 바로 알지 못해서 자기 뜻대로 행하다가 멸망당하는 일이 있습니다.

웃시야를 보십시오. 하나님께 분향한다는 것은 알지만 그것이 제사장만의 고유한 직무라는 것을 바로 알지 못하고 있었습니다. 그래서 왕인 자신이 분향을 하다가 나병이 걸리게 되었습니다. 그 뿐입니까? 역대 왕들에게 그같이 부정한 병에 걸린 자가 없다하여 죽을 때까지 별궁에서 지내게 했고, 죽어서는 왕들의 묘실에도 안장하지 않았습니다.

기독교인이 아니어도 성경을 즐겨 읽는 분들이 계십니다. 사회양식을 연구하기 위해 성경을 읽는 학자들도 있습니다. 글을 쓰기 위해서 성경을 읽는 분들도 있습니다. 그렇다고 해서 그 분들이 하나님을 제대로 아는 것은 아닙니다. 성경을 아무리 읽어도 믿음이 없으면 아무 의미가 없습니다.

셋째, 깨달음과 겸손이 재앙을 면하는 축복임을 믿고 실천해야 합니다.

하나님 앞에서 교만하고도 패망하지 않은 경우는 없습니다. 반면에 겸손해서 은혜를 입지 않은 경우도 없습니다.

이것을 깨닫는 것이 은혜입니다. 깨달은 것을 실천하는 것이 더욱 큰 축복입니다.

오늘 본문의 복술자들과 제사장들의 말을 통해서도 그것은 증명되고 있습니다. 그들의 말은, 곧 동서고금을 무론하고 낮아지지 못해서 패망한 경우가 면면히 흘러온 역사 속에 있다고 자신들 스스로를 교훈하고 있습니다. 본문 6절 말씀입니다.

"애굽인과 바로가 그들의 마음을 완악하게 한 것 같이 어찌하여 너희가 너희의 마음을 완악하게 하겠느냐 그가 그들 중에서 재앙을 내린 후에 그들이 백성을 가게 하므로 백성이 떠나지 아니하였느냐."

블레셋 백성들은 역사를 통해서 놀라운 사실을 인지하고 있었습니다. 그리고 그것을 삶의 교훈으로 적용하고 있었습니다. 즉 모세를 통해 말씀 하신 하나님의 말씀을 바로가 듣고 겸손하게 순종했더라면, 애굽 사람들에게 10가지 재앙이 임하지 않았을 것이라는 것입니다. 그런데 바로가 교만해서 그 모든 재앙을 애굽 백성이 다 당했음을 상기시키며 회고 하고 있습니다. 그래서 그들은 하나님의 말씀을 자신들의 행동에 적용합니다. 하나님의 궤를 돌려보내되 비록 하나님의 규례대로는 하지 못했지만 최선을 다해 법궤를 돌려보내고 있는 것입니다.

놀랍게도 하나님은, 이들이 비록 잘못된 방식으로 법궤를 돌려보내고 있지만 모든 것을 수용하고 징벌을 거두셨습니다. 왜냐하면 그들은 잘 몰라서 그렇게 한다는 것을 아시기 때문입니다.

그래서 알고 지은 죄는 사함을 받지 못하지만 모르고 지은 죄는 용서받을 수 있는 것입니다. 그럼에도 불구하고 오늘날 그리스도인들이 말씀을 멸시하고 하나님 앞에서나 사람들 앞에서 교만하다가 멸망당하는 일들이 얼마나 많은지 모릅니다.

그래서 바울은 고린도전서 10장에서 이와 같은 사실을 다시금 교훈적으로 설명했습니다. 출애굽 이후 불순종하다가 광야에서 멸망당한 사람들, 우상 숭배하다가 멸망당한 사람들, 음행하다가 하루에 23,000명이 죽은 이야기, 하나님을 시험하다가 뱀에 물려 멸망당한 사람들, 원망 불평 하다가 멸망당한 사람들 이야기를 전개하면서 11절에서 이렇게 결론을 내립니다.

"그들에게 일어난 이런 일은 본보기가 되고 또한 말세를 만난 우리를 깨우치기 위하여 기록되었느니라."

그렇습니다. 그래서 우리는 말씀을 깊이 묵상하면서 읽어야 합니다. 주님 앞에서 낮아지고 겸손하게 생활해야 합니다. 교만은 패망의 선봉임을 깨달아 겸손함으로 주님의 말씀에 순종해야 합니다.

잠언 11장 2절입니다.

"교만이 오면 욕도 오거니와 겸손한 자에게는 지혜가 있느니라."

잠언 16장 18절입니다.

"교만은 패망의 선봉이요 거만한 마음은 넘어짐의 앞잡이니라."

잠언 18장 12절입니다.

"사람의 마음의 교만은 멸망의 선봉이요 겸손은 존귀의 길잡이니라."

열심도 좋지만 바른 열심이어야 합니다. 충성도 좋지만 겸손함으로 봉사해야 합니다. 하나님을 하나님의 자리에 바르게 모시고 신앙생활을 해야 합니다. 우리는 하나님에 대한 바른 지식을 가지고 믿어야 합니다. 일상생활에서 깨달음과 겸손은 재앙을 면하는 축복의 길입니다. 아멘.

사명(使命)의 교훈

"암소가 벧세메스 길로 바로 행하여 대로로 가며
갈 때에 울고 좌우로 치우치지 아니하였고
블레셋 방백들은 벧세메스 경계선까지 따라 가니라"
(삼상 6:12)

나폴레옹은 "인간이란 그 직업대로 사람이 된다."고 갈파했습니다. 의사가 되면 사람의 병이 무엇인가에 먼저 관심을 갖게 됩니다. 상인은 손님들에게 어떻게 물건을 잘 팔아 이익을 남길 것인가를 생각합니다. 검사는 죄 지은 사람의 죄질에 대한 분석부터 하게 되고, 어떻게 하든 범죄 사실을 밝히려는 생각부터 하게 됩니다. 운동선수는 어떻게 하더라도 이길 것부터 생각합니다. 목사는 한 영혼이라도 구원받게 하는 것만 생각하게 됩니다. 그런 의미에서 나폴레옹의 말은 참으로 맞는 말입니다.

미국의 대통령 케네디가 대통령 취임식 때 남긴 명언이 있었습니다.

"나라가 나에게 무엇을 해 줄 것이냐고 묻지 말고 내가 나라를 위해 무엇을 할 것인가를 먼저 물어야 한다."

말을 바꾸면 구원 받은 그리스도인이라면 하나님이 나에게 무엇을 해 줄 것인가를 기대하지 말고, 내가 하나님을 위해 무엇을 할 것인가를 먼저 스스로에게 물어야 한다는 말씀입니다.

교회 공동체의 일원으로서 교인이라면 교회가 나에게 무엇을 해 줄 것인가를 묻지 말고 내가 교회를 위해 무엇을 할 것인가를 먼저 물어야 합니다. 이것은 사명에 관한 기본적인 자세를 깨우치는 말씀입니다.

사명의 사람에게는 특징이 있습니다. 그것은 모든 일에 확신이 있다는 것입니다. 즉 믿음이 바탕이 되어 있다는 것입니다.

하나님은 모세를 부르시고 출애굽기 4장 12절에서 이렇게 사명을 주셨습니다.

"이제 가라 내가 네 입과 함께 있어서 할 말을 가르치리라."

모세가 죽은 후 하나님은 여호수아를 부르시고 1장 2절에서 이렇게 말씀 하셨습니다.

"내 종 모세가 죽었으니 이제 너는 이 모든 백성으로 더불어 일어나 이 요단을 건너 내가 그들 곧 이스라엘 자손에게 주는 땅으로 가라."

웃시야가 죽던 해 하나님은 이사야를 부르시고 6장 8절에서 이렇게 말씀 하셨습니다.

"내가 또 주의 목소리를 들은즉 이르시되 내가 누구를 보내며 누가 우리를 위하여 갈꼬"

이 때 이사야는 이렇게 대답을 하면서 사명 수행을 시작했습니다.

"그 때에 내가 가로되 내가 여기 있나이다. 나를 보내소서."

이와 같은 소명과 사명의 역사는 오늘 우리에게도 계속 되어지는 하나님의 구원사역의 역사입니다.

사명수행의 1단계는 존재의 확인으로부터 시작합니다. 소명 받은 자들의 공통점은 첫째 하나님 발견, 둘째 자기발견, 셋째 일의 발견입니다. 즉 하나님, 나, 일이라는 3중적 관계로 엮어져 있습니다.

여기에서 나타나는 모든 일꾼은 3종류입니다. 첫째는 자신을 위하는 자, 둘째는 일을 위하는 자, 셋째는 하나님을 위하는 자입니다.

그렇다면 하나님을 위하여 일 하는 자, 하나님의 심부름을 받은 사람으로서의 사명수행자는 어떤 사람일까요? 오늘 본문은 그 사명과 사명자에 대한 교훈입니다.

지난 편에 이어 오늘은 하나님의 궤가 이스라엘로 돌아가는 내용인데 그 방법이 오늘 이 땅의 사명자들에게 주는 교훈적인 말씀을 내포하고 있습니다.

블레셋 제사장들이 제시한 방법은 멍에를 메어보지 않은 암소 두 마리를 선택하여 그 암소로 하여금 수레를 끌고 가도록 한 것입니다. 이 방법에서 우리는 사명의 교훈을 발견하게 됩니다.

1. 선택(選擇)의 교훈입니다(10-11절)

"그 사람들이 그같이 하여 젖 나는 소 둘을 끌어다가 수레를 메우고 송아지들은 집에 가두고, 여호와의 궤와 및 금 쥐와 그들의 독종의 형상을 담은 상자를 수레 위에 실으니"

하나님의 궤를 벧세메스로 옮겨가기 위하여 암소 두 마리가 선택되었습니다. 수많은 소 가운데 선별된 두 마리의 소였습니다. 그 소들은 송아지를 낳았는데 아직 젖도 떼지 않은 암소 두 마리였습니다.

인간적인 눈으로 보면 가혹한 일입니다. 그러기에 오늘날 하나님의 부르심을 입은 사람들의 상황은 인간적으로는 잘 이해가 되지 않는 사람들입니다. 전적인 하나님의 선택하심 앞에 섰기 때문입니다. 그것에 응답하는 자세를 갖추는 것이 또한 사명자의 자세입니다.

많고 많은 사람들 가운데 왜 나인가? 이 물음에 올바른 깨달음이 있을 때 회피하지 않고, 교만하지 않으며, 게으르지 않고 어떤 상황에서도 감사로 응답할 수 있습니다.

그러므로 사명을 수행하기에 앞서 절대적으로 필요한 것이 필연적인 소명(召命)에의 확신입니다.

저는 교육공무원으로 7년을 공직생활을 했습니다. 서른세 살 때 하나님의 부르심을 입었습니다. 그때는 이미 두 아이의 아버지로서 한 가정의 가장이었습니다. 하나님의 부르심이 인간적으로는 이해가 되지 않았습니다. 어떤 면에서는 도저히 순종으로 응답하고 싶은 마음이 없었습니다. 그럼에도 하나님은 부르심의 고삐를 더 이상 늦추지 않으셨습니다.

모든 것을 접고 목회의 길로 들어섰습니다. 그야말로 광야에 선 듯한 삶이었습니다. 그럼에도 내 안에는 하나님이 부르셨다는 소명에 대한 확신이 더욱 확고했습니다. 말씀이 계속 마음에 용솟음쳤습니다. 이사야 6장 8절입니다.

"주께서 이르시되 내가 누구를 보내며 누가 우리를 위하여 갈꼬?"

이사야 43장 1절입니다.

"야곱아 너를 창조하신 여호와께서 지금 말씀하시느니라. 이스라엘아 너를 지으신 이가 말씀하시느니라. 너는 두려워하지 말라 내가 너를 구속하였고 내가 너를 지명하여 불렀나니 너는 내 것이라."

요한복음 15장 16절입니다.

"너희가 나를 택한 것이 아니요 내가 너희를 택하여 세웠나니 이는 너희로 가서 열매를 맺게 하고 또 너희 열매가 항상 있게 하여 내 이름으로 아버지께 무엇을 구하든지 다 받게 하려 함이라."

2. 사역(使役)의 교훈입니다.

12-13절 내용을 분석하면 벧세메스로 향해 가는 두 마리의 암소에 관한 내용인데, 눈을 감고 그 장면을 깊이 묵상하면 골고다를 향해 십자가를 지고 가시는 주님의 모습이 연상 됩니다. 다른 표현을 쓰면 '십자가 도(十字架 道)' 입니다.

그것을 오늘 우리에게 적용하면 우리가 하나님 앞에서 감당해야 할 헌신과 사명 수행의 교훈이 되는 것입니다. 하나님의 부르심을 입은 우리가 사명 수행을 위하여 어떻게 행할 것인가에 대한 말씀입니다. 즉 사명 수행의 자세입니다. 여기에서 우리가 받고 가야할 말씀이 몇 가지 있습니다.

첫째는 바로 행하는 것입니다(12절 상반절).

"암소가 벧세메스 길로 바로 행하여"

우리가 사명을 수행할 때 바로 행할 수 있는 것이 얼마나 어려운지 모릅니다. 이기주의와 편견과 아집에서 행해지는 것은 사명 수행이 아닙니다.

둘째는 좌우로 치우치지 않는 것입니다(12절 하반절).

"갈 때에 울고 좌우로 치우치지 아니하였고"

어린 새끼 송아지를 우리에 두고 멍에를 메고 수레를 끌고 가는 두 마리의 암소는 울면서 가지만 좌우로 치우치지 않았습니다. 가슴 뭉클한 내용입니다.

교회 일을 하다가 쉽게 포기하는 사람들을 봅니다. 열심히 교회 출석을 하다가 어느 날 보니 이미 다른 교회 출석하는 교인도 있습니다. 그래서는 안 됨을 고린도전서 15장 58절에서 하나님은 바울을 통하여 깨우쳤습니다.

"그러므로 내 사랑하는 형제들아 견실하며 흔들리지 말고 항상 주의 일에 더욱 힘쓰는 자들이 되라 이는 너희 수고가 주 안에서 헛되지 않은 줄 앎이라."

셋째는 백성들에게 기쁨이 되어야 합니다(13절).

"벧세메스 사람들이 골짜기에서 밀을 베다가 눈을 들어 궤를 보고 그 본 것을 기뻐하더니"

이스라엘 사람들에게 있어서 법궤가 돌아오는 것은 더 없는 기쁨이었습니다. 결국 궤를 수레에 싣고 이스라엘로 오는 두 마리의 소를 통해 이스라엘 백성들은 큰 기쁨을 얻었습니다.

성도들도 하나님의 주신 사명을 수행할 때는 많은 사람들에게 기쁨이 되도록 일을 해야 합니다. 세상 사람들이 이맛살을 찌푸리는 일을 해서도 안 되지만 무엇보다 교회 안에서도 성도들에게 기쁨이 되는 생활을 해야 합니다.

실제로 교회를 떠나는 사람들 가운데는 '아무개' 때문에 더 이상 교회에 나오고 싶지 않다고 고백하는 사람들이 있습니다. 왜 그럴까요? 마태복음 16장 23절에서 주님은 분명하게 말씀 하셨습니다.

"네가 하나님의 일을 생각하지 아니하고 도리어 사람의 일을 생각하는도다."

그렇습니다. 교회 일을 하면서 말로는 하나님의 영광을 위하여, 교회 공동체를 위하여 헌신하고 봉사한다고 하지만 내용을 들여다보면 자기 기쁨을 위해 일하는 경우를 흔히 볼 수 있습니다. 그것이 많은 사람들을 아프게 하고 짜증나게 합니다. 이런 사람들의 특징은 자기 뜻대로 안되면 하나님도 없다는 듯이 행하는 사람들입니다.

넷째는 협력하는 것입니다(10절 상반절).

"젖 나는 소 둘을 끌어다가 수레를 메우고"

이 두 마리 소는 젖먹이 새끼를 두고 왔습니다. 멍에를 메어본 경험이 없었습니다. 수레도 길이 나지 않은 새 것이어서 더 힘들었습니다. 함께 호흡을 맞추어 수레를 끌어본 경험도 없습니다. 그런데도 두 마리 소는 좌우로 치우치지 않고 곧장 벧세메스로 바로 향했습니다. 어느 한 마리라도 문제가 있었으면 수레는 벧세메스로 갈 수 없었습니다. 완벽한 협력의 모습입니다.

이것은 오늘 우리가 하나님의 일을 할 때의 기본자세이기도 합니다. 교회일은 혼자 하는 것이 없습니다. 언제나 함께 입니다. 그래서

에베소서 4장에서는 그리스도인의 일치와 연합의 원리를 통해 교회가 부흥하게 되는 비결을 설명하고 있습니다.

에녹처럼 여러분도 하나님과 보조를 맞추는 삶을 살아가시기를 바랍니다. 구레네 사람 시몬이 예수님이 짊어지신 십자가를 함께 짊어지고 골고다를 오른 것처럼 여러분도 주님과 함께 십자가를 지고 가는 신앙생활을 하시기 바랍니다.

엘리사는 엘리야의 가르침에 따라 보조를 맞추어 훈련을 잘 받아 이스라엘을 인도했습니다.

여호수아와 갈렙은 모세와 보조를 맞추어 가나안 복지에 들어가는 축복을 받았습니다.

부흥하는 교회의 공통점 가운데 하나가 담임목사의 목회 정책에 보조를 잘 맞추어 함께 행보하는 사람들이 있다는 것입니다.

다섯째 사사로운 정에 메이지 않습니다(10절 하반절).

"송아지들은 집에 가두고"

젖먹이 새끼를 둔 어미 소를 생각해 보십시오. 사람 같으면 웬만해서는 행할 수 없는 일을 두 마리 소는 행하고 있습니다. 이것이 사명자의 삶입니다.

지난 번 미목회 세미나를 갔다가 3시간 정도 여유가 있어서 손녀를 보고 내려왔습니다. 손주 손녀가 있는 사람들은 모두 경험하는 것이지만 자식과 다르게 손주들은 또 다른 감정을 경험하게 합니다.

손녀와 함께 있다가 헤어질 시간이 되었습니다. 저녁식사를 마치고 아빠는 다시 교회로 가고, 엄마는 병원 근무에 들어가고, 우리 내외는 포항으로 내려와야 하기에 혜원이와 작별을 해야 할 시간이 되었습니다.

"혜원이 안녕! 할아버지 할머니 포항 갔다가 또 올게"

그 순간 아이의 얼굴이 바로 일그러지더니만 고사리 같은 손을 흔들면서 말합니다.

"아니야, 아니야, 아니야."

전에 없던 일입니다. 순간 가슴이 멎는 것 같았습니다. 그렇다고 정에 메일 수만은 없어서 아이를 달래기 시작했습니다.

"자 혜원이 인사해야지? 배꼽인사 하자."

그랬더니 아이는 눈물을 줄줄 흘리면서 입으로는 '아니야' 를, 양손은 배꼽에 대며 절을 하는데 그 표정을 뭐라고 말로 표현할 수가 없습니다.

문을 닫고 내려와 차를 탔는데 도저히 더는 참을 수가 없었습니다. 참다못해 그만 '으흐흑' 울음을 토하며 '혜원아' 하고 울어버리고 말았습니다. 곁에서 아내가 "당신 왜 이래요?" 하면서 자기도 웁니다. 그게 부모의 마음입니다. 누구나 같은 마음입니다.

젖먹이 새끼를 둔 두 마리 암소는 하나님의 궤를 벧세메스로 운반하는 사명을 수행하면서 좌우로 치우치지 않았습니다. 울면서도 바로 행했습니다. 사사로운 정에 치우치지 않았습니다. 이렇게 두 마리의 암소를 통하여 우리는 하나님이 나에게 주신 사명 수행의 교훈을 다시금 상기합니다.

그렇습니다. 우리가 하나님의 일을 하면서 감정에 치우치고 개인적인 정에 치우치면 하나님의 일을 그르칩니다. 곧게 행보해야 할 걸음이 하나님이 주신 사명 수행의 걸음입니다. 우리 예수님께서 죽기까지 순종하며 걸으신 사명수행의 행보입니다.

3. 희생(犧牲)의 교훈입니다.

14절 말씀입니다.

"수레가 벧세메스 사람 여호수아의 밭 큰 돌 있는 곳에 이르러 선지라 무리가 수레의 나무를 패고 그 암소들을 번제물로 여호와께 드리고"

가슴이 뭉클한, 마음이 숙연해지는 장면입니다. 젖먹이 새끼를 두고, 멍에를 메어본 경험도 없이, 길나지 않은 새 수레에 하나님의 법궤를 싣고 울면서도 좌우로 치우치지 않고 벧세메스까지의 사명을 수행한 암소 두 마리는 하나님 앞에 번제물이 된 것입니다.

인간적으로는 너무도 가슴 아픈 장면이 아닐 수 없습니다. 그러나 이것이 바로 하나님이 주신 사명 수행의 교훈입니다. 즉 하나님이 주신 일은 마지막까지 충성해야 함은 물론이요 희생이 요구되는 것이라는 교훈입니다.

소는 자기를 위해 살지도 않고 자기를 위해 죽지도 않습니다. 오직 주인을 위해 살고 죽는 것이 소입니다. 그래서 바울 사도는 로마서 14장 7-8절에서 고백했던 것입니다.

"우리 중에 누구든지 자기를 위하여 사는 자가 없고 자기를 위하여 죽는 자도 없도다. 우리가 살아도 주를 위하여 살고 죽어도 주를 위하여 죽나니 그러므로 사나 죽으나 우리가 주의 것이로다."

소는 우직합니다. 한결같습니다. 오직 주인을 위해 일만 합니다.

소가 게으름 피우는 것을 보지 못합니다. 여름도 겨울도 낮도 밤도 구분 없이 일을 합니다.

어린아이가 타래기를 들고 끌어도 소는 반항하지 않고 따라갑니다. 일 년 내내 농사를 짓고 열매를 거두어 주인을 기쁘게 하고도 소는 볏짚, 콩깍지, 고구마줄기 같은 부스러기만 먹습니다.

그래서 소는 희생의 상징입니다. 이것이 하나님의 일을 하는 사람들의 모습입니다.

여러분은 어떠하십니까?

춘원 이광수가 1931년 8월호 「동광지(東光志)」에 "조선의 청년은 자기를 초월하라"는 제하에 이런 글을 썼습니다.

"사람이란 약한 동물이지만 사욕(私欲)을 잊은 때에는 무서운 힘을 발휘하는 것이다. 더구나 생명을 잊은 때에는 천지를 흔들 만한 대력(大力)을 발휘하는 것이다"

키에르케고르는 22세 되던 코펜하겐 대학의 신학생 시절에 이렇게 일기를 썼습니다.

"온 천하가 다 무너지더라도 내가 이것만은 꼭 붙들고 놓을 수가 없다. 내가 이것을 위해 살고 이것을 위해 죽을 수 있는 나의 사명을 발견해야 한다."

오늘 우리에게 '이 사명을 자각하고 이 사명을 위해 살아야 할 자신의 존재를 바르게 이해하고 살아가는가? 하는 것은 매우 중요한 본질적 질문입니다.

주를 위해 살고, 주를 위해 죽는 사명 수행을 통해 하나님 앞에 영광스러운 포항중앙교회가 되기를 기도합니다. 하나님의 아름다운 성도들이 되시기를 주님의 이름으로 축복합니다. 예수 그리스도께서 걸어가신 그 사명 수행의 길은 이제 우리의 몫으로 남겨져있습니다. 이 거룩하고 아름다운 걸음에 우리 함께 동행 하십시다. 바로 당신을 초대합니다. 아멘.

14.
화복(禍福)의 교훈

"기럇여아림 사람들이 와서 궤를 옮겨
산에 사는 아비나답의 집에 들여놓고
그의 아들 엘리아살을 거룩하게 구별하여
여호와의 궤를 지키게 하였더니"(삼상 7:1)

2006 월드컵 축구 경기 열풍이 세계를 뜨겁게 달구고 있을 때였습니다. 우리나라가 첫 경기에서 토고를 2:1로 이기고 다음날 새벽 4시에 프랑스와 결전을 앞두고 있었습니다. 토고와의 첫 경기가 있기 전 모든 국민이 관심을 갖고 TV앞에 모이기 시작했고 상암 월드컵 경기장, 서울 시청, 광화문 거리를 중심으로 전국 모든 도시에서 거리 응원이 전개되었습니다.

그런데 TV를 시청하는 가운데 고소(苦笑)를 금치 못할 일을 보게 되었습니다. 그것은 공영 방송에서 내로라하는 앵커들이 사회를 하는 가운데 전국 무속인 들을 찾아 토고와의 경기가 어떻게 될 것인가를 묻고 그에 대한 답을 하는 무속인들의 소위 점괘(占卦)를 방송하는 것이었습니다.

한 무속인이 신접(神接)하고 토고전에서 누가 골을 넣을 것인가에 대하여 말하는데, "김두현, 박주영 선수 이름이 입에서 나오고 기를 많이 느끼니 이 두 선수가 골을 넣는다."고 했습니다.

그런데 재미있는 일이 일어났습니다. 결과는 두 골 넣었는데 무속인들이 쾌를 내던 사람들이 아니라는 것입니다. 골을 넣은 사람은 이천수와 안정환 선수였습니다.

우스운 것은 그 다음 그들의 말입니다. '그래도 두 사람이 골을 넣는다고 한 것은 맞지 않느냐?'는 것입니다. 그러자 앵커들이 '하지만 두 골을 넣는다고 한 것은 우리나라 국민 가운데 수천 명이 다 그렇게 말을 했다는 것에 대해서는 어떻게 생각하느냐?'고 물었습니다. 그러자 그 무속인은 입을 다물어 버렸습니다. 지난 일이지만 참으로 허무맹랑한 일이다 싶습니다.

인간사(人間事)의 화복은 원리가 있습니다.

인간이라면 자기 삶에 화를 원하는 사람은 아무도 없을 것입니다. 또한 복을 싫어할 사람도 아무도 없을 것입니다. 그렇다고 내가 원하는 대로 복을 다 받고 살아간다면 얼마나 좋겠습니까. 그러나 복의 근원은 하나님이시지 인간이 아니기 때문에 하나님이 복을 주셔야 복을 받고 살아갈 수가 있습니다. 이것은 분명합니다.

중요한 것은 화복의 주관자가 하나님이심을 믿는 믿음이 우리에게 우선되어야 한다는 것입니다.

인간사 모든 것에는 원리가 있고 법칙이 있듯이 우리의 일상생활에도 화복의 원리가 있고 법칙이 있습니다. 오늘 말씀은 그것을 분명하게 정리해 주고 있습니다.

신명기 10장 12-13절에서 하나님이 말씀하십니다.

"이스라엘아 네 하나님 여호와께서 네게 요구하시는 것이 무엇이냐 곧 네 하나님 여호와를 경외하여 그의 모든 도를 행하고 그를 사랑하며 마음을 다하고 뜻을 다하여 네 하나님 여호와를 섬기고 내가 오늘 네 행복을 위하여 네게 명하는 여호와의 명령과 규례를 지킬 것이 아니냐."

이와 같이 하나님의 말씀이 복 그 자체입니다. 그런데 그것을 복으로 알지 못하고 그 말씀과 전혀 상관없는 생활을 하다가 화를 당하는 것이 어리석은 인간의 삶의 한 부분입니다.

그리스도인은 하나님의 말씀이 복인 줄 알고 그 말씀에 순종하면서 이 세상에 사는 날 동안도 약속하신 모든 복을 다 받고 살아가야 할 것입니다.

5장에서 상고했지만 하나님의 말씀이 복인 줄 모르고 하나님의 궤가 복인 줄 알고 행했던 이스라엘이나 블레셋 백성들이 화를 입게 된 것을 우리는 잊지 말아야 합니다.

제가 존경하는 은퇴를 앞둔 선배 목사님이 계십니다. 저희들이 목회를 시작할 때 그 분은 이미 한국교회를 움직이고 세계교회를 움직이는 훌륭한 분이셨습니다. 인격과 신앙과 삶이 조화를 이룬 참 선한 목자였습니다.

그런데 그 분이 섬기는 교회에서는 그 분이 그토록 훌륭한 분이라는 사실을 모르고 있었습니다. 그러면서 늘 불평하고 목사님의 목회 사역을 협력하지 않는 일이 오래 지속되었습니다.

목사님은 위임받은 목사가 힘들다고 교회를 옮기는 것은 주님이 기뻐하시지 않는다는 목회철학을 갖고 계신 분이셨기 때문에 참고 인내하셨습니다. 그러나 결국엔 더 계실 수가 없어 다른 교회로 청빙을 받고 가셨습니다.

그 후 10여년 가까이 목회를 하시면서 새 성전도 짓고 날마다 행복한 목회를 하시면서 목회의 마지막을 참으로 아름답게 마무리를 하고 계십니다.

그런데 목사님이 떠난 이후의 그 교회는 아직까지도 다툼과 분쟁이 멈추지 않고, 교인들마저 떠나면서 날로 교세가 약해지면서 주위의 모든 사람들을 안타깝게 하고 있습니다.

복을 받고도 감사함으로 생활할 수 있는 축복의 기회를 놓치고 화를 자초한 경우가 어디 이런 경우뿐이겠습니까?

오늘 본문은 이와 같은 중요한 교훈의 말씀이 있습니다. 그 화복(禍福)의 원리 가운데 2가지를 본문에서 얻겠습니다.

제 1 원리 : 하나님 경외

19절 말씀입니다.

"벧세메스 사람들이 여호와의 궤를 들여다 본 까닭에 그들을 치사 (오만)칠십 명을 죽이신지라 여호와께서 백성을 쳐서 크게 살육하셨으므로 백성이 슬피 울었더라."

왜 하나님이 벧세메스 사람들을 살육하셨을까요? 무엇 때문에 벧세메스 사람들이 화를 입었을까요?

민수기 4장 15절에서는 이렇게 말씀하셨습니다.

"성소와 성소의 모든 기구 덮는 일을 마치거든 고핫 자손들이 와서 멜 것이니라. 그러나 성물은 만지지 말라 그들이 죽으리라."

그리고 20절에서는 더욱 엄한 말씀을 하셨습니다.

"그들은 잠시라도 들어가서 성소(성물)를 보지 말라 그들이 죽으리라."

이것이 성물(聖物)에 관한 규례입니다. 그런데 벧세메스 사람들은 여호와의 궤를 호기심을 갖고 들여다보았습니다. 영적 무지(無知)에서 온 행동이었으며 그 결과는 죽음이었습니다.

이 부분은 특히 하나님에 대한 인간의 경외심을 교훈하는 부분입니다. 그리고 그것은 지금도 마찬가지입니다. 정리하면 하나님에 대한 경외심을 말씀하시는 것입니다.

하나님은 인간의 호기심의 대상이 아닙니다. 첫째도 둘째도 하나님은 경외의 대상입니다. 그들이 들여다 본 것이 비록 하나의 궤였지만 그것은 하나님의 상징입니다. 그런 궤를 이스라엘이 전쟁터로 옮겨갔다가 화를 입었습니다. 블레셋은 그것을 취함으로 승리한 줄 알았다가 화를 입었습니다.

하나님의 궤가 벧세메스로 왔을 때 성읍 사람들이 얼마나 기뻐했습니까. 축복의 기회를 맞이한 것입니다. 은혜를 입은 것입니다. 그런데 잠깐의 무지로 인한 실수가 70(오만)명의 귀중한 생명을 잃어버리는 화로 바뀐 것입니다.

다시 깊이 묵상해 봅시다. 하나님의 궤가 벧세메스로 올 때 온 백성들이 기뻐했습니다. 법도에 따라 번제도 드렸습니다. 하나님을 사랑하는 마음, 섬기는 자세가 분명했습니다. 그런데 그 다음, 너무 기쁜 나머지 홍분했습니다.

문제는 바로 이런 때입니다. 하나님을 향하여 모든 것이 다 갖추어진 것 같은데 실제에 있어서는 하나님과 전혀 상관없는 일들이 전개되고 있는 때입니다. 바로 여기서 인간들의 기쁨, 인간들의 축제가 진행되고 있었던 것입니다. 다시 말하면 말씀이 없는 종교행사가 진행되고 있었다는 것입니다. 이러니 화를 자초할 수밖에 없었습니다.

한번 비뚤어지면 자꾸만 비뚤어지게 되는 것이 인간사입니다. 그래서 첫 걸음이 발라야 합니다. 옷을 입을 때에도 첫 단추를 잘 끼워야 하지 않습니까.

20-21절을 보십시다.

"벧세메스 사람들이 이르되 이 거룩하신 하나님 여호와 앞에 누가 능히 서리요 그를 우리에게서 누구에게로 올라가시게 할까 하고, 전령들을 기럇여아림 주민에게 보내어 이르되 블레셋 사람들이 여호와의 궤를 도로 가져왔으니 너희는 내려와서 그것을 너희에게로 옮겨 가라."

여기 "누가 서리요"의 원문 '아마드'는 '서다' '머물다'인데 이 단어는 존경하는 자세로 어떤 특별한 대상 앞에 서는 것, 혹은 경배, 숭배로 사용되는 단어입니다.

벧세메스 사람들은 법궤를 대할 때 자신들의 잘못에 대한 회개와 동시에 겸손한 자세를 가지고 잘 모셔야 했었습니다. 그런데 그들은 홍분한 마음에 경솔히 행하여 법궤를 들여다보며 자신들에게 주어진 특권을 오도 하였습니다. 그러다가 사람이 죽어나가자 먼저 자신들의 이해관계(利害關係)를 생각하게 되었습니다. 그것에 민감한 그들은 급기야 법궤를 기럇여아림으로 보냅니다.

이러한 모습은 그 어디에도 그들이 하나님을 경외한다는 것을 찾아볼 수 없게 합니다. 그것이 화(禍)의 원인입니다.

오늘날도 마찬가지입니다. 예배가 거룩하게 진행되고 있습니다. 찬양도 있습니다. 헌금도 있습니다. 다양하게 주일예배가 진행되고 있습니다. 이런 가운데 우리 중심을 보시는 하나님은 우리의 마음을 보시고 계십니다.

정말 전능하신 하나님을 예배하는 마음입니까? 정말 하나님을 두려워하는 마음이 있습니까? 정말 하나님을 사랑하는 마음이 있습니까?

요한복음 4장 24절에서는 '영과 진리로 예배하라' 고 하셨습니다. 하나님을 경외하는 여러분이 되시기를 바랍니다.

제 2 원리 : 말씀에 순종

7장 1-2절입니다.

"기럇여아림 사람들이 와서 여호와의 궤를 옮겨 산에 사는 아비나답의 집에 들여놓고 그의 아들 엘리아살을 거룩하게 구별하여 여호와의 궤를 지키게 하였더니, 궤가 기럇여아림에 들어간 날부터 이십 년 동안 오래 있은지라. 이스라엘 온 족속이 여호와를 사모하니라."

벧세메스 사람들이 화를 자초한 것이 말씀에 불순종한 것이라면, 7장 1~2절의 내용은 순종의 내용을 설명하고 있습니다.

아비나답은 아들 엘르아살을 거룩하게 구별하여 궤를 지키게 하였습니다. 그래서 그곳에는 화가 임하지 않았고 궤는 20년을 머물게 되었습니다. 말씀대로 시행하여 모신 것입니다.

여기에서의 20년은 역사적으로 많은 의미를 갖는 기간입니다. 3절을 보면 이 기간은 사무엘이 이스라엘 백성들에게 하나님께로 돌아와 회개하라고 하는 선지자직을 수행하게 되는 기간까지로 봅니다.

법궤를 빼앗길 당시 사무엘은 아직 어린나이였습니다. 그래서 20년이 지나는 동안 법궤가 기럇여아림 아비나답의 집에 있게 된 것입니다.

하나님의 궤는 이스라엘로 돌아왔지만 당시의 국가 상태는 역시 블레셋의 정치적 영향 아래 있었습니다. 또한 종교적으로도 지도자가 없어서 백성들이 신앙생활을 정상적으로 할 수 없었던 시대였습니다.

엘리라는 지도자 한 사람이 하나님을 경외하지 못하고 말씀에 순종하지 못함으로 인해 한 나라의 역사가 이렇게 곤두박질치게 되었습니다. 이런 사실을 공부하면서 우리 모두는 두려운 마음으로 상황을 통감(通感)하지 않을 수 없습니다.

여호와의 법궤가 아비나답의 집에 머무는 동안 2절 말씀을 보면 "이스라엘 온 족속이 여호와를 사모하니라."고 기록 되어있습니다.

여기에 사용된 '사모하니라' 는 히브리어 '나하(נהה)' 가 사용되었는데 이 말은 '크게 울다' '부르짖다' 라는 뜻입니다. 긴 세월동안 블레셋에 압제를 당하고 국운이 흔들릴 때 백성들이 당한 수모와 고통은 말할 수 없었습니다. 그런 가운데 여호와의 궤가 이스라엘로 돌아왔으니 온 백성들이 하나님을 사모하면서 부르짖지 않을 수 없었을 것입니다.

　하나님을 두려워할 줄 아는 나라와 백성이 복을 받습니다. 하나님의 말씀을 존귀히 여기고 순종하는 나라와 백성이 복을 받습니다.
　세계 역사에 하나님을 두려워하지 않는 나라가 바르게 세워진 적이 없었습니다. 그럼에도 불구하고 아직도 이 나라에는 소련이 벌이고 중국이 벌이는 공산주의 사상에 매료되어 하나님의 자리에 인간을 세우고 추앙하는 세력들이 있으니 참으로 한심합니다.

　몇 년 전 광주에서 6.15 민족 통일 대축전 행사가 열렸습니다. 물론 어느 행사든 찬반론이 있기 마련이지만 이 건은 백번 곱씹어 생각해봐도 뭔가 맞지 않다는 생각이 듭니다. 선진화 국민회의의 결의문에서는 이 모임을 '친북 좌파들만의 모임'으로 규정을 하였습니다.
　광주의 시민 한분이 올린 글을 인용하면 '자신이 생각해도 마치 광주 시민이 친북 좌파들인 것처럼 비쳐지는 6.15 행사'라고 꼬집으면서 '부끄럽고 창피하다.'고 했습니다.
　왜 이런 말을 하느냐 하면, 그 행사장에는 "주한미군 몰아내자"는 글귀가 곳곳에 걸려 있었다는 것입니다. 뿐만 아니라, 행사 기간 동안 있었던 내용을 언론에서 보도를 했는데, 그 내용을 살펴보아도 입이 벌어져 다물 수 없는 일들이 대한민국의 땅에서 전개되었기 때문입니다.
　미국의 잘못된 실책의 역사가 없는 것은 아닙니다. 그렇다고 하나님이 주신 평화의 땅 대한민국이 공산화 직전에 미국을 중심으로 한 자유민주주의 나라들의 지원으로 오늘의 세계역사 중앙에 서게 된 것까지 부인해서는 안 됩니다.

공산주의 사상에는 하나님이 없습니다. 하나님을 부인하고 있습니다. 게다가 하나님의 자리에 공산주의 사상을 올려놓았습니다. 공산주의자들의 제1의 공격대상이 기독교임은 만천하가 다 알고 있습니다. 대한민국 국민으로서 '애국과 애족' 이란 바로 '하나님 경외와 말씀에 순종하는 것' 이기에 기독교는 이렇게 공산주의와 싸우는 것입니다.

이스라엘 백성들은 하나님 없는 블레셋에서 수모와 고통을 받으면서 사는 동안 하나님을 경외하고 말씀을 따라 살아야하는 생활이 부서지고 말았습니다. 결국은 국운이 기울고 백성들이 도탄에 빠졌습니다. 그런 때에 하나님의 법궤가 돌아왔으니 이 어찌 경사가 아니겠습니까. '온 이스라엘이 하나님을 사모하니라.' 고 오늘 본문의 마지막에서 마무리를 하고 있습니다.

하나님 신앙의 회복을 말하고 있습니다. 잃어버린 축복의 회복입니다. 엉켜있던 화의 사슬이 풀어지는 것입니다.

이 모든 복이 오늘 우리의 삶에 이어지기를 축복합니다.

사랑하는 성도 여러분, 우리가 살아가는 동안 살인을 하고, 도적질을 하고, 간음을 하고 거짓말을 하는 것이 죄입니다. 그런데 가장 큰 죄가 무엇인지 아십니까? 그 죄는 하나님의 이름을 욕되게 하는 것입니다.

그것은 하나님을 경외하는 마음이 없는 사람의 삶입니다. 말씀에 불순종하는 사람들의 생활입니다. 하나님의 이름을 망령되게 하는 것입니다.

경외란 하나님을 사랑하기도 하지만 두려워하기도 하는 것입니다. 두려움이 없는 사랑은 무질서가 됩니다. 사랑 없는 두려움은 율법이 됩니다. 하나님은 사랑이십니다. 그리고 공의이십니다.

하나님을 기쁘시게 하는 것은 정성을 다하는 것만으로는 안 됩니다. 하나님의 말씀대로이어야 합니다. 내 뜻대로는 안 됩니다. 하나님의 말씀대로 하는 것이 순종입니다. 그것이 복을 받는 원리입니다. 내 뜻대로 하는 것은 불순종입니다. 그것이 화를 불러오게 되는 원리이기 때문입니다.

15장의 사울을 잠깐 예로 들겠습니다. 아말렉과 전쟁을 하여 승리한 사울은 하나님을 기쁘시게 할 번제물을 가져온다고 살진 소를 끌고 왔습니다. 하나님은 그들의 모든 소유와 사람들을 남기지 말고 진멸하라고 말씀하셨는데도 말입니다. 게다가 아말렉의 왕을 포로로 사로잡아 와서는 사무엘에게 축복해 달라고 합니다.

하나님은 사무엘을 통해서 진노하셨습니다. 그 말씀이 23절입니다. 즉 순종이 제사보다 낫다는 것입니다. 듣는 것이 수양의 기름보다 낫다는 것입니다.

하나님의 말씀대로가 아닌 내 뜻대로 하는 것은 아무리 좋은 의도를 가졌을지라도 의미가 없습니다. 그러므로 축복의 통로는 말씀에 그대로 순종하는 것입니다.

성경을 읽고 공부할 때 어떤 사람이 복을 받고 어떤 사람이 화를 입었는가를 통으로 보는 눈을 가져야 합니다. 그렇게 역사를 보는 눈이 혜안(慧眼)입니다. 그렇게 하나님의 섭리를 보는 것이 영안(靈眼)입니다.

화와 복의 교훈을 통하여 우리의 남은 날들이 하나님의 복을 받기를 축원합니다. 날마다 감사를 노래하는 삶이되기를 기원합니다. 하나님께서 우리를 통하여 기쁨을 이기지 못하시는 하나님의 기쁨동이들이 다 되시기를 주님의 이름으로 축원합니다. 아멘.

15. 신앙 부흥의 4 단계

"이에 이스라엘 자손이 바알들과 아스다롯을 제거하고
여호와만 섬기니라"(삼상 7:4)

많은 교회가 시시때때로 부흥사경회를 엽니다. 왜 부흥 사경회를 할까요? 어리석기 그지없는 질문처럼 여겨지십니까? 이것은 저 자신이 부흥회 강사로 다니면서, 그리고 우리교회에서 부흥회를 하면서 늘 마음에 일어나는 한 질문입니다.

일반적으로 교회의 부흥집회 기간은 3일 정도입니다. 그 때에는 교회의 사정에 따라 각기 훌륭한 강사를 초청합니다. 그런데 그 기간 중에 교인들이 모이지 않으면 담임목사는 하나님 앞에서의 죄송한 마음자리는 일단 접어두고 초빙강사에게 미안한 마음에 몸 둘 바를 몰라 합니다. 그래서 집회가 시작되기 한 달 전부터 당부를 하고 때로는 속된 말로 엄포도 놓기도 합니다. 그러나 대부분 부흥집회에 참석하는 교인의 숫자는 주일 출석의 3분의 1이 넘기 어렵습니다.

왜 이리 안 모이느냐고 담임목사가 채근을 하면 돌아오는 성도들의 대답이 고소(苦笑)를 자아내게 합니다.

"우리 목사님 설교가 최고잖아요! 목사님 설교만 들어도 배부른데요, 뭐."

그럴듯하게 담임 목사를 추켜세우는 듯 하는 말 속에 사탄의 속삭임이 있는 것을 알 수 있는 영감을 갖는 것이 쉬운 일은 아닙니다.

믿음은 들음에서 난다고 했습니다. 그런데 그리스도의 말씀을 들으려 하지 않는데 과연 믿음이 자랄 수 있을까요? 없습니다.

휴스톤 펠로우십 교회 '에드 영' 목사님이 '부흥의 ＋, －, ×, ÷'라는 공식을 말씀하신 것을 읽었습니다. 이 기호가 없이는 수학공식 자체가 성립되지 않습니다. '에드 영' 목사님은 부흥에도 이 기호가 적절하게 사용되어야 부흥이라는 공식이 성립된다고 역설했습니다. 즉 교회가 부흥하려면 더할 것은 더해야 하고, 뺄 것은 빼야하며, 곱하기 같은 기적도 있어야 하고, 받은 축복을 나누기해야 교회가 부흥된다는 것입니다.

그렇다면 더하기 되어야 할 것은 무엇일까요? 병든 자에게 약을 더하기 하면 건강하게 됩니다. 약한 자에게 힘을 더하기 하면 강한 자가 됩니다. 상처 입은 마음에 사랑을 더하면 회복이 됩니다. 이렇게 교회 생활은 더하기 운동이 활발해야 합니다.

뺄 것은 무엇일까요? 뺀다고 하면 대부분 손해부터 생각하는 부정적인 사고를 합니다. 그러나 부흥의 조건에 있어서는 그런 생각에서 빨리 벗어나야 합니다.

다이어트를 왜 합니까? 과수원의 가지치기는 왜 합니까? 회사 구조조정은 왜 합니까? 이 모든 것이 더 좋은 것을 위하여 하는 것입니다.

신앙생활에도 빼기를 잘하는 사람이 복을 받고 신앙생활을 잘합니다. 욕심도 빼야 합니다. 이기적인 것도 빼야합니다. 자기주의도 빼야 합니다. 혈기도 빼야하고 고집도 빼야합니다. 뺄 것이 어디 한 두 가지입니까. 그런 것들을 뺄 때 신앙생활의 부흥이 되는 것입니다.

곱하기는 무엇입니까? 부르짖었더니 병원에서도 손대지 못하는 말기 암환자가 깨끗함을 입었습니다. 작은 일에 선을 행하였더니 생각지도 못하게 갑절의 복을 받았습니다. 한 개를 주었더니 두 개가 아닌 열 개를 받았습니다. 이것이 곱하기 원리입니다.

주님은 누가복음 6장 38절에서 "주라 그리하면 내가 너희에게 줄 터이니 곧 후히 되어 누르고 흔들어 넘치게 하여 안겨 주리라."는 곱셈 원리를 가르치셨습니다.

전도도 곱셈 원리입니다. 희생도 곱셈 원리입니다. 이것은 상상을 초월하는 결과를 가져옵니다.

나누기는 무엇입니까? 곱하기하여 받은 축복을 혼자 끌어안고 영적 비만에 헐떡거리는 것이 아니라 그것을 적절하게 이웃과 나누는 것입니다.

이와 같은 영적 부흥의 공식을 잘 실천할 수 있기 위하여 하나님은 사무엘을 통하여 오늘 우리에게 말씀하십니다.

1. 하나님을 믿으라(3-4)

"사무엘이 이스라엘 온 족속에게 말하여 이르되 만일 너희가 전심으로 여호와께 돌아오려거든 이방 신들과 아스다롯을 너희 중에서 제거하고 너희 마음을 여호와께로 향하여 그만을 섬기라 그리하면 너희를 블레셋 사람의 손에서 건져내시리라. 이에 이스라엘 자손이 바알들과 아스다롯을 제거하고 여호와만 섬기니라."

이스라엘 백성들 중에 하나님을 믿지 않는 사람은 없습니다. 다 하나님의 백성들입니다. 그런데 그들의 실상은 아스다롯을 더 섬기고 있었습니다. 겉모습은 하나님을 믿는 백성들인데 내용은 우상을 섬기고 있었습니다.

우리도 겉으로는 다 그리스도인입니다. 거룩한 직분까지 맡아 교회에 헌신하고 봉사합니다. 그런데 삶의 내용을 들여다보면 정말 하나님을 믿는 사람들인가 싶은 일들이 한 두 가지가 아닙니다.

주일 예배, 헌금하는 것, 교회 봉사하는 것 등 기타 여러 가지를 살펴보면 하나님을 전적으로 신뢰하는 것이 아니라 자신의 계산법에 의하여 신앙생활을 하는 경우를 허다히 볼 수 있습니다. 어떤 일의 결정적인 것이 이해관계(利害關係)에 연결되면 불신자들 보다 나을 것이 전혀 없는 언행으로 나타납니다.

사무엘은 그런 것을 청산하고 전심으로 하나님을 믿으라고 말합니다. 하나님을 이용하지 말라는 것입니다. 그것이 자신과 가정의 신앙 부흥의 첫 걸음입니다.

2. 모이기를 힘쓰라(5절)

"사무엘이 이르되 온 이스라엘은 미스바로 모이라. 내가 너희를 위하여 여호와께 기도하리라 하매"

모든 영적 축복은 모이는데서 시작됩니다. 모임이 없이는 부흥이 될 수 없습니다. 작은 모닥불에 장작을 더하여서 화톳불이 되는 것처럼 모이기를 힘쓰는 것에서 신앙 부흥이 이루어집니다.

마귀의 제 일 역사는 주의 자녀들이 모이는 것을 방해하는 것입니다. 모이면 성령님이 역사하십니다. 성령님이 역사하시면 마귀가 설 자리가 없습니다. 그래서 마귀는 어떻게 하든지 성도들이 모이는 것을 훼방하려 합니다. 예배드리러 올 때 시험 드는 일들이 일어나는 것이 바로 그것 때문입니다.

연합의 반대는 분열입니다. 모임은 연합이고 분열은 나눔입니다. 마귀는 성도를 흩어버리려고 몸부림을 치지만 성령님은 성도를 모이게 하기 위해 탄식까지 하십니다.

성도들이 모이면 무엇을 합니까? 예배를 드립니다. 기도를 합니다. 찬양을 합니다. 성도 간의 교제를 합니다. 선한 일을 위하여 함께 봉사합니다. 헌신을 합니다. 그것이 훈련이 되어 사회를 아름답게 합니다. 이런 운동이 국가를 든든하게 하는 원동력이 됩니다.

모임에도 두 가지가 있습니다. 축복된 모임과 불행한 모임입니다.

민수기 25장에는 모압 여자들의 싯딤축제에 이스라엘 남자들이 함께 했다가 2만 3천명이 죽었습니다.

사무엘하 17장을 보면 다윗을 반역한 압살롬의 초청에 응했던 반역자들 가운데 다윗의 심복 중에 심복이라 할 수 있었던 아히도벨이 있었습니다. 압살롬이 실패하게 되자 아히도벨은 부끄러움을 못 견

더 스스로 목매어 자살을 했습니다.

느헤미야 4장부터 6장을 보면, 하나님의 명을 받은 느헤미야가 예루살렘 성벽을 재건합니다. 그 때 산발랏과 도비야와 게셈이 일당이 되어 갖은 방법으로 방해를 합니다. 타협을 하자고 합니다. 죽이려고 모략을 합니다. 일이 진척되지 못하도록 온갖 훼방을 합니다. 이런 지도자들과 함께 하는 백성들이 또한 있었습니다. 결과는 하나님이 느헤미야의 손을 들어 주셨다는 것입니다. 또한 그 일을 통해 하나님께서 영광을 받으셨고 성벽 재건을 방해했던 사람들은 몰락했습니다.

고린도전서 11장 17절에서 하나님은 바울을 통해 해로운 모임에 대해 말씀하셨습니다.

"이는 너희의 모임이 유익이 못되고 도리어 해로움이라."

두 세 사람이 모여도 수군수군하는 모임, 성경 공부한다고 하면서 교회 비판하는 모임, 전도회는 참석도 안하고 끼리끼리 모여서 세상 즐거움에 취한 모임은 좋은 모임이 아닙니다. 기도회 한다고 모이고, 성경 공부한다고 모이고, 봉사한다고 모이는 경우가 많이 있습니다. 그런데 종종 보면 "담임목사에게는 비밀이야 알았지"하는 모임이 있습니다. 그것은 정상적인 모임이 아닙니다. 요한복음 10장 1절에서 이런 경우를 경계했습니다.

"양의 우리에 문으로 들어가지 아니하고 다른 데로 넘어가는 자는 절도요 강도라"

그러나 은혜로운 모임이 있습니다. 주님이 함께 하시는 모임입니다. 찬송가 207(243)장 1절 가사가 축복된 모임입니다.

'귀하신 주님 계신 곳 그 백성 함께 모이네.
찾는 이마다 만나니 그곳은 거룩하도다.'
축복된 만남이 있는 곳이 어떤 곳입니까? 주님을 예배하기 위하여
모이는 곳입니다. 그 모임에 힘써야 합니다.

3. 회개하고 기도하라(6-8절)

6절입니다.
"그들이 미스바에 모여 물을 길어 여호와 앞에 붓고 그 날 종일 금식
하고 거기에서 이르되 우리가 여호와께 범죄 하였나이다 하니라."

8절입니다.
"이스라엘 자손이 사무엘에게 이르되 당신은 우리를 위하여 우리 하
나님 여호와께 쉬지 말고 부르짖어 우리를 블레셋 사람들의 손에서 구원
하시게 하소서 하니"
미스바 모임의 신앙부흥의 3 단계는 회개와 기도였습니다. 그리고
이것은 오늘날 우리들의 신앙부흥의 교과서로 꼽힙니다.

누가복음 3장에서 하나님은 세례요한을 통하여 회개에 합당한 열
매를 맺으라고 하셨습니다. 회개에 합당한 열매를 어떻게 맺을 수 있
습니까? 첫째, 말씀을 바로 듣는 자세에서 시작됩니다.
세례요한이 "회개하라"고 외쳤을 때 군중들도, 세리들도, 군병들
도 모두 동일하게 물은 말이 있습니다. "우리가 무엇을 하리이
까?(What shall we do?)" 대답은 '듣고자 하는 마음자세' 입니다. 말씀
을 듣지 않고 회개에 이를 수는 없습니다.

둘째, 진정한 회개의 열매는 세상 속에서 나타납니다. 다시 말하면 내가 처해 있는 삶의 장에서 하나님의 말씀을 들은 사람으로서의 삶이 그 증거로 나타난다는 말입니다.

셋째, 그것이 구체적으로 어떻게 표현될까요? 무엇보다 경제생활을 통해서 그 열매를 확인할 수 있습니다.

세례 요한이 "우리가 무엇을 하리이까?"라고 질문한 세 부류들에게 대답을 들려준 것을 요약하면 2가지입니다. 곧 자족과 나눔입니다. 이것은 그리스도인의 경제윤리이며 축복원리입니다. 자족하지 못하는 것은 온전한 신앙생활이 아닙니다. 나눔이 없는 것 또한 마찬가지입니다.

이것이 진정한 회개입니다. 회개 없는 축복은 없습니다. 기도 없는 응답은 없습니다. 하나님이 회개하는 것을 얼마나 기뻐하시는지 아십니까? 누가복음 15장 7절입니다.

"내가 너희에게 이르노니 이와 같이 죄인 한 사람이 회개하면 하늘에서는 회개할 것 없는 의인 아흔아홉으로 말미암아 기뻐하는 것보다 더하리라."

사울과 다윗은 똑같이 하나님 앞에 범죄 했습니다. 그러나 회개한 다윗은 하나님의 마음에 꼭 드는 복을 받은 사람이 되었고, 회개하지 않은 사울은 하나님에게서 버림을 받았습니다.

베드로와 가룟 유다도 똑 같이 범죄 했습니다. 그런데 회개한 베드로는 교회의 반석이 되었고, 가룟 유다는 저주의 대명사가 되었습니다.

회개하면 죄사함의 복을 받습니다. 회개하면 하나님이 기뻐하십니다. 회개하면 하늘과 땅의 복을 받습니다. 회개하면 맺힌 모든 것이 풀립니다. 그리고 기도할 때 하늘의 문이 열리고 하나님의 축복이 응답됩니다.

미스바의 신앙부흥의 특징이 바로 이것이었습니다. 미스바에 모인 백성들은 하루 종일 금식했습니다. 그리고 하나같이 여호와께 범죄했음을 자복했습니다. 그리고 부르짖어 하나님 앞에 기도했습니다. 9절을 보니까 여호와께서 응답하셨다고 기록하고 있습니다.

우리교회는 창립 60년을 훌쩍 넘었습니다. 그리고 평양 대 부흥 운동은 100년을 넘었습니다. 한국교회나 우리교회에 우선되어야 할 것은 연수를 자랑할 것이 아니라는 것입니다. 1907년 평양 대 부흥 역사의 시발점이 되었던 회개로부터 다시 한 번 신앙의 부흥이 시작되어야 합니다. 우리가 전심으로 겸비하며 주께 무릎을 꿇고 회개하면 반드시 하나님이 복을 주실 것입니다.

4. 온전히 헌신하라(9-11절)

9절입니다.

"사무엘이 젖 먹는 어린 양 하나를 가져다가 온전한 번제를 여호와께 드리고 이스라엘을 위하여 여호와께 부르짖으매 여호와께서 응답 하셨더라."

신앙 부흥의 마지막 단계는 온전한 헌신입니다.

사무엘은 어린 양 한 마리를 가져다가 온전한 번제를 여호와께 드렸다고 했습니다. 9절의 핵심이 '온전한 번제' 입니다.

이것은 모든 것을 온전히 하나님께 맡기는 기본자세를 의미합니다. 내가 무엇을 하나님께 드리는 가에 중점을 둔 것이 아니라 나의 모든 것을 하나님께 맡기는데 관점을 둔 것입니다.

앞의 4장에서 이스라엘 백성들이 전쟁하러 나갔을 때 하나님께 묻지도 않고 맡기지도 않고 출전했다가 실패를 했습니다. 두 번째 전쟁에 나갈 때도 여호와의 궤를 이용하려는 불신앙적인 태도를 볼 수 있었는데 그 또한 실패했습니다.

그리고 13장에 나오는 사울왕의 번제 사건 역시도 하나님의 은혜를 얻기 위한 한 수단으로 번제를 드리다가 화를 당했습니다.

그러나 본문 사무엘의 번제는 자신의 상황에서 하나님의 은혜를 입기 위함이 아니라 온전히 자신의 모든 것을 하나님께 맡기는 자세였습니다. 이것이 온전한 헌신이며 번제입니다.

오늘날 많은 성도들이 사무엘의 자세가 아닌 헌신을 하는 경우가 흔히 있습니다. 그러나 자신의 삶의 유익을 위한 방편으로 시간과 재능과 몸과 물질을 주님께 드리는 것은 온전한 헌신이 아닙니다.

"이 모든 것이 하나님의 은혜입니다. 이 모든 것을 하나님께 맡깁니다."라는 고백이 온전한 헌신입니다. 그리할 때 모든 결과에 항상 감사할 수 있는 것입니다. 거기서 사드락과 메삭과 아벳느고의 '그렇게 하지 아니하실지라도' 의 고백이 가능합니다. 거기서 하박국의 '없을지라도' 의 고백이 가능합니다.

교회에서 하나님의 일을 할 때 참으로 주의해야 할 첫 번째가 내 생각을 버리는 것입니다. 또한 지극히 계산적인 마음으로 드리는 헌신입니다.

하나님은 주무시지 않습니다. 겉으로 공의를 앞세우고 진실을 표방한다 할지라도 하나님은 그 중심 폐부의 생각까지 살피십니다.

　신앙 양심을 버리면 불행을 자초하는 것입니다. 하나님 경외심을 버리면 하나님에게 버림을 당합니다.

　어떤 경우를 무론하고 교회 부흥의 걸림돌이 되지 않기를 바랍니다. 믿음으로 함께 하고, 모이기를 함께 힘쓰며, 함께 회개하고 기도하며, 함께 온전히 헌신하는 여러분이 되시기를 바랍니다.

　살아가노라면 종종 "하나님 왜 이러십니까?"라는 질문이 생기는 상황이 많습니다. 그것이 인생입니다. 그때 온전히 헌신이 되지 못한 사람은 좌절과 절망과 원망과 불평으로 스스로의 삶이 부서집니다.

　그러나 온전히 헌신이 된 사람은 거기서 하나님의 뜻을 발견하고 극복하고 응답을 받게 됩니다. 이것이 진정한 신앙 부흥의 원리입니다. 또한 이것이 신앙 부흥의 마지막 단계입니다. 이 단계에 이르면 하나님의 축복의 응답만 남아 있습니다.

　오늘 우리의 심령의 부흥과 교회의 부흥이 이 4 단계를 통하여 더욱 역사되기를 기도합니다. 아멘.

16. 하나님이 도우십니다

우리교회가 60년 이상을 이렇게 평안한 가운데 부흥한 것은 오직 하나님의 은혜입니다. 천만 번 생각해도 하나님의 도우심이 아니고는 어림도 없는 일이었습니다.

지난 2006년에는 본당을 재개축하여 봉헌하기 위해서 모든 예배와 교육 행사를 교육선교센터에서 드렸습니다. 그 때 지나온 세월을 돌아보니 더욱 하나님의 은혜와 사랑이 너무 커 새삼 감사를 드렸습니다. 오래 전에 이 교육선교센터를 건축하지 않았다면 재개축 공사를 할 때 어떻게 되었을까 하는 생각이 들었습니다. 참으로 한 치의 오차도 없이 우리교회를 선히 인도하신 하나님께 영광을 돌립니다.

이런 인도하심은 교회만 그런 것이 아닙니다. 우리들의 가정과 국가, 그리고 개인도 마찬가지입니다. 인간 생활에 있어서 하나님의 도우심이 없이 되는 것은 아무것도 없습니다.

어느 지난여름에는 강원도를 중심으로 쏟아진 폭우로 인해 수많은 인명과 재산 피해가 났습니다. 뉴스를 보면서 너무도 참혹한 상황에 그저 유구무언이었습니다. 일 년 동안 땀 흘려 농사를 잘 지어도 가을 수확을 앞두고 태풍이 휩쓸어 버리면 아무것도 남는 것이 없다는 것을 우리는 많은 경험을 통해 알고 있습니다. 구름도, 비도, 모든 우주도 다스리시는 하나님 앞에서 우리 인간은 참으로 아무것도 아니라는 것을 다시금 생각하게 됩니다.

이렇게 인간은 온전히 하나님의 도우심 속에 살면서도 종종 가인처럼 하나님을 향하여 얼굴을 붉히고 화를 내기도 합니다. 바벨탑 사건을 일으켰던 것처럼 인간의 힘으로 모든 것을 해 보려는 어리석은 행동에 빠질 때가 있습니다.

가혹한 표현일 수 있지만 하나님을 믿는다는 그리스도인들도 때로는 하나님 없이도 살 수 있을 것 같이 함부로 말하고 행동하는 경우를 봅니다. 참으로 어리석은 일입니다.

하나님을 하나님으로 믿는 것보다 더 귀한 복은 없습니다.

이솝 우화의 한 토막입니다.

늑대가 저녁을 너무 빨리 먹다가 그만 가시를 삼키고 말았습니다. 늑대는 목의 가시를 뽑아낼 수가 없어 쩔쩔매다가 마침 긴 주둥이를 가진 학 한 마리가 지나가는 것을 보고 간청을 합니다.

"여보게 친구, 자네의 긴 주둥이로 내 목의 가시를 좀 뽑아줄 수 있겠나? 사례는 충분히 하겠네."

학은 늑대의 입에 긴 주둥이를 집어넣고 목구멍에 걸린 가시를 어렇게 뽑아냈습니다.　고통에서 벗어나 기뻐하는 늑대에게 학은 손을 내밀며 말했습니다.

"자 이제 약속한 사례비를 좀 주시지요."

그러자 늑대가 화를 벌컥 냈습니다.

"이런 배은망덕한 놈 같으니라구.　네 머리가 내 입에 들어갔을 때 깨물어 토막을 내지 않은 것을 고맙게 생각해라."

은혜를 모르는 늑대의 이야기지만 어쩌면 우리를 두고 한 이야기 같기도 합니다. 병들어 죽어갈 때, 자녀가 환란에 빠져 허덕일 때, 사업이 힘들어 죽고 싶을 때, 하나 같이 하나님을 찾으며 도와달라고 하는 것이 인간의 본성입니다.

그렇게 도움을 입고 환난에서 벗어나면 언제 하나님이 나를 도우셨느냐는 모습으로 더욱 하나님의 마음을 아프게 하는 경우도 적지 않게 있습니다.

그러나 긴 세월을 사는 동안 분명하게 보는 것 하나는 하나님의 은혜를 모르면서 불평하는 사람에게는 하나님의 도움의 손길이 미치지 않는다는 사실입니다.

에벤에셀의 하나님

사무엘은 블레셋과 전쟁하여 승리를 얻은 후 하나님이 하신 일을 나타내고 증거하기 위하여 기념비를 세웠습니다. 그 기념비를 '에벤에셀' 이라고 명명했습니다. '여호와께서 여기까지 우리를 도우셨다' 라는 뜻입니다. 그리고 그것을 후손들에게 교육하려고 했습니다.

오늘 말씀은 우리에게 그 부분을 가르치고 있습니다. 오늘 본문의 전체 흐름을 간단하게 요약하면 '하나님의 도우심' 입니다. 그 도우심이란 어느 한 분기점에 머무르는 것이 아니라 어제도 오늘도 내일도 한결같다는 것입니다.

'에벤에셀' 이 위치한 곳은 미스바와 센 사이입니다. 사무엘이 블레셋과의 전쟁에서 이긴 것을 기념하면서 이 전쟁은 하나님의 도우심으로 승리했음을 후대에 알리기 위하여 명명된 지명입니다.

'에벤' 은 돌을 뜻하고 '에셀' 은 호위, 도움이라는 뜻인데 이 말의 본뜻은 강자가 약자를 무조건 보살피는 행위를 뜻합니다. 즉 강하신 하나님이 약한 이스라엘을 마치 남편이 아내를 보살피듯 보호하고 인도하신다는 뜻입니다.

이스라엘이 하나님을 원망하고 배반을 했습니다. 그러나 하나님은 그것 때문에 이스라엘을 포기하신 것이 아니라 오히려 더욱 보살피고 인도하신 것을 강조했습니다. 더 구체적으로 말하면, 압제 받으며 고통 가운데서 울부짖는 이스라엘 백성들에게 하나님께서는 출애굽의 영광을 주셨습니다. 그러나 그들은 홍해 앞에서 하나님을 원망했습니다. 홍해를 육지같이 건너게 하셨지만 마라의 쓴 연못 앞에서 하나님을 또 다시 원망합니다. 마라의 쓴 물을 달게 해 주셨더니 광야에서 먹을 것이 없다고 하나님을 또 원망합니다. 광야에서 만나를 내려 주셨더니 이번에는 므리바에서 물이 없다고 하나님을 원망합니다. 하나님은 반석에서 물을 내 주셨지만 또 다시 그들은 하나님을 원망했습니다.

하나님은 그런 이스라엘 백성들을 향해 참으시고 인내하셨습니다. 그리고 마침내 그들을 가나안으로 인도하신 하나님의 사랑을 사무엘은 백성들에게 상기시키고자 했던 것입니다.

사무엘 시대에 이르면서 블레셋과의 전쟁에서 승리할 수 있게 된 것 또한 끊임없이 하나님을 원망하고 불평했던 이스라엘이지만 하나님은 참으시고 승리하게 하셨음을 강조하는 것이 '여기까지' 라는 것에 담겨 있는 깊은 의미입니다. 그러므로 '에벤에셀' 은 하나님이 돕지 않으면 누구도 승리할 수 없음을 의미하는 깊은 의미를 품고 있는 단어입니다.

사무엘의 철저한 하나님 신앙의 언어입니다. 절대적인 겸손과 절대적인 신뢰의 모습입니다.

인간이란 조그마한 일이라도 자기 공과가 있게 되면 자기를 들어 내려고 가히 몸부림을 하는 교만한 본성을 갖고 있습니다. 그러나 사무엘은 자신은 물론 백성들에게 어떤 경우를 무론하고 모든 것이 하나님의 도우심임을 새겨주기 위하여 돌로 기념비를 세웠던 것입니다. 하나님의 은혜를 잊어서는 안 된다는 것을 각인 시키고 있는 모습입니다.

하나님은 어떤 사람을 도우실까요?

'여기까지' 의 감사 신앙

12절입니다.

"사무엘이 돌을 취하여 미스바와 센 사이에 세워 이르되 여호와께서 여기까지 우리를 도우셨다 하고 그 이름을 에벤에셀이라 하니라."

에벤에셀은 지명이지만 사무엘은 분명히 '여기까지' 를 강조했습니다. ‘여기까지’ 라는 단어는 히브리어 ‘헨나 아드(hN:he{hane’ - naw} d[‘{ad})’ 로 두 단어가 합쳐진 것입니다. 장소와 시간의 종결을 의미하는 전치사 ‘아드’ 와 여기 혹은 지금을 의미하는 부사 ‘헨나’ 가 결합된 용어입니다. 즉 ‘여기까지’ 라는 말은 장소적인 개념과 시간 적인 개념이 함께 포함되어 있는 중첩적인 의미의 중요한 단어입니다.

사무엘은 이스라엘 백성들에게 역사 속의 우리는 이러했건만 하나 님이 우리를 ‘여기까지 도우셨다’ 는 이것을 강조했습니다.

인간의 역사는 감사의 역사보다는 배반의 역사였다고 해도 과언이 아닙니다. 특히 이스라엘의 경우는 더욱 그렇습니다. 수 없이 베푸신 하나님의 은혜에 대해 감사하기 보다는 끊임없이 불평하고 원망하며 배반의 역사를 기록한 것이 이스라엘 민족입니다. 그것이 어디 이스 라엘뿐이었겠습니까. 우리나라도, 민족도, 개인도 다 그렇습니다.

일제의 압제에서 누가 이 나라를 구원해 주셨습니까? 6. 25의 참상 에서 누가 이 나라를 건져 주셨습니까? 처절할 정도로 가난했던 이 나라가 어떻게 세계열강과 어깨를 겨루는 부강한 나라가 되었습니 까? 그리고 우리 포항중앙교회가 60년 이상의 세월 동안 이렇게 행복 하고 부흥하게 된 여기까지 누가 이렇게 해 주셨는가 말입니다. 여러 분의 개인적인 고난과 아픔, 가난과 저주, 질병과 죽음을 뛰어넘어 지 금 이렇게 축복을 받으면서 예배를 드릴 수 있는 여기까지 누가 인도 하셨습니까?

그것을 아는 것이 신앙입니다. 그것을 깨닫는 것이 믿음입니다. 그 것을 알고 깨달을 때 감사가 나오지 않을 수 없을 것입니다. 그래서

'여기까지'의 에벤에셀은 신앙인의 감사를 다시 한 번 깨우쳐 주는 축복의 메시지입니다.

우리교회의 지나온 60여년의 세월을 돌아보니 저절로 감사 노래가 나옵니다.

> 지나온 모든 세월들 돌아보아도
> 그 어느 것 하나 주의 손길 안 미친 것 전혀 없네
> 오 신실 하신 주. 오 신실 하신 주
> 내 너를 떠나지도 않으리라
> 내 너를 버리지도 않으리라
> 약속하셨던 주님 그 약속을 지키사
> 이후로도 영원토록 나를 지키시리라 확신하네

감사도 하면 할수록 늘어납니다. 그리고 결국은 그것이 감사하는 생활로 이어집니다. 그것이 축복입니다.

마찬가지로 불평도 하면 할수록 늘어납니다. 그리고 결국 삶이 사사건건 불평할 일들만 있게 되는데 그것이 저주의 사슬이 됩니다.

여기까지의 신앙은 하나님의 은혜에 감사하는 신앙입니다.

'앞으로도'의 항상 신앙

13절입니다.

"이에 블레셋 사람들이 굴복하여 다시는 이스라엘 지역 안에 들어오

지 못하였으며 여호와의 손이 사무엘이 사는 날 동안에 블레셋 사람을 막으시매"

여기의 중요한 한 구절 "여호와의 손이 사무엘의 사는 날 동안에 블레셋 사람을 막으시매" 입니다. 이 말씀에는 최소한 두 가지의 깊은 뜻이 있습니다. 하나는 하나님이 사무엘과 항상 함께 하셨다는 것이고, 다른 하나는 사무엘 또한 하나님의 은혜를 입을 수 있는 항상 변함없는 신앙생활을 했다는 것입니다.

그렇습니다. '여기까지' 의 감사 신앙이 없으면 '앞으로도' 항상 신앙도 있을 수 없습니다. 지금 잘 하지 못하면서 앞으로 잘 하겠다는 사람이 정말로 제대로 하는 것은 보지를 못했습니다. 언제나 현재의 최선이 미래의 최선으로 이어지는 것입니다. 그렇게 사는 것은 하나님에 대한 확신과 동시에 하나님께 대한 올바른 삶의 자세를 의미합니다. 그것이 하나님만이 나를 보호하시고 인도하신다는 믿음입니다.

돈도, 건강도, 명예도, 권세도 우리의 보호도구는 아닙니다. 그렇다면 무엇이 우리를 보호할 수 있겠습니까? 시편 기자는 121편에서 그 답을 고백했습니다.

'나의 도움이 어디서 올까? 천지를 지으신 여호와에게서로다.' '하나님은 졸지도 아니하시고 주무시지도 않으시면서 나를 지켜 보호하시니 낮의 해도 밤의 달도 나를 상하지 않게 하고 해하지 않게 하신다' 고 했습니다. '하나님이 모든 환난을 면케 하시고 영원토록 출입을 지키신다.' 고 했습니다.

그렇습니다. 하나님은 그 사랑하는 자녀를 낮에도 밤에도 어디서든지 지키시고 보호하시고 인도하십니다. 그래서 시편 37편 5~6절에서 이렇게 권고하셨습니다.

"네 길을 여호와께 맡기라 그를 의지하면 그가 이루시고, 네 의를 빛 같이 나타내시며 네 공의를 정오의 빛 같이 하시리로다."

하나님이 보호하심을 믿으시기 바랍니다. 하나님이 지켜주심을 믿으시기 바랍니다. 이것이 하나님을 향한 우리의 신앙입니다.

출애굽기 13장 21-22절입니다.

"여호와께서 그들 앞에서 가시며 낮에는 구름 기둥으로 그들의 길을 인도하시고 밤에는 불기둥을 그들에게 비추사 낮이나 밤이나 진행하게 하시니, 낮에는 구름 기둥, 밤에는 불기둥이 백성 앞에서 떠나지 아니하니라."

잠언 16장 9절입니다.

"사람이 마음으로 자기의 길을 계획할지라도 그의 걸음을 인도하시는 이는 여호와시니라."

믿음 있는 자라면 이 말씀에 진심으로 아멘하지 않을 수 없습니다.

그렇습니다. 하나님은 언제나 에벤에셀의 하나님이십니다.

'바른 사명'의 행동 신앙

15절입니다.

"사무엘이 사는 날 동안에 이스라엘을 다스렸으되"

주목할 구절이 16절과 17절에서도 이어집니다.
"해마다 벧엘과 길갈과 미스바로 순회하여 그 모든 곳에서 이스라엘을 다스렸고"
"라마로 돌아왔으니 이는 거기에 자기 집이 있음이니라 거기서도 이스라엘을 다스렸으며 또 거기에 여호와를 위하여 제단을 쌓았더라."
사무엘은 죽는 날 까지 이스라엘을 다스렸습니다. 벧엘, 길갈, 미스바, 라마에 다니면서 사사로서, 선지자로서, 제사장으로서의 사명을 수행했습니다.
15절의 '사는 날 동안에' 는 1장 28절의 한나가 사무엘을 여호와께 드릴 때 '그의 평생을' 여호와께 드렸던 것의 결과임을 생각할 때 가슴이 찡한 구절이 아닐 수 없습니다. 죽는 그 순간까지 주어진 사명을 수행한 사무엘의 삶을 그려볼 수 있습니다.

사무엘의 사역은 일반 이스라엘의 사사들과는 달랐습니다. 이스라엘의 사사들은 대체적으로 한 곳에 머물러서 백성들을 다스렸습니다. 그러나 사무엘은 백성들을 찾아다니면서 다스렸습니다.
오늘날 바른 목회의 거울을 보는 듯합니다. 요즘말로 하면 탁상 행정이 아니라 실무 행정을 했다는 말입니다. 그것은 섬김의 도를 실천하셨던 예수님의 사역과도 같은 의미를 지닌 것입니다.

한국교회의 아픔 가운데 하나가 성도들의 직분이 중직이 되어 갈 때마다 달라지는 데 있습니다. 서리 집사 때에는 손의 신앙이 생활화 되었었는데, 안수를 받고 나면 입의 신앙으로 생활이 바뀌어 갑니다.

또 다른 하나는 교회 생활에 있어서 초신자 때에는 '주인 의식' 으로 교회 생활을 하더니 직분을 받고 나자 '주인 행세' 를 하는 생활로 바뀌었습니다. 목사도, 장로도, 집사도 그 누구도 예외가 없습니다.

제가 처음 시골교회를 담임했을 때는 심방을 가는 곳이 논이었고 밭이었습니다. 시골출신이라 논도 잘 메고 밭도 잘 메는 농사일에는 전문가였기에 일하는 현장에서 함께 걷어붙이고 나섰습니다. 그렇게 도우면서 심방하고 전도하면서 교회가 급속도로 부흥하였던 것을 경험했습니다.

태권도를 배우고 유단자가 될 마지막 시험에서 사범이 제게 가르치신 말씀을 저는 아직도 잊지 못하고 있습니다.
"홍띠에서 검은 띠를 매는 진정한 의미는 시작임을 명심해라. 보다 더 높은 인격과 실력과 삶을 향한 노력이 지금부터 시작되는 것이다."
이 말이 운동에만 해당되는 말이겠습니까? 아닙니다. 개개인의 신앙과 삶에 적용되는 메시지입니다.

우리 교회가 성전을 리모델링한 것도 벌써 몇 년의 세월이 흘러가고 있습니다. 공사를 끝내고 이렇게 좋은 곳에서 예배를 드리고 있습니다. 돌아보니 이 교회의 세월이 60여년의 시간을 지나왔습니다. '여기까지' 도우신 하나님의 은혜가 새삼스럽습니다.
우리 교회가 오늘 어디에 이르렀든지 교만해서는 안 됩니다. 새로운 시작임을 깨닫고 겸손하게 정진해야 합니다. 하나님이 도우신 지난 세월을 돌아보면서 우리는 더욱 하나님 앞으로 한 걸음 나아가기를 원합니다. 하나님은 더욱 우리를 도우시리라 확신합니다.

물론 아무나 하나님이 도우시는 것이 아닙니다. ‘여기까지’의 감사 신앙과, ‘앞으로도’의 항상 신앙과, ‘바른 사명’의 행동 신앙으로 살아가는 사람을 도우실 것입니다.

이사야 41장 10절 말씀입니다.

“두려워하지 말라 내가 너와 함께 함이라 놀라지 말라 나는 네 하나님이 됨이라 내가 너를 굳세게 하리라 참으로 너를 도와주리라. 참으로 나의 의로운 오른손으로 너를 붙들리라.” 아멘.

17.
하나님의 섭리-가정

"그의 아들들이 자기 아버지의 행위를 따르지 아니하고
이익을 따라 뇌물을 받고 판결을 굽게 하니라"
(삼상 8:3)

지구촌 수십억 여인 가운데 왜 나는 황보귀남이라는 여인과 결혼을 하게 되었을까? 둘째 아이는 딸이기를 바랐는데 왜 하나님은 나에게 아들을 주셨을까? 나는 왜 목사나 장로 가정에서 태어나지 못하고 우상을 섬기는 가정에서 태어났을까? 그러고도 어떻게 이렇게 목사가 되었을까? 왜 그렇게 신실한 집사님이 회사에서 고난당하고 가정이 어려움을 겪어야 할까? 그처럼 악했던 사람이 왜 저리도 잘되어 행복을 노래하면서 살까? 우리교회는 이렇게 행복하고 평안한데 어떤 교회는 왜 날마다 저리도 다투고 행복하지 못할까? 이렇게 시작하면 질문이 끝도 없이 이어집니다.

당장 오늘 본문에서도 생기는 질문이 한 가지 있습니다. '그토록 신실하고 평생을 하나님의 뜻대로 살았던 사무엘의 아들들은 어째서 저리도 타락한 아들들이 되었을까? 라는 것입니다.

이와 같은 질문들에 대한 근본적인 대답을 본문 8장이 해 주고 있습니다. 그것이 바로 오늘 말씀의 주제인 '섭리(攝理, Providence)' 라는 것입니다.

그 내용의 첫 번째로 이 장에서는 '가정에 대한 섭리' 를 살펴보겠습니다.

섭리에 대한 이해

기독교의 신앙은 '섭리신앙' 이라고 말할 수 있습니다. 사전적인 의미에서의 '섭리(Providence)' 란 일반학에서는 '자연계를 지배하고 있는 원리' 로 해석하고 있습니다. 그런데 우리 기독교에서는 'the Providence of God', 즉 '세상의 모든 것을 다스리시는 하나님의 의지 또는 은혜' 로 해석합니다.

섭리신앙이란, 창조(creation), 보존(preservation), 통치(government)라는 세 가지의 요소를 포함 합니다. 즉 하나님이 우주를 창조하시고, 지금도 보존하시며, 또한 인류 역사를 통치하시는 것을 믿는 것, 이것이 섭리신앙이라는 말입니다.

칼빈(Calvin)은 그의 명저(名著) [기독교 강요]에서 두 가지 섭리론을 전개했는데, 그 하나는 일반 섭리이고 또 다른 하나는 특별섭리입니다.

그가 말하는 '일반 섭리' 란, 인간의 일상사를 포함하여 자연계 전반과 관련된 것으로써, 사계절의 순환, 인간의 생로병사와 같은 것을 말합니다. 그리고 '특별 섭리'는, 택한 성도의 구원과 관련된 내용으로써, 어떻게 보면 운명론 같기도 하고 어떻게 보면 스토아 철학의 숙명론 같기도 하지만, 그것과는 근본을 달리하는 '하나님의 섭리'를 말합니다.

중요한 것은, 하나님의 섭리는 역사 속에서 일어나는 모든 일들을 구체적, 행위적으로 간섭하시고 통치하시며 심판하신다는 것입니다. 좀 더 쉽게 말씀 드리면 이런 것입니다.

구정이 되면 우리교회 직원들은 세배를 합니다. 그때 교회직원 아이들도 모두 함께 세배를 하는데, 해마다 이 때 나가는 세뱃돈이 약 300만 원가량입니다. 어린이는 만 원, 중학생은 2만 원, 고등학생은 3만 원, 청년들과 직원들은 5만 원, 사모는 10만 원, 그리고 원로 은퇴 장로님들께도 10만 원을 드립니다. 그런데 우리 딸(며느리)들에게는 50만 원을 줍니다. 이 때 교회 직원들에게 주는 세배 돈은 일반섭리의 측면이고, 며느리들에게 주는 세배 돈은 특별섭리의 측면입니다. 왜 그렇게 주느냐고요? 내 자식이기 때문입니다. 직원들이 왜 우리는 50만원을 안 주느냐고 항의를 하는 일이 아직은 한 번도 없었습니다. 당연하게 받아들였습니다.

하나님의 섭리를 이와 같이 이해하는 사람은 그 섭리에 순복합니다. 그리고 그런 사람이 하나님의 복을 받습니다.

지구촌에는 약 66억의 인구가 살고 있습니다. 그 가운데 우리가 하나님의 택함을 입은 자녀가 되었다는 것은 특별섭리입니다. 선택함을 입은 하나님의 특별섭리 앞에 우리가 해야 할 것은 오직 감사하는 것입니다.

그렇게 우리를 택해 놓으시고 복주시기를 원하시는 하나님 앞에서 우리는 복 받을 삶을 살아야 합니다. 선악의 행위에 관하여 인간은 그 책임과 심판 또한 있다는 것을 깨닫고 자기에게 주어진 삶에 최선을 다해야 합니다. 그것이 섭리 신앙입니다.

몇 가지 더 이야기를 해 볼까요?

다윗이 골리앗을 이긴 것, 밧세바를 만난 것, 압살롬에게 반역 당한 것, 성전 건축을 하지 못하고 준비만 한 것, 이 모두가 하나님의 섭리입니다.

사르밧 여인이 엘리야를 만난 것, 수넴 여인이 엘리사를 만난 것, 루디아가 바울을 만난 것, 나아만이 엘리사를 만난 것, 가룟 유다가 예수님을 은 30에 판 것, 베드로가 닭 울기 전에 주님을 세 번 부인한 것, 12제자들이 하나 같이 믿음으로 사역하다가 순교한 것, 이 모두가 하나님의 섭리입니다.

그리고 오늘 우리가 예수를 믿어 하나님의 자녀가 된 것, 이렇게 행복하고 평안한 포항중앙교회(각자의 교회) 성도가 된 것, 서임중 목사가 지금 여기서 목회를 하는 것, 서임중 목사를 담임목사로 만난 포항중앙교회 교인된 것, 지금 이 시간 누군가 복 있는 사람이 이 책을 읽는 것, 이 또한 모두가 하나님의 섭리입니다.

이 섭리에 대한 우리의 자세가 어떠해야 할까요? 순복하는 것입니다. 결코 불평하거나 원망하거나 거역할 수 있는 것이 아닙니다. 이 것을 깨닫는 것이 바로 섭리 신앙입니다. 이 신앙을 지닌 성도는 일생을 살면서 때로는 고난 가운데 들지라도 그것을 얼마든지 극복하고 승리하는 믿음의 삶을 살아갈 수 있습니다.

사무엘 가정의 섭리의 교훈

사무엘상의 1부는 1~10장, 2부는 11:1~19:17, 3부는 19:18~31:13로 모두 3부로 구성되어 있습니다.

1부에서는 사무엘의 등장에 관한 내용의 전반부와 그의 이스라엘의 사역에 관한 중반부, 그리고 이스라엘의 왕정시대를 다루는 후반부로 나눠집니다.

그 왕정시대가 열리게 되는 배경의 첫 시작 부분이 오늘 본문 1-3절의 내용입니다. 이 부분을 광의적으로는 이스라엘 국가의 왕정제도의 시작으로 봅니다. 그러나 협의적으로는 한 가정에 대한 하나님의 섭리로도 정의할 수 있습니다. 이것을 염두에 두고 본문 속으로 들어가겠습니다.

사무엘은 노년이 되어 아들들을 사사로 삼았습니다. 그런데 이 두 아들들은 아버지와는 달리 의롭지도 진실하지도 못했습니다.

성경을 살펴보면 엘리 제사장의 두 아들은 엘리가 교육을 잘 못한 탓으로 타락하고 멸망했습니다. 그러나 사무엘은 하나님 앞에서나 자식들 앞에서 도대체 잘못한 것을 찾아 볼 수가 없습니다. 그럼에도 불구하고 왜 사무엘의 두 아들은 아버지 같은 좋은 지도자가 되지 못하고 부정하고, 불의하며, 믿음 없는 삶을 살았는가 하는 의문이 생깁니다. 그러므로 우리는 여기서 한 가정을 향한 하나님의 섭리를 몇 가지 살펴보지 않을 수 없습니다.

1. 하나님의 소명과 사명은 개인에게 주어지는 거룩한 은혜입니다.

1절을 보겠습니다.

"사무엘이 늙으매 그의 아들들을 이스라엘 사사로 삼으니"

세월이 흘러 사무엘도 나이가 들고 늙어 갔습니다. 더 이상은 사사로서의 직무수행이 어렵게 되는 나이가 되었습니다.

사무엘의 나이에 관해서는 본문이 밝히지 않아 정확히는 알 수가 없으나, 사무엘의 출생을 B.C. 1103년으로 보면 사울이 왕으로 등극하기 전이므로 B.C. 1050년 전으로 추정하여 계산하면 그의 나이는 53세가 됩니다. 이것은 탈무드에서도 그의 나이를 52세로 기록하고 있어 그 신빙성을 더 해 주고 있습니다.

어쨌거나, 사사로서의 직무수행이 어렵게 된 사무엘은 두 아들을 사사로 삼게 되었습니다. 애석한 것은 그 두 아들이 아버지의 모습을 본받아 잘해주었으면 좋았으련만 그렇지 못함으로 인해 문제가 발생했다는 것입니다.

전통적으로 사사는 세습될 수 있는 제사장 직임과는 달리 하나님이 직접 세우시는 직임입니다. 그런데 사무엘은 자신의 뒤를 이어 아들들을 그 직임에 세습을 시켰습니다. 이것은 온당치 못한 처사입니다.

여기서 우리가 분명히 알고 가야 할 것은, 교회의 거룩한 직임의 소명과 사명은 세습이 아닌 하나님께서 각 개인에게 주시는 지극히 개별적인 임무라는 것입니다. 왜냐하면 하나님은 사람을 만드시되 독립적인 인격을 갖춘 개별적인 존재로 만드셨기 때문입니다. 그러므로 구원도, 사명도 모두가 하나님 앞에서는 언제나 엄격한 각자의 몫이 있습니다.

전도를 하다보면 종종 듣는 말이 있는데 이런 것들입니다.

"나는 우리 마누라가 잘 믿으니 천당 갈 때 마누라 치맛자락 잡고 갈 거야."

"우리 아들이 그렇게 교회에 열심인데 설마 어미 지옥 보내고 자기 혼자 천당 갈까?"

과연 그럴까요? 어림 반 푼어치도 없는 말입니다. 하나님 앞에서 인간은 언제나 독립적인 존재입니다. 데살로니가후서 3장 2절입니다.

"믿음은 모든 사람의 것이 아니니라."

고린도전서 2장 5절입니다.

"너희 믿음이 사람의 지혜에 있지 아니하고 다만 하나님의 능력에 있게 하려 하였노라."

그렇습니다. 하나님을 믿는 신앙은 세상 모든 사람의 것이 아닙니다. 내가 하나님을 믿는 '이 믿음'은 내가 하고자 해서 된 것이 아니라 하나님의 은혜, 곧 하나님의 선물입니다.

그러므로 오늘 우리가 하나님의 부르심을 받은 것을 감사해야 하고, 또한 일거리를 주셔서 거룩하게 그 사명을 잘 감당할 수 있음에 감사해야 합니다. 그것이 하나님의 섭리를 바로 아는 것입니다.

2. 가정의 최고 축복은 신앙의 계승입니다.

2절을 보겠습니다.

"장자의 이름은 요엘이요 차자의 이름은 아비야라 그들이 브엘세바에서 사사가 되니라."

이 말씀에서 두 가지를 먼저 보겠습니다.

하나는 이 두 아들은 참 좋은 가정에서 성장하면서 좋은 이름을 받았다는 것입니다. 사무엘의 맏아들은 '요엘' 입니다. 요엘이라는 이름은 '여호와'의 축약형인 '요'와 '하나님'의 축양형인 '엘'의 합성어로써 '여호와는 하나님이시다' 라는 너무나도 놀랍고 축복된 이름입니다. 둘째 아들은 '아비야' 인데, 아비야라는 이름은 '아버지' 라는 뜻의 '아브'와 '여호와'의 축약형인 '야'의 합성어로써 '여호와는 나의 아버지시다' 라는 뜻입니다. 얼마나 좋은 이름인지 부럽기까지 합니다.

두 번째는 좋은 부모를 통해 좋은 직분도 받았다는 것입니다. 이들은 너무도 훌륭한 아버지 사무엘의 가르침 아래서 자랐고, 마침내 사사라는 당시 최고의 지위에까지 올랐습니다. 그런데 그들은 신앙적인 이름을 지어주며 그렇게 살기를 바람 했던 아버지의 뜻과는 달리 이름값을 하지 못했습니다. 그 거룩하고 축복된 사사의 직무마저도 더럽히고 말았습니다. 자신들에게 주어진 두 가지의 축복을 재앙으로 바꾸어 버리는 실책을 범하고 말았습니다.

여기서 깨닫는 것은 한 가정 안에서의 신앙 계승이 얼마나 어려우며 또 동시에 얼마나 복되고 아름다운 것인가 하는 것입니다. 가계의 신앙 계승이 어렵다는 것은, 3대 신앙계승의 복을 누리는 가정이 그리 많지 않다는 말입니다.

그러니, 아브라함과 이삭과 야곱이라는 신앙족보가 축복의 대명사로 이야기되는 것을 통해 우리는 3대를 넘어 천대에 이르는 하나님의 약속을 이어받은 가정이 얼마나 복 받은 가정인가를 새삼 생각해 보지 않을 수가 없게 됩니다.

성경의 축복 받은 수많은 이름들의 대표는 아브라함입니다. 우리의 믿음의 계보가 바로 아브라함입니다. 그러나 믿음을 저버린 사람들은 이 축복의 계보에 들지 못하고 저주의 계보를 따라 갔습니다. 우리가 왜 저주의 반열에 섭니까. 여러분은 한 사람도 빠짐없이 끝까지 하나님의 복을 받는 반열에 서시기를 주님의 이름으로 축복합니다. 아멘!

안타까운 일이지만 아무리 훌륭한 사무엘도 그가 받은 은혜를 다음 세대로 이어내지 못한 아픔이 있습니다. 이 아픔이 우리들의 가정에는 없기를 주님의 이름으로 축복합니다.

저는 종종 우리교회 젊은 집사님들에게 소망의 메시지를 줍니다. "세상의 그 어떤 것보다 하나님이 주시는 직분에 거룩한 욕심을 가지라." 직설하면 '좋은 장로가 되고 좋은 권사가 되어 천대까지 복을 받는 가문의 주인공이 되라.' 는 말입니다. 훌륭한 신앙이 계승되어 가는 가정이라면 그것은 하나님의 은혜라는 말씀입니다. 내가 잘 해서가 아니라는 것을 깨달아 더욱 겸손하게 각자가 하나님 앞에 바로 서라는 권면의 말씀입니다.

물론 이름만 들어도 얼굴이 일그러지는 장로도 있고 목사도 있습니다. 가문의 불행이요 역사의 수치인 사람들입니다. 바로 엘리 제사장의 아들들 홉니와 비느하스 같은 사람들이 그렇고, 사무엘의 아들들 요엘과 아비야 같은 사람들이 그렇습니다.

우리 가정에는 한 사람도 이런 이들이 나지 않기를, 우리 모두는 사무엘과 같은 아름다운 하나님의 사람들이 되기를 바랍니다.

3. 신앙은 외적인 조건과 환경에 비례하지 않습니다.

3절 말씀입니다.

"그의 아들들이 자기 아버지의 행위를 따르지 아니하고 이익을 따라 뇌물을 받고 판결을 굽게 하니라."

3절에서 '왜 사무엘의 두 아들은 아버지처럼 훌륭한 신앙생활을 하지 못했을까?' 하는 질문을 하게 됩니다. 우리는 이 상황을 전혀 이해하지 못해서 의문이 생깁니다. 그래서 하나님께 질문을 합니다. 그런데 아니러니 한 것은 하나님의 대답은 한결 같다는 것입니다.

전도서 3장 11절입니다.

"하나님이 모든 것을 지으시되 때를 따라 아름답게 하셨고 또 사람들에게는 영원을 사모하는 마음을 주셨느니라. 그러나 하나님이 하시는 일의 시종을 사람으로 측량할 수 없게 하셨도다."

왜 악인이 복을 받고 의인이 괴롬을 당할까? 왜 누구에게는 구원을 주시고 누구에게는 유기시키시는 것인가? 왜 부모님은 신실한데 자식들은 불량자일까? 왜 부모님은 악하고 패역한데 자식들은 주의 종이 되게 하실까?

이에 대해 하나님의 대답은 언제나 동일하셨습니다.

"하나님의 하시는 일의 시종을 사람으로 측량할 수 없게 하셨도다."

이것이 섭리입니다. 이 섭리에 대해 인간은 '왜?' 라고 하나님께 질문을 하며 불신할 것이 아니라 '아멘' 하고 순복하는 것이 축복입니다. 그러면 사무엘의 가정을 이해할 수 있습니다.

그래서 믿음 있는 사람은 항상 자기에게 주어진 상황에서 최선을 다하고 나머지는 하나님께 맡깁니다. 믿음 있는 사람은 그래서 하나님 앞에서 '내가, 내가' 를 하지 않습니다. '오직 주님의 뜻' 이라고 고백합니다.

아버지가 불의하고 부패했다면 그것을 보고 자랐기에 그러려니 하겠지만 사무엘의 일생은 오직 하나님뿐이었습니다. 공의와 정직이 그의 삶이었습니다. 그런 환경에서 자란 요엘과 아비야의 행위는 너무나도 부끄럽습니다.

무엇을 우리에게 교훈하고 있는 것이겠습니까? 신앙이란 외적인 조건이나 환경에 비례하는 것이 아니라는 것입니다.

물론 우리 일상의 보편적인 교훈은 '콩 심은데 콩 나고 팥 심은데 팥 난다' 는 것입니다. 종과득과(種瓜得瓜), 종두득두(種豆得豆)입니다. 의로 교육하면 의인이 되고, 악으로 교육하면 악인이 됩니다. 그러나 반드시 다 그런 것은 아닌 경우도 있습니다.

뉴욕시 교육위원회가 통계적인 교육 자료를 내기 위해 어떤 두 사람을 선택하고 그들의 5대에 걸친 가계조사를 했습니다. 한 사람은 미국 프린스톤 대학의 설립자요 보수 신학자인 에드워즈 요나단 목사였고, 또 한 사람은 뉴욕에서 살롱 술집을 경영하여 거부가 된 비신앙인 마크스 슐츠라는 사람이었습니다.

요나단 에드워즈 목사의 후손은 모두 896명인데 그 중에 선교사, 목사가 116명, 교수, 교사, 학장, 총장이 86명이었습니다. 그 중에는 총장이 3명, 학장이 66명으로 그 총장 중에는 찬송가 246장 '내 주의 나라와' 를 쓴 예일대학의 총장 티모티 드와이트 박사도 끼어 있습니다. 이 밖에 문학가, 문필가가 75명, 상하의원이 4명, 부통령이 1명, 실업가 73명, 발명가 21명, 장로, 집사가 286명이었습니다.

또 한 사람, 마크스 슐츠의 5대 후손들은 모두 1,062명이었는데, 평균 교도소 생활을 5년가량 한 사람이 96명, 정신병자, 알코올 중독자 58명, 창녀 65명, 정부보조 극빈자 286명, 불학무식자 460명이었고, 사고로 연방정부 돈을 낭비한 금액 1억5천만 불이라는 통계가 나왔습니다. 참으로 놀라운 통계 결과가 아닐 수 없습니다.

이 통계의 결과는 외부적인 조건과 환경이 일상 신앙생활과 비례한다는 증거가 되는 좋은 자료입니다.

그러나 중요한 것은 모든 것이 다 꼭 그런 것만은 아니라는 것입니다. 그렇지 않은 일들이 세상에는 얼마든지 있기 마련이고, 또 그것이 거역할 수도 없고, 바꿀 수도 없는 하나님의 섭리라는 것입니다. 참으로 이해하기 어려운 일이지만, 그것을 겸손하게 수용하는 것이 믿음이라는 것입니다.

보십시오. 3년 동안이나 예수님 따라 다니면서 예수님의 사역을 지켜보았던 가룟 유다가 예수님을 배반하고 팔아버립니다. 그럴 수 있습니까? 그런데 바로 여기에 하나님의 섭리가 있다는 것입니다.

너무도 가난하고 어려운 가정환경에, 설상가상으로 365일 '태을주' 경을 외우면서 우상을 섬기는 부모님이 계신 환경에서 자란 아들이 목사가 되었습니다. 그는 자신의 부모님을 주님께로 인도하고 어제도, 오늘도 변함없이 주님의 종으로 사역하고 있습니다. 바로 제가 그 사람입니다. 이것이 하나님의 섭리라는 것입니다.

신앙이란 외적인 조건과 환경에 비례하는 것이 아닙니다. 그것을 깨닫고 하나님 앞에서 주어진 사명에 최선을 다 하는 것이 바른 신앙생활입니다.

그러므로 일평생 주님을 위해 헌신하신 장로님 집사님들 가정의 자녀가 혹 아직도 불신앙적으로 생활한다고 해서 좌절하거나 위축되지 마십시오. 오히려 더욱 하나님 앞에 기도하고 성실하게 자기 신앙을 다듬어 가십시오.

또한 오늘 부모님 신앙이 좋다고 자랑하며 뻐기는 자식이 되어서도 안 됩니다. 뿐만 아니라 자식이 오늘 믿음생활을 잘 한다고 교만하지도 마십시오. 오히려 천대까지 하나님의 복을 받는 후손이 되기를 간절히 기도해야 할 것입니다.

참된 신앙인은 오늘 내게 주어진 상황에 최선을 다하는 사람입니다. 거기서 하나님의 은혜와 축복이 그 가정에 주어지고, 그것이 대대로 이어지는 것이 보편적인 축복원리입니다. 우리의 삶이 하나님의 섭리 안에 있습니다. 그것을 겸손히 수용하고 그 뜻대로 살아 영원토록 복 받는 믿음의 자녀들로 살아가시기를 주님의 이름으로 축복합니다.

신앙이란 외적인 조건과 환경에 비례하는 것이 아닙니다. 아멘!

하나님의 섭리-사역자(使役者)

"우리에게 왕을 주어 우리를 다스리게 하라 했을 때에
사무엘이 그것을 기뻐하지 아니하여
여호와께 기도하매"(삼상 8:6)

상담을 요청해 오신 분이 있었습니다. 내용은, 지금 자신이 교회에서 하는 일을 더 이상은 수행할 수 없기 때문에 조용하게 사임하고 평신도로서 주님을 섬기겠다는 것이었습니다. 그 까닭은, 함께 봉사를 하는 사람에 의해 너무도 가슴 아픈 일들이 일어나고 있는데, 그렇다고 그것을 미주알고주알 모두 목사에게 이야기할 수는 없는 일이라고 했습니다. 게다가 그런 그들을 아무리 자신이 이해를 하려고 해도 이해가 되지 않아서 그만 조용히 자신이 그 일을 벗고 싶다는 것입니다. 간단하게 요약을 하자면 "왜, 무엇 때문에 교회에서 일해야 하느냐?"는 것입니다.

한 시간이 넘도록 긴 시간을 사역(使役)에 관한 이야기를 나누었습니다. 나눔 끝에 집사님은 부끄럽다는 고백과 함께 앞으로는 더욱 열심히 일하겠다는 말을 남기고 일어섰습니다.

누구 때문에 교회 일을 하지 못하겠다는 사람도, 그렇게 남에게 좌절하게 하고 실망하게 하면서 교회 일을 하는 사람도 먼저 갖추어야 할 것이 있습니다. 그것은 우리 모두는 '하나님의 일을 하는 사람들'이라는 자세입니다. 이것에 대한 올바른 이해가 없으면 사사건건 하는 모든 일이 주님께 아픔이 되고 자신에게도 은혜가 되지 않습니다.

사역(使役), 그리고 사역자(使役者)

국어사전을 살펴보면 '사역(使役, employment)'이란, '남에게 어떤 동작을 시키는 것을 나타내는 어법(語法)'으로써, 먹게 하다, 읽게 하다, 일하게 하다 등의 '사람을 부리어 일을 시키는 것, 또는 시킴을 받아 어떤 일을 하는 것을 의미합니다.

구약에서의 사역(使役)도 히브리어로 'מַס'(마스-mas)'를 씁니다. 이 경우에도 Forced labor, 즉 '부리어 일을 시킴, 또는 시킴을 당하여서 하는 일'을 뜻함으로 강제적인 의미가 내재되어 있습니다.

'사역자(使役者)'라 할 때 구약에서는 'שָׁרַת(샤라트-sharath)', 신약에서는 'διάχονος(디아코노스-diakonos)' 또는 'λειτουργός(레이투르고스-leitourgos)'가 사용되는데, 이 경우는 servant에 해당되는 '쓰이는 자'를 뜻합니다.

물론 성경에서 사용된 사역자란 하나님이 택하여 일을 맡겨 그 일을 감당하는 사람을 말하며 특별히 복음 사역에 쓰임을 받는 자를 뜻합니다. 그래서 보편적으로 사역자라 할 때는 함축된 의미로 '하나님의 사자(使者)'를 일컫는데, 이는 선지자에 대한 호칭으로써 구약에서 사용되고 있는 술어입니다. 이 호칭으로 일컬어진 사람은 모세, 사무엘 다윗, 엘리야, 엘리사가 있고, 디모데전서 6장 11절과 디모데후서 3장 17절에서 ' 하나님의 종 '으로서 소명을 받고 주님의 일에 종사하는 자를 가리키는 용어로 사용 되었습니다. 다른 용어로는 '주의 종' 으로도 호칭되는데 그것은 구약과 신약 모두에서 동일합니다.

이 '사역자'에 대하여 여기서는 '목회자'로 한정시키고 오늘의 말씀을 풀어가도록 하겠습니다.

본문 이해

지금 우리가 보는 본문의 장면은, 어쩌면 우리나라 국정에서 일어났던 실상과 너무도 흡사한 것 같다는 생각이 듭니다. 그 예로, 지난 정부 때에 역대 국방 장관을 지낸 원로들이 당시 현직에 있던 윤광웅 국방장관을 찾아가 국가 방위에 관한 조언을 하게 되는데 속된 말로 씨알이 먹혀들지 않더라는 것입니다.

언론은 국가를 보는 쌍방 간의 시각이 현저히 다르다는 것을 연일 보도했고, 그 보도를 보고 듣는 국민들은 국가의 정체성과 국민의 장래를 걱정하기에까지 이르렀습니다.

대통령이 교육부총리를 임명하게 되었을 때에도, 여야 정당뿐 아니라 교육계 시민단체들까지 나서서 김병준 씨는 불가하다는 반대로 온 나라가 벌집을 쑤셔놓은 듯하는 가운데, 여당지도부와 청와대의 갈등양상이 심화되는 것을 보면서 나라의 장래를 걱정하지 않은 국민이 없었습니다.

사무엘이 나이가 많아 국가 경영이 벅차게 되었고, 그래서 두 아들에게 국정을 맡겼더니 경영을 엉터리 같이 하는 것입니다. 일이 이쯤 되자 장로들이 더 이상 묵과할 수가 없어 사무엘을 찾아갑니다. 그리고 사무엘에게 청원을 합니다.

요약하면 두 가지인데, 하나는 사무엘의 두 아들이 사무엘처럼 신실하지 못하고 통치 능력이 없다는 것입니다. 다른 하나는 그러므로 백성을 바르게 통치할 수 있는 왕을 세워 다스리게 해 달라는 요구가 그것이었습니다.

건의를 듣는 사무엘은 당연히 그것은 하나님의 뜻에 반하는 일이므로 기뻐하지 않았습니다. 그래서 하나님께 구하였습니다. 그런데 하나님은 난데없이 장로들의 뜻대로 해 주라고 하셨습니다. 이렇게 됨으로써 이스라엘의 신정정치는 역사의 막을 내리고 새로운 왕정정치의 장이 열리게 되는 것이 오늘 본문입니다.

이 사건을 통해서 우리가 살펴볼 수 있는 것은 '하나님의 사역자를 통해 나타난 하나님의 섭리' 라는 것입니다.

사역자에 대한 하나님의 섭리

1. 사역자 선택의 섭리

사역자를 선택하는 궁극적인 선택권은 오직 하나님만이 가지고 계십니다. 우리가 알아야 할 것이 이것입니다. 결론부터 말씀드리면, 이 땅의 모든 사역자는 하나님이 세우셨다는 것입니다. 아멘. 사역자 그가 어떤 사람이든 그가 하고자 해서 된 것이 아닙니다. 이것을 바로 알 때 사역자 자신도, 사역자에 대한 모든 사람들의 관점도 달라지는 것입니다. 그 증거들을 말씀으로 밝혀드립니다.

열왕기상 8장 16절입니다.

"내가 내 백성 이스라엘을 애굽에서 인도하여 낸 날부터 내 이름을 둘 만한 집을 건축하기 위하여 이스라엘 모든 지파 가운데에서 아무 성읍도 택하지 아니하고 다만 다윗을 택하여 내 백성 이스라엘을 다스리게 하였노라 하신지라."

누가복음 6장 13절입니다.

"밝으매 그 제자들을 부르사 그 중에서 열둘을 택하여 사도라 칭하셨으니"

요한복음 15장 16절입니다.

"너희가 나를 택한 것이 아니요 내가 너희를 택하여 세웠나니 이는 너희로 가서 열매를 맺게 하고 또 너희 열매가 항상 있게 하여 내 이름으로 아버지께 무엇을 구하든지 다 받게 하려 함이라."

이 택함에는 일반적인 기준이 적용되지 않습니다. 전적인 하나님의 뜻만이 있을 뿐, 문벌이나 학력, 능력의 유무, 외모의 빼어남 이런 것들이 전혀 쓸 데가 없습니다. 사무엘상 16장에는 하나님은 외모를 보시는 것이 아니라 중심을 보신다는 선택의 기준이 명시되어 있습니다. 그 중심이라는 것은 모세가 천부장 백부장 십부장을 세울 때 어떻게 했나를 보면 그 내면이 어떠해야 하는가를 알 수 있습니다. 출애굽기 18장 21절입니다.

"너는 또 온 백성 가운데서 능력 있는 사람들 곧 하나님을 두려워하

며 진실하며 불의한 이익을 미워하는 자를 살펴서 백성 위에 세워 천부
장과 백부장과 오십부장과 십부장을 삼아"

첫째는 하나님을 두려워하는 자입니다. 둘째는 진실한 자입니다.
셋째는 불의한 이익을 미워하는 자입니다.

고린도전서 3장에서도 고린도교회가 시끄러울 때 주님은 바울을
통하여 사역자의 선택 기준에 관해서 명쾌하게 정의를 내려주셨습니
다. 고린도전서 3장 5절입니다.

"그런즉 아볼로는 무엇이며 바울은 무엇이냐 그들은 주께서 각각 주
신 대로 너희로 하여금 믿게 한 사역자들이니라."

이 땅 위의 하나님의 복음사역자들은 하나님이 택하신 하나님의
사람들입니다.

2. 사역자의 사역 섭리

사역자의 사역에 관해서는 두 가지 관점으로 이해를 해야 합니다.
첫째는 사역자 자신이 사역에 관한 하나님의 섭리를 바로 깨달아 일
해야 하는 것으로써, 이 기준은 디모데후서 2장에 잘 기록되어 있습
니다.

첫째는 그리스도 예수의 좋은 군사의 자세입니다. 둘째는 경기장
의 법대로 경기하는 자의 자세이며, 셋째는 성실하게 수고하는 농부
의 자세입니다. 이와 같은 자세로 사역을 하되 15절의 권고의 말씀을
두고 행해야 합니다.

"너는 진리의 말씀을 옳게 분별하며 부끄러울 것이 없는 일꾼으로 인
정된 자로 자신을 하나님 앞에 드리기를 힘쓰라."

그리고 베드로전서 4장 11절에서 다시 이렇게 권고합니다.

"만일 누가 말하려면 하나님의 말씀을 하는 것 같이 하고 누가 봉사하려면 하나님이 공급하시는 힘으로 하는 것 같이 하라."

이런 기본자세를 갖추지 못한 자들은 삯군이며 강도요, 이리라고 성경은 비유로 경계를 했습니다.

둘째는 사역자를 대하는 성도들이 사역자를 통해 일하시는 하나님의 섭리를 깨달아 바르게 생활해야 하는 것입니다.

본문 5절을 보겠습니다.

"그에게 이르되 보소서 당신은 늙고 당신의 아들들은 당신의 행위를 따르지 아니하니 모든 나라와 같이 우리에게 왕을 세워 우리를 다스리게 하소서 한지라."

사무엘은 늙었고 정사를 맡은 두 아들은 실정(失政)을 하게 되자 장로들이 사무엘을 찾아와 건의한 말입니다. 그런데 지극히 옳은 말 같지만 이 말에는 장로들이 보지 못한 함정이 하나 있었습니다. 그게 무엇일까요?

생각해 보십시오. 지금까지 사무엘이 이스라엘을 통치한 것이 사무엘이 한 것입니까? 100% 아닙니다. 사무엘이라는 한 인간을 통해 하나님이 통치하셨습니다.

다시 생각해 보십시오. 사무엘이 늙고 힘이 없어 제대로 통치를 못한다고 해서 하나님의 통치 역사가 중단됩니까? 사무엘의 두 아들이 엉터리 같이 정치를 한다고 해서 이스라엘이 망하도록 내버려 두시는 하나님이십니까? 아닙니다. 한 나라나 한 교회의 통치를 사람이 하는 것 같지만 절대로 그렇지 않습니다. 통치하시는 분은 하나님이십니다. 성도는 그것을 보는 눈을 가져야 합니다.

오늘날도 이런 상황은 현대 교회 속에서 일어나고 있습니다. 한 교회를 목양하는 목사가 젊을 때는 교회가 부흥하면서 행복합니다. 목사의 설교도 힘차고 모든 것이 은혜롭습니다. 그런데 나이가 들어 정년이 가까워 오면 당연히 설교가 힘이 없습니다. 때로는 판단력도 여전과 같이 정확하지 않습니다. 젊은 목사들에 비교해 보니 모든 것이 모자라 보입니다.

이쯤 되면 교회 장로님들은 교회가 부흥되지 않는 것이 마치 모두 목사의 능력 부족에서 오는 것인 냥 몰아붙입니다. 그러다가 결국은 목사가 아직은 한창 일할 수 있는 상황임에도 이런 저런 이유를 들어 사임을 종용하고 나섭니다. 그래도 그것이 계획대로 순순히 되어지지 않으면 물리적인 상황을 동원하는 경우까지 만들고야 맙니다.

마치 제대로 직임을 이행하지 못하는 사무엘의 두 아들을 핑계로 하나님의 통치를 보지 못하고 왕정정치를 요구했던 당시의 장로들처럼 말입니다.

이런 때에 우리가 조심하고 경계해야 할 것은, 겉으로는 교회와 성도들을 위하는 것이라고 하나 내면으로는 하나님을 향한 믿음이 전혀 없는 사람들의 잘못된 시각이 있다는 것입니다. 이런 잘못 된 시각이 교회역사에 얼마나 치명적인 악영향을 미치는가를 알아야 합니다. 이런 사람들의 말은 하나 같이 믿음 없는 사람들의 '소리' 입니다.

성도들은 사역자를 대할 때 이것을 깨닫고 대할 수 있어야 교회 생활이 행복합니다. 하나님의 섭리는 보이는 것으로만 평가되는 것이 아닙니다.

하나님의 모든 일은 하나님이 하시는 것이며 사역자는 하나님의 거룩한 도구일 뿐임을 깨달으시기 바랍니다. 그것은 믿음의 눈으로 볼 때에만 보이는 것입니다.

3. 모순(矛盾)된 사역의 하나님의 섭리

하나님의 섭리는 인간적인 생각으로 예단해서는 안 됩니다. 어떨 때는 전혀 이치에 맞지 않는 일들이 전개되지만, 그렇다고 그것을 짧은 생각으로 섣불리 판단해서는 안 되는 것이 하나님의 섭리입니다.

6-7절의 말씀입니다.

"우리에게 왕을 주어 우리를 다스리게 하라 했을 때에 사무엘이 그것을 기뻐하지 아니하여 여호와께 기도하매, 여호와께서 사무엘에게 이르시되 백성이 네게 한 말을 다 들으라. 이는 그들이 너를 버림이 아니요 나를 버려 자기들의 왕이 되지 못하게 함이니라."

사무엘의 입장에서는 전혀 이해가 되지 않는 말씀입니다. 장로들이 왕을 요구할 때 하나님의 섭리를 알고 있는 사무엘의 입장에서는 백번이라도 거절해야할 상황입니다. 이들의 요구는 어불성설(語不成說)입니다. 그럼에도 불구하고 그것마저도 하나님의 뜻대로 하겠다고 하나님께 물었습니다. 그랬더니 하나님은 7절에서 장로들이 요구하는 대로 시행하라는 놀라운 말씀을 하신 것입니다.

분명히 사무엘의 이해로는 아닌데 하나님은 하라는 것입니다. 이래서는 안 되는 것이 100%인데 하나님은 그것을 시행하라고 하셨습니다. 한 마디로 모순(矛盾)의 역사입니다.

중요한 것은, 이와 같은 모순의 역사까지도 하나님의 섭리가운데 있다는 것을 우리가 깨닫는 것입니다. 그렇게 하면 우리 삶의 모든 문제는 해답을 얻게 됩니다. 모든 것은 하나님의 섭리라는 해답입니다.

목회를 하면서 이미 이것을 배웠기에 어쩌면 오늘의 제 목회가 여기까지 왔는지도 모릅니다. 종종 제 입장에서, 하나님의 종의 자리에서 볼 때는 분명히 아닙니다. 천만 번을 이해하려고 해도 아닙니다. 그럼에도 불구하고 그것을 넘어가면서 목회를 해야 했던 일이 한 두 번이 아니었습니다.

목회 초년에는 이 목회원리를 몰랐습니다. 내가 판단하는 것이 곧 하나님의 판단인줄 알았습니다. 그래서 서릿발 같은 심판적인 설교를 많이도 했습니다.

그러나 성경을 통전적으로 읽고 이해하기 시작하면서 눈이 떠졌습니다. 하나님의 섭리를 보는 눈이 드디어 더 넓게, 더 깊게 열리기 시작한 것입니다.

당연히 인간에게는 자기가 행한 일의 응답이 하나님으로부터 주어집니다. 선악간의 모든 일에 대해 하나님의 심판을 피할 자는 없습니다.

하나님의 교회에서 때로는 모순적인 일을 당하면서도 하나님의 교회를 생각하면서 엎드려 금식하고 기도하면 하나님이 넘어 뛰라고 하실 때가 종종 있었습니다. 분명히 잘못된 일인데 그것을 뛰어 넘으려고 하니까 목사로서 가슴이 터지고 온 몸에 열이 오르는 듯 했습니다. 그래도 넘어 뛰었습니다.

놀라운 것은 결과입니다. 뛰어 넘었더니 하나님의 교회는 그 자리에서 흔들림이 없는데 그 일의 당사자들은 무서운 심판을 받는 것이었습니다. 저는 그것을 보았습니다.

가룟 유다를 통해서 이미 역사는 교훈하였거니와 우리는 그것을 보지 못하고 내가 하나님의 자리에 있었을 때가 얼마나 많았는지 모릅니다. 귀 있는 자는 알아들으시기 바랍니다.

이 모순의 역사를 통해 섭리하시는 하나님을 알지 못할 때 우리는 우리 자신이 하나님의 자리에 설 때가 많습니다.

목사의 설교가 마음에 들지 않는다고, 이 교회는 내 적성에 맞지 않는다고, 장로들의 하는 행위를 보면 도저히 참을 수 없다고, 어떻게 교회 지도자가 그럴 수 있느냐고 하면서 하나님의 판단에 대해서는 단 한 번도 물어 보지도 않고, 생각해 보지도 않고, 내가 하나님의 자리에서 판단하고, 정죄하며 결정하는 일들이 얼마나 많은지 모릅니다.

이제 우리는 거기서 한 차원 올라서는 신앙을 가져야 합니다. 모순의 역사에서도 일하시는 하나님을 보는 눈을 가져야 합니다. 지혜와 믿음을 가져야 합니다.

말씀을 정리합니다.

오늘 교회를 인도해 가는 사역자들은 하나님이 택하신 하나님의 종들입니다. 그들을 통해서 하나님께서 일 하십니다. 그 사실을 믿는다면 사역자들 배후에 하나님이 계심을 깨닫고 존중하고 사랑하시기 바랍니다.

교회 생활을 하면서 때로는 이치에 맞지 않는 일들이 전개될지라도, 거기에도 하나님의 뜻이 있음을 알고 더욱 겸손하게 순복하는 자세를 가져야 합니다.

우리는 유다처럼 모순의 역사에 쓰임이 되는 주인공이 되지 않기

를 기도해야 합니다. 존귀하게 쓰임 받아 자손대대로 복을 받는 사람
들이 되어야 합니다.

　악도 선용하시는 하나님 앞에 생명을 내어드린 순종의 예수님을
통해 인류가 구원을 얻는 길이 열렸습니다.
　사역자를 통한 하나님의 섭리가 얼마나 중하고 아름다운지를 깊이
깨닫고 우리의 남은 삶이 더욱 주 안에서 복되기를 바랍니다. 아멘.

하나님의 섭리-국가

"여호와께서 사무엘에게 이르시되
그들의 말을 들어 왕을 세우라 하시니
사무엘이 이스라엘 사람들에게 이르되
너희는 각기 성읍으로 돌아가라 하니라"(삼상 8:22)

우리나라 대한민국에 참여정부시대가 도래했을 때 저는 개인적으로 큰 기대를 가지고 있었습니다. 노무현 대통령의 성장 과정이 어쩌면 제 개인의 성장 과정과 비슷한 것도 같았고, 소위 청문회 스타가 되었을 때는 무엇인지 모를 막힌 것이 확 뚫리는 느낌과 함께 그의 시원시원한 언변도 좋았습니다. 소위 있는 자들을 향하여 굽실거리지 않는 그의 당당한 모습도 좋았고, 약한 자들을 위해 소신 있게 행동하는 모습도 좋았습니다. 게다가 어떤 상황에서도 할 말은 하는 과감한 스타일도 나와 닮은꼴이어서 좋았고, 상황에 대한 명석한 판단과 과감한 결단도 좋았습니다. 그래서 그분을 보면서 어쩌면 나를 보는 듯한 느낌에 대리만족까지 느꼈습니다. 그분이 대통령에 당선된 후에

보내는 글에서는 '대한민국의 아브라함 링컨이 되기를 축복한다.' 고
도 했습니다.

그런데 그것은 나의 착각이었고, 역사를 통으로 보지 못한 편견이
었음을 시간이 갈수록 더욱 느끼게 된 것이 나만의 허전함과 아픔은
아닐 것이라는 생각에 마음이 슬펐습니다.

한 나라의 지도자가 잠깐의 잘못된 판단을 하면 국민이 얼마나 고
통 하는가를 우리는 성경에서도 역사에서도 배웠습니다. 그래서 더
욱 우리는 나라를 걱정합니다.

인간이란 누구나 자기 잣대로 모든 것을 미루어 짐작하기도 하지
만 지도자는 자기 잣대만으로 범사를 가늠해서는 안 됩니다. 그러므
로 지도자는 자기를 철저히 비워야 합니다. 그럴 때 아래 위를 보는
혜안이 열립니다. 그리고 거기서 더불어 조화를 이루는 지도력이 발
휘되는 것입니다.

국가와 교회

정부에는 국가의 훌륭한 경영을 위한 많은 부처들이 편성되어 있
습니다. 그리고 그 부처들 산하에는 또 더 많은 관계기관들이 각기 맡
겨진 공무를 감당하며 열심히 국가를 위해 일하고 있습니다. 이 모든
국가 기관들의 가장 최고 지도자의 자리는 대통령입니다. 수많은 사
람들이 정부를 위해 일하지만 정작 국가에 어떤 중대한 문제가 생기
면 그 책임은 오직 지도자가 집니다. 누가 잘못하였든지 간에 일의 잘
잘못을 떠나 1차적인 책임은 통치자에게 있기 때문입니다.

회사가 잘못되면 사장이 책임을 집니다. 교회가 잘못되면 담임목

사가 책임을 집니다. 이것이 일반적인 정설(定說)입니다. 누구에게도
그 책임을 전가할 수 없습니다. 왜냐하면 그것은 오직 가장 앞에선 지
도자만의 몫이기 때문입니다.

초대교회 시대에는 교회와 국가가 대립관계였습니다. 그러던 것
이 중세에 들어와서는 교회와 국가가 밀월관계가 되었고, 이 관계가
깊어지면서 급기야 교회가 국가를 조정하는 위치에까지 서게 되었습
니다. 그러면서 교회는 점점 타락해가기 시작했고 하나님은 부패한
교회를 심판하셔서 종교 개혁이 일어나게 되었습니다.

근대사에서는 교회와 국가가 정교분리(政敎分離)의 원칙에 따라
국가의 부패에 교회가 관여하지 않고, 교회의 원리에 국가가 관여하
지 않는 상황으로 바뀌게 되었습니다.

이러다보니 통일교, 여호와의 증인 같은 이단 종교가 자리를 잡게
되었고, 이와 같은 사이비 이단 종파들은 국가와의 관계를 묘하게 이
용하여 하나님 나라에 대한 보편적인 국민들의 정신을 혼란스럽게
했습니다.

그런가 하면, 정교분리 원칙 때문에 교회가 국가와 사회의 부패에
관여하지 않는다는 것은 하나님의 뜻이 아니라고 판단한 종교단체들
이 앞장서서 국가와 사회 참여활동을 하게 되는 일들이 일어나고 있
습니다. 이렇게 되자 국가와 교회는 또 다른 관계정립을 하지 않으면
안 되는 상황에까지 온 것이 오늘의 국가와 교회의 관계입니다.

국가와 교회의 관계를 한 마디로 설명하기는 어렵습니다. 그러나
마태복음 22장 21절의 '가이사의 것과 하나님의 것에 관한 예수님의

가르침'을 바르게 이해한다면 기독교가 민족주의(Nationalism)는 반대해도 애국심(Patriotism)은 중요시한다는 것을 알 수 있을 것입니다.

이 세상에 있는 동안에는 내가 속한 나라에 충성해야 합니다. 그러므로 국민은 국민으로서의 의무를 수행해야 합니다. 동시에 그리스도인은 하나님나라에도 충성하는 것이 그리스도인으로서의 바른 삶입니다.

이 장에서는 본문 말씀에 나타난 국가에 관한 하나님의 섭리를 살펴보면서 오늘 우리의 국가관을 바르게 정립할 수 있기를 바랍니다.

국가 섭리의 교훈

오늘 본문은 두 단락으로 구분 되어 있습니다. 한 단락은 10-18절로 백성들이 원하는 왕정제도에 대한 사무엘의 2가지 경고입니다. 그 경고의 하나가 이스라엘에 왕을 세우게 되면 백성들이 그의 노예가 될 수 있다는 것이고, 다른 하나는 그들이 요구하여 세운 왕의 폭정이 있을 때 백성들이 하나님께 부르짖을지라도 하나님은 듣지 않으실 것이라는 것입니다.

두 번째 단락은 19-22절인데, 이러한 사무엘의 경고에 불구하고도 백성들은 왕을 요구했고, 하나님은 사무엘에게 백성들의 요구를 들어주라고 말씀하시는 부분입니다.

이스라엘 백성들은 참으로 미련했습니다. 하나님께서 지금까지 그들을 대적해 오는 나라들을 물리쳐 주셨고, 고난과 역경 가운데서도 보호하시고 인도하셨건만, 지금까지의 이스라엘의 왕이신 하나님에 대하여 이미 마음이 떠난 것입니다.

하나님이 싫으니 사무엘인들 좋을 수가 있겠습니까? 아무리 간곡하게 백성들을 위하여 사무엘이 경고하고 일깨워 주어도 백성들에게는 그런 사무엘의 말은 또 다른 변명으로 밖에 들리지 않았습니다. 결국 하나님은 사무엘에게 백성들의 요구를 들어주라고 명령을 내리시면서 왕정시대가 시작됩니다.

객관적으로 볼 때는 하나님께서 백성들의 요구를 마지못해 들어주는 것처럼 보이지만, 신명기 17장 14-20절을 보면 왕정제도는 이미 하나님의 계획 가운데 있었다는 것을 알 수 있습니다.

여기서 우리는 오늘의 국가와 교회를 통전적으로 돌아볼 수 있는 시각이 열립니다. 결국 인류 역사의 모든 것은 하나님의 섭리 가운데서 진행되고 있다는 사실입니다. 그리고 또 하나는, 그러므로 인간은 그 하나님의 섭리를 깨닫고, 현실을 하나님의 선으로 순종하는 지혜로운 삶을 살아서 축복된 길을 가야 한다는 것, 이 두 가지가 그것입니다.

이런 국가에 대한 하나님의 섭리를 바르게 이해하고, 또한 이 국가의 한 국민으로서 어떻게 국가에 봉사하고 충성해야 하는가에 대한 기본자세를 본문에서 찾아가겠습니다.

1. 국가와 국민 간에는 신뢰(信賴)가 우선입니다.

왜 백성들은 사무엘의 간곡한 권면과 경고를 듣지 아니하고 끝까지 왕을 요구하였는가?

물론 이것은 하나님의 작정 가운데서 진행된 일입니다. 그러나 역사적으로 우선 되어지는 교훈은 상호 간의 신뢰가 없었기 때문이라는 것입니다. 물론 외관상의 이유는 사무엘의 아들들의 치정(癡政)을 더 이상 두고 볼 수만은 없다는 것이었지만, 실제에 있어서는 이스라엘 백성들이 이미 하나님과 당시 지도자들에 대해 더 이상 신뢰하지 않게 되었기 때문입니다.

상호관계에 있어서의 신뢰는 어느 한쪽만의 책임이 아닌 상호책임입니다. 신뢰가 무너지면 그 때부터 모든 것은 관계의 단절로 치닫게 되어있습니다.

지금 이스라엘이 어렵게 된 근본적인 이유는 국가지도자들에 대한 국민들의 불신이 팽배해 있기 때문입니다. 그런데도 국가 지도자들 또한 국민을 우습게보고 그들이 가진 권력이 국민을 통하여 하나님으로부터 나왔다는 것을 잊어버린 채 천상천하 유아독존 격의 정치를 하다가 몰락하게 된 것입니다.

백성들의 국가 지도자들에 대한 불신은 놀랍게도 하나님에게까지 연결되어 있습니다. 이미 불신관계로 접어든 백성들은 사무엘의 말을 대수롭지 않게 생각했습니다. 이것은 사무엘의 아들들의 치정(痴政)의 결국이 그토록 신실했던 사무엘뿐만 아니라 하나님에 대한 불신으로까지 이어진 것입니다.

믿음이 떠나면 그 때부터 모든 것은 정도(正道), 정사(正思), 정언(正言), 정행(正行)이 안 되게 되어 있습니다. 불행은 여기서부터 시작되는 것입니다. 아무리 모든 것을 다해 돌봐주었어도, 그토록 사랑했었어도, 그렇게도 품고 인도하였어도 이스라엘은 하나님을 불신하고 결국 믿음에서 멀어진 것입니다.

이스라엘 백성들이 사무엘의 말을 듣지 않고 왕을 요구한 것은 단순히 신정제도가 싫었기 때문만은 아니었습니다.

홍해를 갈라 주시고 마라의 쓴 물을 달게 해 주셨던 하나님을 그들이 모를 리가 없습니다. 만나를 내려 배부르게 하시고, 반석에서 물을 내어 주신 하나님, 구름기둥과 불기둥으로 인도하신 그 하나님의 역사를 모를 리가 없습니다.

사사기 2장을 보면 가나안 문화에 길들여지면서 하나님보다 세속 문화와 우상이 더 좋아 보이고 좋게 느껴지면서 이미 이스라엘은 영적으로 병들어가기 시작한 것을 알 수 있습니다.

이것은 오늘의 목회 현장에서도 똑 같이 일어나는 일입니다. 목사와 성도의 관계에서 신뢰가 무너지면 이미 목사는 목회가 끝이고, 성도는 은혜의 울타리에서 벗어납니다. 천사 같은 말도 다 해로운 것으로 들리고 변명으로 들리며 자신들을 훼방하는 말로 들릴 뿐입니다.

왜 그럴까요? 이미 공부했지만 앞의 7절 말씀이 그 대답입니다.

"이는 그들이 너를 버림이 아니요 나를 버려 자기들의 왕이 되지 못하게 함이니라."

사무엘의 말을 듣지 않은 것은 하나님의 말씀을 듣지 않은 것입니다. 사무엘을 싫어하는 것은 하나님을 싫어하는 것이라고 하나님께서 정의를 내리셨습니다. 이것은 신뢰의 상실입니다.

하나님과의 관계이서나 인간관계에 있어서 불신이 생긴다는 것은 참으로 큰 불행입니다. 신뢰가 되지 않으면 모든 것이 깨어질 수밖에 없기 때문입니다.

믿음이 있을 때에는 목사와 성도의 관계 모든 것이 다 아름답고 좋습니다. 그러나 그 신뢰가 무너지면 모든 것이 싫어지게 되어 있습니다. 거기서부터 영적 불행이 시작되는 것입니다.

여러분은 어떤 경우를 무론하고 목회자와의 관계가 믿음을 바탕으로 이루어지시기를 바랍니다. 이것은 우리 모두에게 주는 아주 중요한 영적 교훈입니다.

우리나라의 가장 큰 위기는 정부와 국민들 간의 불신입니다. 오늘 교회의 가장 큰 위기도 목회자에 대한 성도의 불신에서 옵니다. 이것이 회복되어야 국가도, 사회도, 교회도 하나님의 복을 받습니다.

2. 지도자도 국민들도 편견을 버려야 합니다(10-18).

10-18절의 내용은 사무엘의 간절한 권면과 가르침입니다. 그럼에도 이스라엘의 장로들은 사무엘의 말에 귀를 기울이지 않았습니다.

한마디로 말하면 "당신의 말은 다 안다"는 것입니다. "더 이상 당신의 말을 듣지 않겠다."는 것입니다. "그런데도 왜 그렇게 우리 요구를 들어주지 않고 장황하게 설명만 하느냐"는 것입니다. 그들은 이미 불신으로 인해 편견에 빠져버렸습니다.

편견(偏見)은 치우친 판단, 섣불리 내린 판단입니다. 다른 말로 표현하면 선입관(先入觀)입니다. 선입관은 진실왜곡으로 이어집니다.

교회 지도자들도 그렇지만 교인들도 영적 편견의 잠에서 깨어나야 합니다. 설교를 듣는 많은 사람들 가운데도 편견으로 인해 올바른 신앙생활을 하지 못하는 사람들이 있습니다.

"저 설교는 무엇 때문에 하는 거야?"

"저 설교는 아무개가 들으라고 하는 말이야."

"저런 광고는 무엇 때문에 하는 거야?"

이런 편견으로 인해 교회생활이 행복하지 못하고 그 스스로가 영적으로 함몰되어가면서 불행해집니다.

일상에서 익숙해 있는 이미 알고 있는 일에 대해 '다 알고 있다'는 교만 때문에, 너보다 낫다는 우월감 때문에 우리는 편견이라는 선입관으로 일을 그르칠 때가 많습니다.

이런 일들은 정치권도 예외가 아닙니다. 아니 오히려 정치 지도자들의 편견이 더 중증에 들어 있다는 생각이 듭니다.

북한에 대한 다양한 지원정책도, 국군 작전통수권 문제도, 8.15 특별 사면도, 여당 야당의 국회에서의 논의되는 쟁점도, 장관 임명에 관한 것도, 문화부차관 경질문제도 편견으로 인해 갈등과 분열 양상만 만들어내면서 국가 발전에 엄청난 폐해를 갖고 오는 것을 우리가 보아왔습니다.

왜 이렇게 되어 가는 것일까요? 지도자들이 하나 같이 편견에 빠져 자기생각으로 모든 것을 결정해 버리고, 공동체 전체를 보는 통관(通觀)의 혜안(慧眼)이 부족하기 때문입니다.

편견의 역사는 정사(正邪)를 분별하는 도덕적 기능을 마비시킵니다. 그런 사회는 어둠이 빛을 잠식하게 됩니다. 편견의 중증은 아집에서 시작되어 착각으로 마무리됩니다. 도무지 남의 말을 들어주려는 자세가 없습니다. 모든 기준이 자기입니다. 이보다 더 무서운 정신질환은 없습니다. 이와 같은 편견은 나라를 망칩니다. 사회를 혼란하게 합니다. 정직과 진실을 죽입니다.

오늘날 지구 곳곳에서 전개되는 사건들을 보면 편견이 갖고 오는 해악들이 얼마나 많은지 모릅니다.

국가 지도자나 백성들이 편견의 검은 옷을 벗어던져야 합니다. 그리고 이해와 관용의 흰 옷을 입어야 합니다. 그럴 때 나라가 국태민안이 됩니다.

3. 허상(虛像)에서 깨어나 실상(實像)을 보아야 합니다. (19-22)

19-20절은 이스라엘 장로들이 얼마나 허상에 빠져있는가를 잘 나타낸 말씀입니다.

"우리도 우리 왕이 있어야 하리니 우리도 다른 나라와 같이 되어 우리 왕이 우리를 다스리며 우리 앞에 나아가서 우리의 싸움을 싸워야 할 것이니이다."

이 말은 이미 이들이 하나님이라는 실상으로부터 벗어나 세상 왕에 대한 허상에 빠져 있음을 볼 수 있는 대목입니다.

지금까지 하나님이 이스라엘을 위하여 해 주셨던 그 모든 것을 세상 왕이 다 해 줄 것으로 착각하고 있는 것입니다.

우리의 현실도 예외는 아닙니다. 사회주의에 대한 실상을 보지 못하고 환상에 빠져 자본주의 시장원리를 반대하고, 생산수단을 공유화함으로써 사회주의 내지는 공산주의 사회의 건설을 목적으로 하는 학설 및 정치운동에 목숨을 건 사람들이 있습니다. 아직도 이 나라 곳곳에 이 사상이 꿈틀대고 있다는 말입니다.

허상과 실상의 차이는 정말 종이 한 장 차이에 불과합니다. 그러나 그 결과는 하늘과 땅의 차이만큼이나 큽니다.

거짓 행복에 속고, 오늘의 기쁨에 도취하고, 도덕적인 가치관이나 윤리 의식도 없는 것이 허상입니다. 이론적으로는 그럴 듯합니다. 하지만 실상은 정반대입니다. 이기주의에 길들여지면서 타인을 배려할 줄 모릅니다. 말은 상당히 꽉 찬 열매 같은데 실재 삶은 속빈 강정입니다. 정사분별은 없는 정도가 아니라 마비되어 버린, 허상의 병이 들어있습니다. 그런 사람들의 당장은 승자 같으나 결국은 패자로 끝을 맺습니다.

실상은 시작과 끝을 봅니다. 현실을 직시합니다. 그러기에 오늘의 아픔도 인내합니다. 나를 희생하면서 공동체의 기쁨을 추구합니다. 역사의 발전은 바로 여기서 이루어지는 것입니다.

특별히 기독교인에게 있어서는 국가의 실상을 보는 역사관과 신앙관이 바로 세워져야 합니다.

월남의 패망을 우리는 역사의 교훈으로 보았습니다. 비록 부패하고 무질서하였을지라도 교회는 하나님을 마음껏 예배할 수 있었지만 공산주의가 들어서면서 하나님의 자리는 사라졌습니다.

대한민국은 그런 면에서 세계의 거울이 되고 있습니다. 그래도 자유민주주의 대한민국에서는 마음껏 하나님을 예배할 수가 있지만 공산주의 국가가 된 북한에서는 이미 하나님의 자리가 사라진 지 오래입니다. 지금 그 땅의 참상을 우리는 알고 있습니다.

허상과 실상을 분별할 수 있는 능력이 우리에게는 반드시 필요합니다. 아직도 이 나라 곳곳에서는 하나님의 자리를 치고 들어오는 무서운 사상의 바람이 불고 있습니다. 외형은 무지갯빛 일곱 색깔입니다. 이론은 논리 정연합니다. 그러나 그 실상은 어느 것 하나 제대로 되어지는 것이 없습니다.

허상과 실상을 우리는 이미 일제의 압제와 공산주의의 침략을 통해서 보았고 겪었습니다. 그런데도 아직도 허상에서 깨어나지 못한 사람들이 곳곳에서 축복받은 대한민국을 훼파하려 하고 있습니다.

어떻게 해야 하겠습니까? 국가에 대한 하나님의 섭리를 보고 순복하는 지혜로 살아야 합니다. 국가를 위해 기도해야 합니다. 대통령과 위정자들을 위해 기도해야 합니다. 하나님이 그 백성들의 기도를 외면하지 아니하시고 이 나라를 다스리시기를 간구해야 합니다.

지난 광복 60주년 기념 주일에 선포했던 말씀의 요약입니다.

첫째, 우리는 역사를 바로 보는 눈을 열어야 합니다.

둘째, 우리는 대한민국을 지키고 보호하시는 하나님의 은혜를 깨달아야 합니다.

셋째, 우리는 하나님을 사랑하고 하나님을 의지해야 합니다.

그리할 때 하나님은 대한민국을 오늘까지 인도하셨듯 앞으로도 인도하시고 보호하시고 축복하실 것입니다.

이 나라에서 우리는 하나님을 경외하고 세계복음화의 거룩한 사명 수행자들이 되어야 할 것입니다. 하나님은 우리나라 대한민국을 사랑하시며 섭리하십니다. 아멘.

20.
만남의 섭리(1)

성경에는 많은 만남이 소개되고 있습니다. 그리고 그 만남들을 통해서 우리의 범사에 주시는 하나님의 교훈도 무한합니다.

창세기 24장의 이삭이 리브가를 만나는 장면을 가만히 묵상해 보면 거기에서 놀라운 하나님의 섭리가 전개되고 있는 것을 볼 수 있습니다.

다윗과 요나단의 만남은 세상에 다시없을 귀한 친구와의 만남으로 기록되어 있습니다. 다윗의 또 다른 만남은 시므이와의 만남입니다. 그와의 만남은 아름답지 못한 만남, 상호 불편한 만남이었습니다. 그러나 그 만남을 통해 나타나는 다윗의 고백에서는 하나님의 섭리를 발견할 수 있습니다.

아들의 반란으로 성을 도망 나오게 된 다윗의 도피 길에서 만나는 시므이, 그가 감히 왕인 다윗을 향해 악담을 하며 티끌을 날리는 행동을 했습니다. 아무리 도망자의 길에 오른 사람일지라도 엄연히 그는 왕의 신분인데 일개 하찮은 백성인 시므이가 해서는 안 될 행동을 했습니다. 이것을 보고 분개한 다윗의 충복 아비새가 단칼에 시므이를 죽이자고 했습니다.

그때 하는 다윗의 고백은 감히 범인들은 생각지도 못할 하나님의 섭리를 깨닫는 것으로 상황이 정리됩니다. 그의 고백인 사무엘하 16장 10절입니다.

"왕이 이르되 스루야의 아들들아 내가 너희와 무슨 상관이 있느냐 그가 저주하는 것은 여호와께서 그에게 다윗을 저주하라 하심이니 네가 어찌 그리하였느냐 할 자가 누구겠느냐"

이런 기막힌 불편한 만남에도 반드시 하나님의 섭리가 있다는 것을 깨닫게 해 주는 고백입니다.

요셉의 일생을 살펴보면 만남의 섭리가 얼마나 중요한 것인가를 알 수 있습니다. 요셉은 형들에게 노예로 팔려 미디안 장사꾼을 만납니다. 그들에 의해 요셉은 시위대장 보디발과의 만남이 이루어집니다. 보디발의 집에서는 피할 수 없는 보디발의 아내와의 만남이 이루어집니다. 그 여인 때문에 감옥으로 들어가 죄수들을 만나고 간수들을 만납니다. 죄수로 만났던 사람으로 인해 바로를 만납니다. 바로를 만남으로 인해 13년 만에 고향의 부모와 형들을 만나게 되고 생명을 잃는 극심한 기근 속에 놓인 가족을 구원하게 됩니다.

그런 요셉이 자기를 미디안 장사꾼에게 팔아넘겼던 형님들에게 한 말은 참으로 감동적입니다. 그의 말 창세기 45장 5절입니다.

"당신들이 나를 이곳에 팔았다고 해서 근심하지 마소서. 한탄하지 마소서. 하나님이 생명을 구원하시려고 나를 당신들보다 먼저 보내셨나이다."

요셉은 어떤 만남이라도 반드시 그 만남에는 하나님의 섭리가 있다는 것을 깨닫고 산 믿음과 지혜의 사람이었습니다. 요셉의 만남의 과정을 살펴보면 하나님의 섭리가 분초마다 함께 역사된 것을 알 수 있습니다.

이런 만남에서 '하나님의 섭리를 보느냐, 보지 못하느냐? 깨닫느냐, 깨닫지 못하느냐?' 는 참으로 중요합니다.

요셉은 그것을 알았습니다. 만남 가운데 있는 하나님의 섭리를 알았기에 요셉의 인생 여정에는 원망과 불평과 좌절과 낙심이 없었습니다.

학생은 좋은 선생님을 만날 때 성적도 올라가고 인격도 성숙됩니다. 종업원은 좋은 사장을 만날 때 직장생활의 보람을 느낄 수 있고 그로 인한 부가가치를 누릴 수 있으며, 동시에 사장은 더 좋은 회사를 경영할 수 있게 됩니다.

목사는 좋은 장로를 만날 때 목회의 보람과 교회 지도력에 날개를 달게 되지만 그렇지 못한 만남일 때는 목회도 피곤하고 교회도 성장할 수 없습니다.

좋은 배우자와의 만남은 일생을 좌우합니다. 좋은 배우자와의 만남은 외모가 아닌 마음과 영혼의 만남입니다.

어느 교회 청년회에는 심하게 외모를 따지는 한 남자 청년이 있었습니다. 이 청년은 매사를 외모와 직결시켜 말했습니다. 그러자 그저 평범한 외모를 가진 여 청년이 한마디 쏘아 붙였습니다.

"하나님은 외모를 중요시 하지 않고 중심을 중요시 하는 것 모르세요?"

"아 그거요, 잘 알지요. 그러나 나는 하나님이 아니잖습니까."

웃자고 만든 유머이지만 참 씁쓸합니다. 우리는 궁극적으로는 하나님의 성품을 닮아가야 하는 하나님의 사람들입니다.

솔로몬은 후비가 700이요 빈장이 300이었습니다. 분명한 것은 솔로몬의 여인들은 당시의 여인들 가운데는 꽃 같이 어여쁜 여인들이었을 것입니다. 물론 어쩔 수 없는 정략결혼을 제외하고는 말입니다.

그러나 그 솔로몬의 결론이 무엇입니까? 잠언 31장 30절에서 "고운 것도 거짓되고 아름다운 것도 헛되나 오직 여호와를 경외하는 여자는 칭찬을 받을 것이라."고 고백을 했습니다.

좋은 부부가 되는 만남은 마음과 마음의 만남입니다. 좋은 만남이어야 긴 행복을 누릴 수 있습니다. 불행한 만남은 긴 불행이 될 뿐입니다.

이 세상에서의 만남은 모두가 다 좋은 완벽한 만남은 없습니다. 어떤 것은 넘치게 좋아도 또 어떤 것은 전혀 아닌 것도 있습니다. 오늘 좋아도 내일 불행할 수 있습니다. 지금은 좋아도 다음 순간에 그렇지 못할 수도 있습니다. 이것이 세상에서의 만남입니다.

그러나 좋은 만남이 있습니다. 완벽하게 좋은 만남입니다. 절대로 불안하지 않을 만남입니다. 빼앗기지 않을 만남입니다. 잃어버릴 수 없는 행복입니다. 그 만남은 예수님과의 만남입니다. 이 만남이 가장 좋은 만남입니다.

예수님과의 만남에서는 문제가 해결됩니다. 좋은 변화가 있습니다. 기쁨이 있습니다. 생명이 있습니다.

수가 성 여인이 예수님 만나 생명을 얻었습니다. 막달라 마리아가 예수님을 만나 구원을 얻었습니다. 간음의 현장에서 잡혀 죽음 직전에 이른 여인이 예수님을 만나 생명을 얻었습니다. 세리 삭개오가 예수님을 만나 삶의 가치관이 바뀌었습니다. 그리스도인의 박해자 사울이 예수님을 만나 그리스도를 전하는 바울 되고 세계 복음화의 초석이 되었습니다. 이 모든 만남이 하나님의 섭리 속에 이루어졌습니다.

오늘 본문에서도 만남의 섭리를 볼 수 있습니다. 오늘 우리의 주인공은 사울입니다. 우리가 알거니와 사울은 인생의 실패자입니다. 그러나 사울이 처음부터 그런 실패자로서의 삶을 시작한 것은 아니었습니다. 그런데 어쩌다 그렇게 된 것일까요? 지금부터 사울의 삶의 여정을 따라가며 그에게는 도대체 어떤 만남들이 있었는지 살펴보기로 하겠습니다.

본문은 신정제도(神政制度)에서 왕정제도(王政制度)로 전환되는 역사의 분기점에 등장한 주인공 사울이 이스라엘의 초대 왕이 되려는 출발 부분입니다.

시작은 한 가정의 이야기로 출발하고 있습니다. 이 한 가정에서 일어나는 한 사건이, 한 나라와 세계역사로 이어지는 '섭리'라는 명제로 나타나고 있는데, 1-2절은 사울이라는 한 인간에 대한 소개입니다.

3-10절은 사울이 아버지가 잃은 암나귀를 찾기 위해 사환과 함께

두루 다니다가 사무엘에게 도움을 청하게 되는 내용입니다.

11-14절은 사울과 사환이 사무엘이 있는 라마 성읍으로 올라가 사무엘을 만나게 되는 내용입니다.

이 과정에서 전개되는 모든 일에 하나님의 손길이 함께 하고 있음이 환히 보입니다. 그 중심에는 '만남' 이라는 것이 자리하고 있고, 그것을 통해 볼 수 있는 것은 한 인간의 일상 모든 것에도 하나님의 섭리가 있다는 것입니다.

그래서 주제는 '사울과 사무엘의 만남' 입니다. 그 앞의 모든 사건들은 사울이 사무엘을 만나기 위한 하나의 과정입니다.

사무엘과 사울의 만남이 정점이 되다보니 보통은 그 만남에 오기까지의 과정들은 간과해 버립니다. 그러나 분명히 해 두는 것은, 그 과정이 결코 무시할 수 있는 것이 아니라는 것입니다. 왜냐하면 그 과정들이 결국은 우리 모든 인생들이 걸어가는 과정을 밟아 갔기 때문입니다. 그러므로 그 하나하나를 살피겠습니다.

1, 혈연관계의 만남입니다(1절)

"베냐민 지파에 기스라 이름하는 유력한 사람이 있으니 그는 아비엘의 아들이요 스롤의 손자요 베고랏의 증손이요 아비아의 현손이며 베냐민 사람이더라."

한 가정의 족보입니다. 사울을 이야기하기 위하여 사울의 족보를 먼저 거론하고 있습니다. 이것은 부모 없이 태어난 자식은 없다는 것입니다. 그 부모가 잘났든 못났든 부모는 부모입니다. 성경은 언제든지 이것을 간과하지 않고 있음에 우리는 주의해야 합니다.

사울은 이렇게 좋은 부모님과 좋은 환경에서 출생했습니다. 분명 축복입니다. 만남의 복을 태어나면서부터 받은 사람입니다.

그에 비하면 저는 불신 부모님과의 만남, 그것도 우상을 섬기는 부모님과의 만남으로 제 인생이 시작되었습니다. 하지만 다시 한 번 돌아보면 거기에도 하나님의 섭리가 있었다는 사실입니다. 그런 부모님과의 만남은 제가 먼저 예수님을 구주로 영접하는 기회가 되었습니다. 그리고 후에 부모님을 전도하여 주님께로 인도하였습니다.

이 사실은 전국 방방곡곡, 온 세계를 다니면서 하나님의 구원의 섭리를 설교할 때 강한 메시지로 선포됩니다. 그 메시지는 회중으로 하여금 깊이 경청하게 하고, 자신들의 삶에 대입하면서 주께로 돌아오는 역사를 일으키고 있습니다.

저는 모태신앙으로 세상에 태어난 사람이 제일 부럽다고 늘 고백했습니다. 그런데 사울을 보고 또 모태신앙인들이 종종 아름답지 못한 신앙생활을 하는 것을 보면서 깨닫는 것이 있습니다. 어떤 부모님과의 만남이냐가 중요한 것이 아니라 그 부모님과의 만남에 하나님의 섭리가 어떻게 역사되느냐가 중요하다는 것입니다. 성경은 우리에게 그것을 가르쳐 주고 있습니다.

2절입니다.
"기스에게 아들이 있으니 그의 이름은 사울이요 준수한 소년이라 이스라엘 자손 중에 그보다 더 준수한 자가 없고 키는 모든 백성보다 어깨 위만큼 더 컸더라."
이 한 절을 보면 사울은 참으로 복에 복을 받은 유복한 사람으로 태어났습니다.

1절을 보면 아버지 '기스'는 '유력한 사람'이라고 했습니다. '유력한 사람'의 히브리어 뜻은 '재산이 많은', '강력한 힘이 있는'이라는 뜻입니다. 이런 부모님을 통해 태어난 사울이니 얼마나 복된 아들입니까.

또 사울은 준수한 자였습니다. '준수함'의 형용사 '토브'는 '선하다', '외적인 아름다움', '도덕적인 겸손함' 등이 함축된 단어입니다. 키가 모든 사람의 어깨 위만큼 큰 자였습니다.

그러니까 그는 내적으로 겸손하고 진실 되며, 외적으로는 아름답고 건장한 흠잡을 데 없는 젊은이였습니다.

시작이 정말 좋지 않습니까? 우리 중에도 이와 같은 자는 그리 많지 않습니다. 이런 사울이었지만 그의 인생여정은 조금씩 실패의 길로 나아갔습니다. 안타까운 일입니다.

그를 보면서 깨닫는 것이 있습니다. 아무리 좋은 여건과 상황을 갖고 있을지라도 그 가치를 바르게 깨닫고 운용하지 못하면 그 모든 축복이 아무런 의미가 없게 된다는 것입니다.

무엇을 말하고자 하느냐 하면, 내 모든 삶이 하나님의 뜻으로 이루어짐을 깨닫지 못하고 교만하거나, 갖지 못한 것으로 인하여 좌절하는 사람은 하나님이 사용하시지 않는다는 것입니다.

반면에, 있어도 겸손하고, 없어도 감사하는 사람은 하나님께서 반드시 사용하시는 신비의 섭리가 있다는 것을 우리는 알아야 한다는 것입니다.

여러분의 자녀는 어떻습니까? 여러분의 부모님은 어떠하십니까? 여러분은 어떤 무지한 사람처럼 부모님으로부터 아무것도 받은 것이 없다고 부모님을 향해 원망하고 반항하는 자식은 아닙니까? 아니면 좋은 부모님을 통해 축복된 환경에서 생활하면서도 도대체 감사할 줄 모르는 자식은 아닙니까?

혈연관계의 만남을 통한 하나님의 섭리를 오늘 여러분이 깨달으시기를 바랍니다.

2. 상하관계의 만남입니다.

3-10절의 내용은 사울과 사환과의 만남으로 이루어지는 내용입니다. 이는 상하관계의 만남입니다. 잃어버린 암나귀를 찾기 위하여 사울과 사환과의 관계가 엮어집니다.

여기서 깨달아야 할 것은, 나와의 만남 가운데 있는 사람이 내 수하에 있는 사람이든지, 내가 모시는 사람이든지 간에 세상적인 관점으로 그 만남을 이어가서는 안 된다는 것입니다. 내가 만나고 있는 사람이 어떤 환경을 가지고 있는 사람이든지 그 만남을 소중하게 생각하고, 그 상대방을 존중하며, 인격적인 만남의 관계를 가져야한다는 것입니다.

사울이 사무엘을 만나게 되고 이스라엘의 왕이 되기까지의 여정에서 사환의 역할은 빼 놓을 수 없는 중요한 몫입니다.

현실적인 세상사 실패자들의 공통점을 살펴보면, 그들은 인간관계에 있어서 오만한 마음을 가졌다는 것입니다. 비록 옛 말로 내가 '부리는 종' 일지라도 그 한 사람의 존재가 하나님의 거룩한 형상을 닮은 존귀한 자라는 사실을 잊지 않고 존경하는 마음으로 만남을 이루어가면, 그 사람은 반드시 성공적인 일생을 마무리하게 됩니다.

부흥 사경회 인도를 갔다가 들은 가슴 쏴-한 이야기 하나를 싣습니다.

겨울바람이 불어 낙엽과 쓰레기가 예배당 현관으로 들어왔습니다. 부는 바람에 주보가 날려 현관에 나뒹굴었습니다. 장로님 한 분이 현관으로 들어오자 말자 그 교회 사찰 집사를 불렀습니다. 마치 옛날에 상전이 종을 부르듯 불러 세웠습니다. 그리고는 "이렇게 예배당 현관이 지저분하게 되었는데 교회에서 녹을 먹는 사람이 뭐하느냐?"고 소리를 질렀습니다.

그 때 담임목사와 강사가 마침 예배당으로 들어가게 되었습니다. 낭패스러운 장면을 목사는 못 본 척 하고 그냥 목양실로 들어갔지만 마음이 너무나도 불편했습니다. 그렇다고 장로님을 불러 이러니저러니 이야기를 할 수도 없고 해서 한참 있다가 관리 집사님을 목양실로 불렀습니다. "장로님이 집사님을 미워해서 그런 것이 아니고 교회를 너무 사랑하다 보니 그런 것이니 이해하시고 마음을 푸세요." 하고 위로를 했습니다. 관리 집사님은 동생 같은 목사의 품에 안겨 아무 말도 없이 하염없이 울기만 했습니다.

세월이 흘러 관리집사님의 아들은 판사가 되었습니다. 그리고 그 지역 판사로 부임을 했습니다. 그런데 공교롭게도 그 때 장로님이 사업을 하다가 실수를 해서 검찰에 구속이 되었습니다. 재판을 받기 위해·법정에 섰는데, 그 사건의 담당 판사가 관리 집사님의 아들이었습니다. 기막힌 운명이었습니다. 판사는 아버지의 권고를 받아들여 집행유예를 선고하고 그 장로님을 석방했습니다. 교회로 먼저 돌아온 장로님이 관리집사님 앞에 무릎을 꿇었습니다.

명심보감에는 이런 교훈이 있습니다.

‘景行錄에 曰 恩義를 廣施하라. 人生何處不相逢이니 讐怨을 莫結하라. 路逢 狹處면 難回 避니라(경행록에 말하기를, 은혜와 의리를 널리 베풀라. 인생이 어느 곳에서든지 서로 만나지 않으랴. 원수와 원한을 맺지 말라. 길 좁은 곳에서 만나면 피하기 어려우니라).’
참으로 교훈적인 생활 잠언입니다.

언론에 보도되는 이야기들입니다. 어떤 회사 사장은 종업원을 가족처럼 대했더니 회사가 발전하게 되었다고 합니다. 그런데 만남의 섭리를 깨닫지 못한 어느 미련한 사장은 회사 직원을 마치 이조시대의 주종관계처럼 부리다가 노사문제로 회사가 문을 닫게 되었다고 합니다. 이런 기사들은 만남 속에 섭리하시는 하나님을 아는 우리에게는 많은 것을 깨닫게 하는 것들입니다.

슬픈 이야기지만 교회에서도 종종 담임목사가 부목사를, 장로가 집사를 마치 주종관계인 냥 오인하고 행하는 못된 관행들로 인해 돌이킬 수 없는 수치와 낭패를 당하는 일들이 언론에 보도되는 것을 봅니다. 참으로 부끄러운 일이요 그리스도인으로서 수치스러운 일이 아닐 수 없습니다.

본문의 주인공으로 등장한 사울의 인생 여정을 보면서 우리는 만남의 관계들을 어떻게 엮어가야 할 것인가에 대한 좋은 답을 얻을 수 있습니다. 그럼에도 불구하고 이것을 깨닫지 못하는 그리스도인들이라면 결국은 시편 49편 20절의 말씀대로 멸망하는 짐승같이 되어가는 것입니다.

다시 본문으로 돌아가 사울이 사무엘을 만나게 되는 데 결정적인 역할을 하는 사환을 살펴보겠습니다. 그는 비록 그 신분이 일개 사환이었지만 사울을 사무엘에게로 인도하는 귀한 통로가 되었습니다.

이들의 관계 속에는 사울의 겸손함도 엿보입니다. 그는 권고하는 사람이 비록 자신의 사환이었지만 그 이야기를 귀담아 듣는 좋은 만남을 만들어 갔습니다. 사환의 말을 경청한 결과가 자신이 선히 하나님의 사람을 만나는 기회로 이어졌습니다.

믿음이 있는 사람은 절대로 사람과의 관계에서 안하무인(眼下無人), 유아독존(唯我獨尊)이 되지 않습니다.

아람나라 군대장관 나아만도 이스라엘에서 잡아온 작은 계집아이 사환의 말을 경청하여 엘리사를 만나 병 고침을 받게 되었습니다.

성경 속에는 만남의 관계 속에 겸손한 경청이 얼마나 중요한가를 교훈하는 곳이 너무도 많습니다. 그래서 베드로전서 5장 5절에서는 이렇게 교훈합니다.

"하나님은 교만한 자를 대적하시되 겸손한 자들에게는 은혜를 주신다."

아름다운 만남의 섭리를 깨닫게 되면 비록 신분이 주종의 관계에 있을지라도 인간관계를 잘하게 됩니다. 인간생활이란 어쩔 수 없이 구조적으로 상하관계를 형성하지 않을 수가 없습니다. 그런 속에서 만남의 섭리를 깨닫는 지혜가 있는 사람이라면 아름다운 관계를 엮어가게 되어있습니다.

하나님은 오늘도, 지금도 삼라만상의 인간생활 범사를 섭리하시는데, 사람을 통해서 일하시고, 사람을 통해서 일하시되 만남을 통해서 역사하십니다. 오늘 내가 만나는 사람, 그는 하나님의 형상을 닮은 존귀한 인격체입니다. 그 사람과의 만남 속에 섭리 하시는 하나님이 계십니다.

모든 성도 여러분의 삶이 이 신비로운 삶의 비밀을 자신의 것으로 경험하는 축복이 있기를 주님의 이름으로 축원합니다. 아멘

21. 만남의 섭리(2)

한 소년이 하나님을 만나고 싶어 배낭에 초콜릿과 음료수를 챙겨 메고 길을 나섰습니다. 얼마쯤 가다가 공원 벤치에 한 할머니가 비둘기들을 바라보며 앉아 있는 것을 보았습니다. 소년은 좀 쉬어가려고 벤치에 앉아서 음료수를 마시려고 꺼내다 자기를 바라보는 할머니에게 초콜릿을 꺼내 주었습니다. 할머니는 고맙게 그것을 받아 들고 미소를 지었습니다.

할머니의 미소가 너무나 아름다워 소년은 그 미소를 보기 위해 또 음료수도 건네주었습니다. 할머니는 또다시 소년에게 미소를 지어 보였습니다. 소년은 매우 기뻤습니다. 할머니와 소년은 아무 말도 없이 앉아 먹고 마시며, 미소를 지으며 공원 벤치에 앉아 있었습니다.

날이 어두워 오자 소년은 집 생각이 났습니다. 그래서 배낭을 챙겨 메고 일어섰습니다. 하지만 몇 걸음 가던 소년은 할머니에게 달려와 할머니를 꼭 껴안아 주었습니다. 할머니는 그 소년에게 가장 행복한 미소를 지어 보였습니다. 소년도 행복을 가득 안고 집으로 돌아갔습니다. 환한 얼굴로 집에 돌아온 소년을 보고 어머니가 물었습니다.

"오늘 무엇을 했기에 이렇게 행복한 얼굴이니?"

"엄마, 오늘 하나님과 함께 점심을 먹었어요."

이상하게 느낀 소년의 엄마가 뭐라고 말하기도 전에 소년이 말을 덧붙였습니다.

"엄마, 하나님은 참 아름다운 미소를 가지고 계셨어요."

그 시간에 할머니도 역시 기쁨이 가득한 얼굴로 집으로 돌아왔습니다. 아들이 그녀의 행복한 얼굴을 보고 물었습니다.

"어머니, 오늘은 무슨 좋은 일이 있으셨기에 그렇게 행복해 보이세요?"

"난 오늘 공원에서 하나님과 함께 초콜릿을 먹었단다."

할머니 역시 이상하게 생각하는 아들이 말을 꺼내기도 전에 이렇게 덧붙였습니다.

"얘야, 너도 아니? 그분은 내가 생각했던 것보다 훨씬 젊더구나."

여러분도 읽으셨겠지만 「마음을 열어주는 101 가지 이야기」에 나오는 이야기입니다. 이 이야기는 읽는 이에게 말로 표현할 수 없는 잔잔한 감동을 주는 이야기입니다.

공원에서 만난 한 소년과 할머니와의 만남은 우리들의 일상의 한 부분이기도 합니다. 그들은 말 한마디의 나눔도 없었지만 마음의 행복을 누렸습니다. 참으로 많은 것을 생각하게 하는 이야기입니다.

디베랴 바닷가에서 부활하신 예수님과 베드로의 만남, 그것은 혼과 혼의 깊은 영적 만남입니다.

이삭이 리브가를 만나는 것, 요셉이 바로를 만나는 것, 다니엘이 바벨론 왕을 만나는 것, 바울이 루디아를 만나는 것, 그 어느 것 하나라도 하나님의 섭리가 아닌 만남은 없습니다.

괴테와 실러의 만남, 다윗과 요나단의 만남, 그것은 진정한 우정이 어떤 것인가를 보여준 만남이었습니다.

실존주의 철학자 야스퍼스가 갈파한 대로 인생에는 두 가지 만남이 있습니다. 하나는 겉 사람과 겉 사람이 만나는 피상적 만남이요, 다른 하나는 인격과 인격이 만나는 깊은 실존적 만남입니다.

여러분의 오늘의 만남은 어떤 만남입니까?

오늘 우리의 상면은 '만남' 에 관한 말씀으로 앞 장에 이어 계속해 가겠습니다.

1. 이웃관계의 만남입니다.

우리가 너무도 잘 아는 누가복음 10장에는 이웃에 대한 정의와 그 관계가 잘 표현되어 있습니다.

강도 만나 모든 것을 뺏기고 맞아 거반 죽어가는 한 사람에게 네 명의 이웃과의 만남이 엮어집니다.

첫 번째는 강도, 두 번째는 제사장, 세 번째는 레위인, 그리고 네 번째는 사마리아인과의 만남입니다.

이 이야기를 보면서 결론에 이르는 것은 인간관계는 원하든 원치 아니하든 결국은 이웃과의 만남으로 엮어진다는 것입니다.

선한 사마리아인의 이야기의 교훈은 좋은 이웃이 되어야 한다는 것의 강조입니다. 좋은 이웃이 되기 위하여 힘쓰는 것이 하나님의 뜻이며, 그와 같은 이웃관계를 갖는 사람을 하나님이 복 주시고 마지막 삶에 미소를 짓게 하신다는 것입니다.

또한 오늘을 살아가는 우리의 삶도 이웃 없는 오늘의 나는 없다는 것입니다. 그 이웃이 나에게 유익함을 주든, 아픔을 주든 그들과의 만남을 통한 하나님의 섭리 안에서 우리는 오늘도 살아가는 것입니다. 그것이 만남의 섭리입니다.

우리가 인생을 엮어 가면서 만나게 되는 수많은 이웃들이 있습니다. 그들이 비록 스쳐지나가는 우연한 인연 같을지라도, 거기에도 만남을 통한 섭리가 있다는 것을 깨닫게 되시기를 바랍니다. 그것을 깨닫는다면 이웃에 대한 당신의 관점도 크게 달라질 것입니다.

오늘 우리가 상고할 말씀은 사무엘상 9장 11-13절의 말씀입니다. 내용은 사울이 사무엘을 만나러 가는 길에서 물 길으러 나온 소녀들을 만나 나누는 이야기입니다.

이 사건은 일상적인 우리의 삶에서도 흔히 경험할 수 있는 평범한 이웃과의 만남입니다. 그런데 이 만남에서 소녀들은 사울에게 사무엘을 만날 수 있는 길을 자세하게 일러줍니다.

무엇을 깨닫습니까?

내가 오늘에 이른 것은 나의 어떤 힘이나 어떤 능력이 아니라, 나와 함께 하는 수많은 사람들로 인하여 오늘 내가 여기에 존재하게 되었다는 것을 느끼십니까? 이웃 없는 나의 존재는 없습니다.

제가 포항중앙교회에 부임하게 된 지난날을 다시 한 번 돌아보아도 그것은 사람의 생각으로는 거의 100% 불가능한 일이었습니다. 그 걸음들은 모두가 하나님의 놀라운 계획 속에서 차근차근 진행되어왔다는 것을 새삼 깨닫게 됩니다.

우리는 오늘을 살아가면서 이웃과의 만남에 우연이라는 것이 없음을 깨닫고 모든 이웃과의 만남을 귀히 여겨야 합니다.

2. 영적 지도자와의 만남입니다.

사울이 왕으로 기름부음 받는 마지막 결정적인 만남이 사무엘과의 만남입니다. 이 과정이 없이는 사울은 왕이 될 수 없습니다. 사울과 사무엘의 이 만남은 오늘을 살아가는 그리스도인에게 시사하는 바가 대단히 큽니다.

14절을 읽어 봅시다.

"그들이 성읍으로 올라가서 그리로 들어갈 때에 사무엘이 마침 산당으로 올라가려고 마주 나오더라."

잘 보십시오.

(사울과 사환이) '들어갈 때에' 와 (사무엘이) '나오더라.' 사이에 무엇이 기록되었습니까? '마침' 입니다. 그리고 이 '마침' 을 뒷받침해 주는 구절이 15-16절로 이어집니다. 곧 하나님의 섭리가 작용된 내용입니다.

사울과 사환이 왜 사무엘을 만나려고 했습니까? 문자적으로 표현된 목적은 잃은 암나귀를 찾기 위함입니다. 물론 핵심은 사울이 사무엘을 만나 이스라엘의 초대 왕으로 기름 부음을 받아야 하는 하나님의 계획된 섭리이지만 그것은 멘토를 만나기 위한 또 하나의 과정입니다.

‘멘토(Mentor)’는 원래 사람의 이름이었습니다. 그런데 지금은 훌륭한 지도자라는 뜻으로 통용이 되고 있습니다. 그에 얽힌 이야기는 이렇습니다.

고대 그리스의 이타이카 왕국의 왕 오디세우스가 트로이로 전쟁을 떠나게 되었습니다. 그 때 그는 자신의 한 친구에게 아들인 텔레마코스를 잘 보살펴 달라고 맡깁니다. 그 친구의 이름이 바로 ‘멘토’ 였습니다. 그는 오딧세이가 전쟁에서 돌아오기까지 텔레마코스의 친구요 선생님이며 상담자가 되어주었습니다. 때로는 그의 아버지가 되어 그를 잘 돌보아 주었습니다. 텔레마코스는 모든 면에서 건강한 모습으로 훌륭하게 성장했습니다. 이 모든 것이 ‘멘토’ 의 지혜로운 가르침 덕분이었습니다.

그 후 멘토라는 그의 이름은 ‘지혜와 신뢰로 한 사람의 인생을 이끌어 주는 지도자’ 라는 의미로 사용되어 오늘에 이르고 있습니다.

여러분의 영적 멘토는 누구입니까? 여러분들을 올바른 신앙생활을 할 수 있도록 도와주는 영적 멘토는 누구입니까?

사무엘은 이스라엘의 초대 왕정시대를 열어간 두 왕의 좋은 멘토였습니다. 초대왕 사울에게도 그랬고, 2대 왕 다윗에게도 좋은 영적 멘토였습니다. 그런데 사울은 사무엘의 말을 듣지 않았고, 다윗은 사무엘의 말을 들었습니다.

모든 사람에게는 멘토의 조언을 들을 수도 있고 거부할 수도 있는 자유가 있습니다. 그러나 중요한 것 한 가지를 알아야 합니다. 멘토

의 말을 수용했던 다윗은 성군이 되었지만 거부했던 사울은 버림을
받았다는 것입니다.

누구에게나 영적 멘토는 있습니다. 그러나 듣느냐 듣지 않느냐의
차이로 그 사람의 일생이 바뀌게 됩니다.

신앙생활을 하면서도 올바른 영적 지도자를 만나지 못해 일생 행
복하지 못한, 어떤 면에서는 실패한 사람들도 있습니다. 그러므로 신
앙생활에 있어 좋은 영적 지도자를 만난다는 것은 참으로 큰 하나님
의 복입니다.

다시 반복하지만 사울과 다윗에게 사무엘은 동일한 한 사람으로서
의 영적 멘토였습니다. 그러나 그 한 사람 사무엘을 대한 사울과 다윗
의 마음자세는 달랐습니다. 그것이 그들의 삶을 현격한 차이가 나게
했습니다. 사무엘의 가르침에 대한 그들의 각기 다른 자세가 그들의
일생을 극과 극으로 갈라지게 했다는 것입니다. 이것을 잊지 말아야
합니다.

여러분이 어느 교회에 출석을 하든지 간에 그동안은 여러분의 목
사가 여러분의 영적 지도자입니다. 상황에 따라 여러분이 다른 어떤
교회로 교적을 옮기게 되면 그때는 옮긴 그 교회의 담임목사가 여러
분의 영적 지도자입니다.

여러분은 영적 지도자와의 만남을 소중히 여기시기 바랍니다. 영
적 지도자와의 만남을 통하여 여러분의 신앙과 삶이 복되기를 바랍
니다.

여러분의 오늘의 영적 지도자와의 만남은 어떤 만남입니까?

정채봉 님의 '처음의 마음으로 돌아가라' 는 글을 소개합니다.

'가장 잘못된 만남은 생선과 같은 만남이다. 만날수록 비린내가 묻어오기 때문이다.'

'가장 조심해야 할 만남은 꽃송이 같은 만남이다. 피어있을 때는 환호하다가 시들면 버리니까.'

'가장 비천한 만남은 건전지와 같은 만남이다. 힘이 있을 때는 간수하고 힘이 다 닳았을 때는 던져 버리니까.'

'가장 시간이 아까운 만남은 지우개 같은 만남이다. 금방의 만남이 순식간에 지워져 버리니까.'

'가장 아름다운 만남은 손수건과 같은 만남이다. 힘이 들 때는 땀을 닦아주고 슬플 때는 눈물을 닦아주니까.'

그렇습니다. 만남이란 이론이 아닙니다. 좋은 상황을 만들어 내는 연출이어야 합니다. 만남이란 사랑한다는 거창한 말을 나열하는 것이 아니라 작은 것 하나부터 행동으로 옮기는 것에서 진정한 만남의 감동이 싹트는 것입니다.

'재치' (Tact)와 '만남' (Contact)이라는 두 친구가 똑같이 '사랑' (Love)이라는 소녀에게 구혼을 하였습니다. 그러나 그들의 소녀에게 다가가는 접근법은 서로 달랐습니다.

'재치' 가 사랑이라는 소녀의 부모님과 현관에서 열심히 이야기하는 동안, '만남' 은 뒷문에서 소녀를 만나고 있었습니다. 누가 아름다운 '사랑' 이라는 소녀의 마음을 사로잡게 되었는지는 굳이 말할 필요가 없겠지요?!

인간관계에 있어서 진정한 만남이란 진정한 의미의 상호 눈뜸이라고 생각합니다. 즉 영혼의 감동이 없는 만남은 한 때의 마주침일 뿐입니다.

언제 어디서 만나도 평안이 있는 만남은 복된 만남입니다. 설령 그런 만남까지는 아닐지라도, 너를 향해 갖는 나의 낮은 마음이 있을 때, 언젠가는 그 사람과의 또 다른 만남에서는 반드시 축복이 노래되어 집니다. 그것을 알고 살아갈 때 우리는 이웃과의 만남을 소중하게 엮어갈 것입니다. 더 나아가 지도자와의 만남도 결코 대수롭지 않게 여기지는 않을 것입니다. 이것이 아름다운 만남을 만들어가는 삶의 비밀입니다.

나의 소욕을 충족시키기 위하여 너를 아프게 했던 여리고 도상의 강도같이 살아간다면 그 삶이 얼마나 황폐하겠습니까. 또, 나는 강도같이는 살지 않는다고 하지만 아픔을 겪는 이웃을 모른 체하는 레위인과 제사장 같은 이웃과의 만남이라면 어떻겠습니까? 이것 또한 만남의 또 다른 아픔일 수밖에 없습니다.

비록 내 하는 것이 더러는 오해를 받고, 내 수고가 벅찰지라도, 힘든 사람에게 힘이 되어 줄 수 있다면, 아픈 사람에게 위로가 되어 주는 만남이라면, 그것은 참으로 아름답고 소중한 만남이 될 것입니다. 오늘 선한 사마리아인의 모습이 바로 이런 삶이지 않습니까? 우리가 이 사마리아인에게서 배운 것이 있다면 오늘 우리의 삶도 그렇게 되어야 합니다. 그것이 주님이 원하시는 만남의 섭리(燮理)입니다.

우리는 오늘 본문의 주인공인 사울이 왕이 되기까지 초기에 만나는 사람들과의 관계를 통해 만남의 섭리를 공부해 오면서 깨닫는 것이 많습니다. 그리고 몇 가지 결론에 도달하게 됩니다.

첫째는 부모님 없는 오늘의 나는 존재할 수 없다는 것입니다. 그러므로 부모님과의 만남을 소중하게 생각해야 한다는 것입니다.

둘째는 비록 하인이지만 그 작은 사환을 통해서 사울의 오늘이 있게 되었습니다. 그러므로 내게 이루어지는 작은 것 하나도 결코 가볍게 취급하지 말아야 합니다.

셋째는 일상에서 만나고 헤어지는 무수한 사람들과의 만남을 통해 나의 삶이 엮어진다는 놀라운 사실을 깨닫고 더욱 인간관계를 소중이 엮어가도록 해야 한다는 것입니다.

넷째는 우리 그리스도인에게 있어서는 무엇보다도 영적 지도자와의 만남이 귀한 줄 알고 좋은 영적 멘토를 통해 신앙생활을 아름답고 복되게 만들어 가야한다는 것입니다.

이 결론을 나의 삶의 열매로 만들기 위해서 해야 할 것은 다음과 같은 것입니다.

지금 나의 현실에 성실하게 임해야 합니다. 모든 인간관계는 보다 넉넉한 이해와 관용, 사랑의 마음을 가져야 합니다. 나의 인생길을 주관하시고 섭리하시는 하나님께 모든 것을 겸손하게 맡기는 더욱 진실한 믿음으로 살아야합니다. 이것이 주님과의 더욱 깊은 만남으로 이어지는 것입니다.

주님과의 만남은 우리 인생에 있어 최고의 만남이요 축복입니다. 우리는 그의 사랑받는 자녀이며 그의 나라 백성입니다. 그러므로 더욱 충성된 그리스도인의 삶을 살아야 할 것입니다. 만남의 섭리를 통해 우리의 삶이 더욱 영적으로 윤택하기를 주님의 이름으로 축복합니다. 아멘.

우리는 모두 하나님이 주시는 만남의 섭리 속에 있습니다. 아멘.

22.
만남의 섭리(3)

한국 교회사에서 빼놓을 수 없는 두 인물이 주기철 목사님과 손양원 목사님입니다. 목회자라면 누구라도 그분들과 같은 인물이 되기를 소망하지 않는 사람은 없을 것입니다. 마지막까지도 훌륭하게 목회사역을 잘 마무리하셨고, 또 역사에도 길이 남은 참으로 좋은 목회자상이 아닐 수 없습니다.

그런데 위대한 인물들의 삶을 들여다보면 그럴 수밖에 없는 인생여정이 있었다는 것을 알게 됩니다. 또한 그 삶의 여정에 '만남의 섭리'가 필연적으로 있었던 것도 발견하게 됩니다.

주기철 목사님의 목회와 삶을 한마디로 일컫는 단어가 '일사각오(一死覺悟)'라면 손양원 목사님의 목회와 삶의 닉네임은 〈사랑의 원자탄〉입니다.

손양원 목사님은 공산당원에 의해 두 아들을 잃습니다. 그런 목사님은 두 아들을 죽인 그 공산당원을 양아들로 삼은 뒤 사랑을 베풀며 하신 3가지 감사의 고백이 있습니다.

"오 주여! 한 아들의 순교도 귀하거늘 두 아들이 순교하게 해 주심에 감사드리고, 예수 믿다가 죽는 것도 복이거늘 전도하다가 순교함에 감사드리고, 미국 가려고 준비하던 아들이 미국보다 더 좋은 천국에 갔으니 감사드립니다."

이 감사로 인해 목사님의 별칭이 '사랑의 원자탄' 이라고 붙여졌습니다.

기독교 역사를 살펴보면, 손양원 목사님이 훌륭한 목사님이 될 수밖에 없었던 이유 중의 하나가 또 한 분의 훌륭한 목사님과의 만남에서 시작되었다는 것을 알 수 있습니다. 그 분이 바로 주기철 목사님입니다.

경남 성경학교에서 스물두 살 때 주기철 목사님을 만난 손양원 목사님은 그 때부터 주목사님의 신앙과 인격을 닮고 싶어 했고, 그 가르침에 의하여 훌륭한 목회자로 자랐습니다.

그런데 이 주기철 목사님이 그렇게 훌륭한 목사님이 된 것 또한 그냥 우연히 된 것이 아니었습니다. 그의 훌륭함은 조만식이라는 장로님을 만났기 때문입니다. 이것은 우리가 너무나 잘 알고 있는 사실입니다.

주기철 목사님이 오산학교 학생시절 조 장로님은 그 학교의 교장이었습니다. 그 후 신학을 하고 안수를 받은 주기철 목사는 산정현 교회 담임목사로 부임하였습니다. 그 교회는 고당 조만식 장로님이 시무하시는 교회입니다. 어느 날 조 장로님이 그만 예배시간에 조금 늦게 오시게 되었습니다. 그러자 주기철 목사님은 예배 시간에 늦은 연로하신 조 장로님을 세워놓고 설교를 하셨습니다. 예배시간에 늦었다고 서서 예배를 드리라는 벌을 내린 것입니다. 그런 주기철 목사님이나 아들 같은 젊은 목사가 서서 예배를 드리라고 벌을 내리는 것에 순종하는 장로님이나 모두가 한결같이 하나님 앞에서 웬만한 인품을 가진 사람이 아니고서는 감히 감당할 수 없는 일입니다. 이 이야기는 우리가 다 아는 역사요 일화입니다.

주기철 목사님이 그렇게 훌륭한 목회자와 민족 지도자가 될 수 있었던 것은 고당 조만식 장로님을 만났기 때문입니다.

만남의 섭리는 참으로 놀랍습니다. 이것 하나만이라도 우리가 깨닫고 체득하는 삶을 살아간다면 성공적인 삶을 살지 못할 이유가 하나도 없습니다.

누구에게나 만남을 통하여 성공과 실패가 판가름 나고, 행불행이 결정됩니다. 그것을 잘 알고 인생을 살아가는 사람이 지혜로운 사람입니다.

여러분은 오늘 어떤 만남의 섭리 안에 살아가고 있습니까?

책을 읽는 가운데 독일 속담 하나를 보았습니다. 〈Ende gut, Alles gut〉라는 말입니다. '끝이 좋으면 모든 것이 좋다.' 는 말인데, 우리 속담에는 '시작이 좋으면 끝도 좋다.', '시작이 반이다' 라는 말이 있습니다.

다 맞는 말이지만 우리 그리스도인은 시작도 좋고, 과정도 좋고,

결과도 좋아야 참 좋은 것입니다.

우리 속담처럼 시작이 좋다고 반드시 끝도 좋은 것이 아닙니다. 이런 사례들은 우리 정치사에 등장하는 정치 지도자들을 통해서도 얼마든지 보아왔습니다. 특히 우리나라 역대 대통령을 보면 그렇습니다.

시작은 좋았는데 끝이 좋지 않은 대통령도 계셨고, 시작도 좋지 않고 끝도 좋지 않은 대통령도 계셨습니다. 시작이 좋다가 마지막이 좋지 못한 것은 좋은 것이 아닙니다. 차라리 시작은 어려워도 마지막이 좋은 것이 더 좋습니다.

오늘 본문의 주인공 사울은 시작은 참 좋았습니다. 그런데 갈수록 점점 나빠져서 결국은 자신의 삶의 실패와 함께 가문의 몰락을 가져왔습니다.

그 과정을 들여다보면 혈연관계의 만남, 상하 관계의 만남, 수평 관계의 만남, 영적 관계의 만남에서 만남의 섭리를 통해 일하시는 하나님을 깨닫지 못하고 큰 실수를 합니다. 그는 모든 만남의 주체가 자기 자신이 되어야 직성이 풀리는 매우 이기적이고 교만한 인간관계를 만들어 갔습니다. 그것이 바로 그의 패망의 원인이 되었습니다.

오늘 본문은 드디어 사울이 사무엘을 만나게 되는 장면입니다. 이 만남을 하나하나 짚어가면서 우리가 마음에 새겨야 할 것을 찾겠습니다.

1. 모든 인간관계의 만남에는 하나님의 뜻이 있습니다.

15-17절의 내용에서 우리는 사무엘과 사울의 만남은 전적인 하나

님의 섭리(攝理)로 이루어지고 있는 것을 볼 수 있습니다.

이미 사울이 사무엘에게 오기 전 날에 하나님은 사무엘에게 사울이 올 것이라고 일러주셨습니다. 그리고 그 사울이 어떤 사람이며 앞으로 어떤 일을 하게 될 것이라는 것도 말씀해 주셨습니다. 그 내용들이 얼마나 분명하고 자세한지 모릅니다. 그 16절을 네 가지로 나누어 보겠습니다.

첫째는 '내일 이맘때에' 입니다. 이것은 하나님은 우리의 범사에서 시간과 공간까지 주관해 주시고 계심을 보여주는 대목입니다.

둘째는 '베냐민 땅에서 한 사람' 이라고 하셨습니다. 오늘 우리가 어떤 가정에서 어떻게 자라 오늘에 이르렀을지라도 하나님은 한 가정 한 사람까지 관심을 가지고 섭리하신다는 것을 나타내고 있습니다.

셋째는 '너는 그에게 기름을 부어 이스라엘의 지도자로 삼으라.' 지도자가 되는 것도, 지도자가 되게 하는 것도, 모두가 만남의 섭리 안에서 진행되는 것임을 발견하게 됩니다.

넷째는 '내 백성의 부르짖음이 내게 상달되었으므로 내가 그들을 돌아보았노라.' 입니다.

그러고 보면 오늘도 하나님은 우리의 간구에 귀를 기울이시고 우리의 부르짖음에 응답하시는데, 반드시 사람을 통해 이루어주신다는 것을 깨닫게 됩니다.

이 16절만 보더라도 우리가 분명히 알 수 있는 것이 있습니다. 어떤 관계의 만남일지라도 너와 나의 만남에는 하나님의 놀라운 섭리가 내재되어 있다는 것입니다. 그러므로 내가 만나는 사람이 나에게, 내가 만나는 사람에게 내가, 이렇게 상호간에 하나님의 거룩하신 뜻의 도구로 사용되고 있다는 것을 깨닫게 됩니다.

저 같이 부족한 사람이 이렇게 좋은 교회를 담임하게 된 것도 사람을 통해 오늘에 이른 것 같습니다. 그러나 더 깊이 묵상해 보면 하나님이 일하셨음을 새삼 느낍니다. 뿐만 아니라, 오늘 제가 여기 있기까지의 관계된 사람들과의 만남이 얼마나 귀하고 소중한 것이었는가도 말씀 앞에서 새삼 추억하게 됩니다.

아름다운 만남으로 시작된 성도 여러분들과 제가 주님 앞에 서는 그 날까지 더욱 아름다운 만남의 섭리를 통해 하나님의 뜻을 이루어 가기를 기도합니다.

2. 아름다운 만남에는 상호 인격적인 신뢰와 겸손이 있습니다.

18-21절에서 나타나는 두 사람의 대화는 참 아름다운 내용입니다.

첫째는 듣고자 하는 자세가 있습니다.

18절입니다.

"사울이 성문 안 사무엘에게 나아가 이르되 선견자의 집이 어디인지 청하건대 내게 가르치소서. 하니"

이 문장을 읽으면서 생각해 볼 것이 있습니다. 지금 사울이 사무엘을 보고 선견자가 어디 있는지 알려달라고 했습니다. 사울이 사무엘을 만났는데 그가 선견자임을 모르고 있습니다. 왜 그럴까요?

우리가 충분히 미루어 짐작할 수 있는 것은, 사무엘의 차림새가 바리새인들과 제사장들의 그것처럼 화려하고 야단스럽지 않은, 별 볼품없는 일반인과 같았다는 것입니다. 뿐만 아니라, 그와 같은 모습의 사무엘을 대면하고 선 사울의 자세입니다. 그는 사환까지 거느리고 다니는 꽤나 괜찮은 집안의 아들이었습니다. 그런데도 그가 외모로 사람을 보지 않고 듣고자 하는 낮은 마음 자세를 갖고 있다는 그의 됨 됨이를 알 수 있습니다.

아름다운 만남의 역사는 이렇게 상대방을 존중하고 상대방의 가르 침을 받고자 하는 마음자리에서 이루어지는 것입니다.

둘째는 정직하고 진실함이 있습니다.

19절입니다.

"사무엘이 사울에게 대답하여 이르되 내가 선견자이니라. 너는 내 앞 서 산당으로 올라가라 너희가 오늘 나와 함께 먹을 것이요 아침에는 내 가 너를 보내되 네 마음에 있는 것을 다 네게 말하리라."

사무엘은 자기 자신이 사울이 찾는 선견자라고 밝힙니다. 그리고 사울에게 "네 마음에 있는 것을 다 말하리라."고 합니다.

마음에 있는 것을 상대방에게 다 말할 수 있다는 것은 참으로 큰 축 복이요 상호 간의 기쁨이며 행복입니다. 왜냐하면 그것은 오직 서로 에 대한 신뢰와 정직을 바탕으로 할 때 연출되는 것이기 때문입니다.

정직과 진실은 어느 한 쪽만의 것으로는 아름답게 이루어지지 못 합니다. 서로가 서로에게 정직과 진실로 대할 때에라야 만이 바른 만 남의 섭리가 연출되는 것입니다. 그리할 때 듣는 자는 가르치는 자를 존중하여 신뢰하게 됩니다. 그리할 때 가르치는 자는 듣는 자를 사랑 하며 올바르게 가르치게 되는 것입니다.

그래서 사무엘은 사울에게 먼저 산당에 올라가라고 권면합니다. 사울에게 있어서 급한 것은 암나귀를 찾는 것이었습니다. 그러나 사 무엘의 관점은 그것보다 하나님의 뜻을 이루기 위한 영적문제가 우 선이라는 것을 깨우치고 있습니다.

좋은 지도자라면 올바른 지도를 할 수 있어야 합니다. 바른 영적 지도자는 항상 우선이 영적 문제임을 상기시켜 지도해야 합니다.

셋째는 겸손함이 있습니다.

21절입니다.

"사울이 대답하여 이르되 나는 이스라엘 지파의 가장 작은 지파 베냐민 사람이 아니니이까 또 나의 가족은 베냐민 지파 모든 가족 중에 가장 미약하지 아니하니이까 당신이 어찌하여 내게 이같이 말씀하시나이까?"

이 말은 사무엘이 사울의 집을 온 이스라엘이 사모하는 집안이라고 할 때 답변하는 사울의 겸손한 고백입니다.

인간이라면 누구나 칭찬 앞에 우쭐하는 마음이 있습니다. 그러나 사울은 그렇지 않았습니다. 가장 미약한 집안을 어찌 그렇게 과분하게 말씀하시느냐고 오히려 자신의 집안을 낮추었습니다. 이것이 왕으로 출발하기 전의 사울의 겸손한 마음이었습니다. 이 아름다운 겸손의 마음과 사무엘의 하나님 앞의 겸허한 마음의 만남이 축복이 되었습니다.

안타까운 것은, 이렇게 아름다웠던 사울의 겸손한 마음이 끝까지 가지 못했다는 것입니다. 종국에는 두 눈을 뜨고 볼 수 없을 만큼 타락하고 교만한 마음이 되어버렸다는 것입니다. 그래서 하나님께 버림을 받았으니 이 어찌 안타까운 일이 아닐 수 있겠습니까.

3. 아름다운 만남에는 '함께' 라는 감동이 있습니다.

22-27절은 '함께' 라는 단어가 등장하는 아름다운 만남의 섭리가

있습니다. '함께' 라는 말이 연출될 때는 항상 '때' 라는 단어가 연결됩니다. 그 '함께 할 때' 라는 것이 인간관계에 있어서는 얼마나 소중한지 모릅니다. 물론 아름답지 못한 '함께 하는 때' 가 있을 수도 있고 행복한 '함께 할 때' 도 있습니다.

사무엘은 사울과 사환, 그리고 30여 명의 손님을 청하여 함께 식사를 하게 됩니다. 이 놀라운 상황은 이미 이런 날이 올 것을 알고 예비했던 사무엘의 23절의 말씀과 24절의 "너를 위하여 이것을 두고 이 때를 기다리게 하였느니라."고 한 말 속에 있습니다. 왜 이것이 놀라우냐하면, 이 '만남' 과 '때' 가 섭리 안에서 이루어지고 있다는 것을 시사하고 있기 때문입니다.

그리고 마침내 다음 날 사무엘은 사울에게 기름을 붓는 의식을 통하여 하나님의 섭리를 완벽하게 이루게 됩니다.

그렇습니다. 우리가 살아가는 동안 '때' 와 '함께' 는 참으로 소중하게 우리의 생활과 연관이 됩니다.

언제? 그리고 누구와 함께 하느냐? 생각만 해도 가슴 뭉클하면서도 옷깃을 여미게 하는 말입니다.

강도와 함께하다보면 강도가 됩니다. 사기꾼과 함께하다보면 사기꾼이 됩니다. 거짓말 하는 사람과 함께하다보면 거짓말쟁이가 됩니다. 게으른 자와 함께하다보면 게으름뱅이가 됩니다. 술을 좋아하는 사람과 함께하다보면 술꾼이 됩니다. 불평하고 원망하는 사람과 함께하다보면 원망과 불평의 사람이 됩니다. 어쩔 수 없습니다. 마귀와 함께하면 마귀의 종이 됩니다.

그러나 기도하는 사람과 함께하다보면 기도하는 사람이 됩니다. 성령 충만한 사람과 함께하다보면 성령 충만한 사람이 됩니다. 교회 열심히 봉사하는 사람과 함께하다보면 교회 열심히 봉사하는 충성스러운 교인이 됩니다. 감사하는 사람과 함께하다 보면 감사하는 사람이 됩니다. 예수님과 함께하면 점점 더 예수님을 닮아 하나님의 사랑 받는 자녀가 됩니다.

오늘 나는 누구와 어디서, 어떻게, 함께 하고 있는가?
우리 주 예수 그리스도와 항상 함께하는 만남의 복을 누리는 여러분 되시기를 예수님의 이름으로 축원합니다. 아멘.

23.
성별(聖別)의 섭리(1)

' 감별(鑑別)' 이라는 말이 있습니다. '살펴보고 값어치, 참과 거짓, 종류 등을 판단하여 구별함' 이라는 뜻입니다. 예컨대 예술 작품이나 골동품 따위의 가치와 진위(眞僞)를 판단하는 것입니다. TV에서도 '진품명품' 이라는 프로그램을 통해 작품들의 진위와 가치를 가려주며 애청자들을 심심찮게 해 주고 있습니다.

DNA 친자감별, 보석 감별, 병아리 감별, 체질 감별, 골동품 감별 등의 일에 종사하는 사람들을 감별사라고 합니다.

또 '구별(區別)' 이라는 말도 있습니다. 이 말은 '종류에 따라 나타나는 차이, 또는 그것을 갈라놓는다.' 라는 뜻입니다.

감별의 내용을 진위(眞僞)로 정의한다면, 구별(區別)은 분류(分類)

하는 것이라고 할 수 있습니다.

우리 그리스도인들은 세상의 인간으로서는 모든 사람과 동일하지만, 예수 그리스도로 말미암아 거룩하게 구별된 하나님의 백성입니다. 그래서 베드로전서 1장 16절에서 이렇게 말씀합니다.
"내가 거룩하니 너희도 거룩할지어다."
이 말씀은 그리스도인은 하나님의 자녀들로서 거룩하게 구별된 백성이니 구별된 삶을 살라는 명령입니다.
'거룩(聖, Holiness)'이라는 말의 히브리어 명사는 שֶׁדֶק(코데쉬)', 형용사는 קָדוֹשׁ(카도쉬)'이며, 헬라어 명사는 $\dot{a}\gamma\iota\alpha\sigma\mu\acute{o}s$(하기아스모스)', 형용사는 $\ddot{a}\gamma\iota os$(하기오스)'입니다. 이 모든 말의 의미는 '분리, 차단'의 뜻을 가지고 있습니다.
이 용어의 특징은 그 사용이 하나님과의 관계에서만 통용되는 것이라는 점입니다. 그러므로 날의 구별에 있어서는 '주일'을 '성일(聖日)'이라 하고, 건물에 있어서는 '예배당'을 '성전(聖殿)'이라고 합니다. 또 직무에 있어서는 목사를 '성직자(聖職者)'라고 하고, 사람에 있어서 그리스도인을 '성도(聖徒)'라고 합니다. 이런 것을 한 마디로 '성별(聖別)'이라고 합니다.

성별에 흐르는 섭리의 중심 맥은 무엇일까요? 바로 거룩함입니다. 그러면 거룩함이란 무엇일까요? 그것은 하나님과 같은 생각을 갖는 의식의 습관, 곧 생활을 말합니다. 풀어 설명을 하자면, 하나님의 판단에 동의하고, 하나님께서 싫어하는 것을 싫어하는 것, 하나님께서 사랑하는 것을 사랑하며, 하나님께 전적으로 동의하는 것, 그것이 거룩함입니다.

이것이 가장 잘 나타난 성경의 핵심 내용과 장면은 예수님이 겟세마네 동산에서 피땀 흘려 기도하시며 "아버지여 내 뜻대로 마옵시고 아버지의 뜻대로 되기를 원하나이다."라고 고백한 말씀과 모습 가운데 나타납니다.

우리는 이처럼 거룩하게 성별된 하나님의 자녀들입니다. 그러므로 우리는 하나님의 마음을 가지고 예수 그리스도의 삶을 오늘 우리의 삶에 연출하며 살아야 하는 그리스도인들임을 명심해야 할 것입니다.

오늘 본문은 이 성별(聖別)이라는 것에 하나님의 섭리가 있음을 가르쳐주고 있는데, 이것은 하나님의 자녀들에게 없어서는 안 될 더 없이 거룩한 성별(聖別)의 섭리에 대한 교훈입니다.

사울이 이스라엘의 왕으로 등극하는 과정의 8장은 '선택의 섭리'가 기록되어 있습니다. 9장은 '만남의 섭리', 그리고 오늘 10장은 하나님이 거룩하게 구별하는 '성별(聖別)의 섭리'가 나옵니다. 그 과정을 따라가 보겠습니다.

1. 하나님의 성별(聖別)의 섭리는 영적 지도자를 통해 나타납니다.

1절입니다.

"이에 사무엘이 기름병을 가져다가 사울의 머리에 붓고 입 맞추며 이르되 여호와께서 네게 기름을 부으사 그의 기업의 지도자로 삼지 아니하셨느냐."

사무엘을 통해서 사울은 성별됩니다. 기름부음을 받는다는 것은, 당시 제사장과 선지자, 그리고 왕을 세울 때에 행하는 하나님 앞에서의 거룩한 의식인데 그 의식에 하나님의 뜻이 연출된 것입니다.

세례와 성찬의 거룩한 의식도 영적 지도자를 통해 진행됩니다. 목사로 세움을 받는 것도, 항존직분자로 기름부음을 받는 거룩한 예식도 모두 영적 지도자를 통해 진행 됩니다. 이 거룩한 의식의 의미를 올바로 알게 되면 우리는 영적 지도자와의 관계가 얼마나 귀한 것인가를 새삼 깨닫게 됩니다.

사무엘이 사울에게 기름을 부은 후 2-5절의 내용을 보면 사무엘이 사울에게 세세하게 다음부터 행할 것을 가르치고 있습니다.

무엇을 의미하는 것이겠습니까? 기름부음을 받은 사울은 그 때로부터 사무엘과의 관계에 있어서 항상 영적 지도를 받게 된다는 뜻입니다.

사무엘이 사울에게 일러준 내용은 아주 중요합니다. 왜냐하면, 사울에게 기름을 붓는 사람은 사무엘이지만 사실은 하나님이 사울을 왕으로 세우신다는 사실을 증명하는 세 가지의 징조이기 때문입니다. 또한 사울로 하여금 그가 왕이 되는 것은 하나님으로부터임을 알고 겸손하게 백성을 돌보며 하나님의 뜻을 이루어야 한다는 절체절명의 당위성을 나타내는 것입니다. 그 영적 지도자의 지도를 받아들이느냐? 거부하느냐? 하는 것은 전적으로 기름부음을 받는 사울에게 달려있습니다.

동시에 이 장면을 통하여 오늘날 성도들에게 주는 교훈도 있습니다. 하나님으로부터 입게 되는 이 성별의 은혜를 받을 때 가져야 할 마음가짐에 대한 교훈입니다.

사무엘이 사울에게 일러준 세 가지 징조가 무엇일까요? 첫째는 사울이 사무엘과 헤어져 길을 가는 도중에서 두 사람을 만나게 될 터인데 그들이 잃었던 암나귀들을 사울의 부친이 찾았다고 가르쳐 주리라는 것입니다(2절).

둘째는 더 나아가다가 벧엘로 올라가는 세 사람을 만나게 될 텐데 사울에게 그들이 떡 두 덩이를 주리라는 것입니다(3-4절).

셋째는 하나님의 산에 이르러서는 선지자의 무리를 만나게 될 것인데 사울에게도 여호와의 신이 임하여 그가 새 사람이 되리라는 것입니다(5-6절).

사무엘의 이 예언은 9절에서 그대로 다 이루어졌습니다.

이 징조의 내용이 주는 교훈을 살펴보겠습니다. 하나님이 구별하여 세운 성별된 자들에게 요구되는 내용입니다.

첫째 징조의 교훈은 인간의 염려는 소용없다는 것입니다.

사울의 부친이 애태우며 찾고자 했던 나귀는 하나님의 은혜로 이미 찾게 되었습니다. 그러자 이번에는 나귀를 찾으러 떠난 사울이 돌아오지 않는 것을 두고 아버지는 염려를 했습니다. 그런데 놀랍게도 사울은 왕이 되어 돌아오고 있습니다.

둘째 징조의 교훈은 가장 우선되어야 할 중요한 것은 하나님께 드리는 예배라는 것입니다.

세 사람이 가진 물건은 염소, 떡, 포도주였습니다. 이것은 하나님께 드릴 희생 제물로 민수기 15장 5-6절에 명시되어 있습니다.

이것은 오늘날의 예배를 통해서 말씀의 떡을 받는 것보다 귀한 것은 없다는 것을 가르치고 있습니다.

셋째 징조의 교훈은 성령에 의하여 새로워져야 된다는 것입니다.

성별된 자가 변화 받지 못하는 것보다 슬픈 일은 없습니다. 그리고 이 교훈은 오늘날도 성별의식에 참여하는 모든 성도들에게 은혜로 역사되는 부분입니다.

다시 한 번 정리하겠습니다. 사울은 키도 컸고, 외모도 뛰어났습니다. 모든 것이 흠잡을 곳이 없는 사람이었습니다. 그렇지만 그것이 왕으로 등극될 절대조건은 아니었습니다. 바로 이것을 징조를 통해 우리에게 교훈하고 있습니다.

하나님의 일에 거룩하게 성별되는 사람에게 가장 중요한 것은 성령에 의하여 새로워 져야 한다는 것입니다.

빌립보서 3장 3절은 다음과 같은 말씀으로 교훈합니다.

"하나님의 성령으로 봉사하며, 그리스도 예수로 자랑하고, 육체를 신뢰하지 아니하는 우리가 곧 할례파라."

거룩하게 구별된 자가 행해야 하는 삶의 내용입니다. 봉사는 내 힘이 아니라 성령님이 주시는 힘으로 해야 합니다. 자랑은 내 자랑이 아니라 오직 예수님을 자랑해야 합니다. 세상에 살지만 육체적인 힘을 의지 하지 않습니다. 이것이 구별된 자의 삶의 자세입니다.

그래서 구약이나 신약에서 위대한 일을 한 사람들은 성별된 자들로서 하나님의 일을 하기 전에 먼저 성령으로 충만했습니다.

사울이 왕으로 성별되는 이 모든 과정이 모두 영적 지도자인 사무엘을 통해서 진행되고 있습니다. 이것이 하나님의 성별의 섭리의 중요한 첫 번째 내용입니다.

2. 하나님께 성별된 자는 기회를 선용할 때 하나님이 함께 하십니다.

7절입니다.

"이 징조가 네게 임하거든 너는 기회를 따라 행하라 하나님이 너와 함께 하시느니라."

중요한 내용이 또 하나 이어지고 있습니다. 하나님이 성별하신 자는 기회를 선용합니다. 하나님은 언제나 주어진 기회를 선용하는 자와 함께 하십니다.

삭개오는 예수님을 만날 수 있는 절호의 기회를 놓치지 않고 선용하여 주님이 함께 하시는 은혜를 입었습니다. 그 기회를 따라 구원을 받았습니다.

마태복음 25장에서 예수님은 혼인잔치에 들어갈 기회를 잃어버리고 바깥 어두운 곳에서 이를 갈며 슬피 우는 악한 자들에 대한 이야기를 하셨습니다. 그들은 주어진 기회를 잃어버린 자들입니다. 그러나 성별된 자는 기회를 잃지 않고 선용함으로 하나님이 함께 하시는 은혜를 입습니다.

우리에게는 회개할 기회가 있습니다. 사랑할 기회가 있습니다. 교회에 봉사하고 충성하고 헌신할 기회가 있습니다. 선한 일을 할 기회도 있습니다. 용서할 기회도 있습니다.

이 모든 기회들이 우리 앞에 있지만 이것을 잃어버리는 자들은 하나님과 함께 하는 축복을 잃어버리는 것입니다.

그래서 중요한 것은, 성별된 자는 이 모든 기회들을 놓치지 않고 선용해야 한다는 것입니다. 그리고 하나님이 함께 하시는 은혜 안에 살아가는 것, 이것이 중요하다는 것입니다.

미련한 자들은 이것을 깨닫지 못합니다. 그리고는 스스로 자신의 삶을 어둠으로 밀어 넣고 고통 속에 몸부림을 치는 안타까운 삶을 살아갑니다. 참으로 불쌍한 사람들입니다.

하나님이 함께 하시는 은혜보다 큰 것이 어디에 있습니까?

사도행전 10장 38절입니다.

"하나님이 나사렛 예수에게 성령과 능력을 기름 붓듯 하셨으매 그가 두루 다니시며 선한 일을 행하시고 마귀에게 눌린 모든 사람을 고치셨으니 이는 하나님이 함께 하셨음이라."

기름부음을 받은 예수 그리스도와 하나님이 함께 하심으로 이루신 역사를 나타내는 말씀입니다.

사무엘하 5장 10절입니다.

"만군의 하나님 여호와께서 함께 계시니 다윗이 점점 강성하여 가니라."

하나님이 다윗을 성별하시고 함께 하시니 다윗이 점점 강성해졌다는 은혜의 말씀입니다.

출애굽기 33장 16절입니다.

"나와 주의 백성이 주의 목전에 은총 입은 줄을 무엇으로 알리이까? 주께서 우리와 함께 행하심으로 나와 주의 백성을 천하 만민 중에 구별하심이 아니니이까"

하나님께서 거룩하게 성별하신 자와 함께 하심으로 주의 목전에서 은총을 입으리라는 말씀입니다.

그렇습니다. 하나님이 성별하신 것은 하나님이 함께 하십니다. 하물며 하나님께서 성별하신 사람이겠습니까. 그래서 그는 두려움이 없습니다. 근심 걱정이 없습니다. 언제 어디서라도 하나님의 은총을 입습니다. 고난과 역경 가운데 있을지라도 궁극적인 승리는 하나님께서 거룩하게 구별하신 자의 것입니다. 이것이 성별의 섭리입니다.

야곱의 12 아들 가운데 레위자손은 성별되어 하나님의 제의(祭儀) 사역을 하게 되었습니다. 그런 그들에게 하나님이 함께 하심의 증거를 이렇게 확증해 주셨습니다. 신명기 33장 10절입니다.

"주의 법도를 야곱에게, 주의 율법을 이스라엘에게 가르치며 주 앞에 분향하고 온전한 번제를 주의 제단 위에 드리리로다."

11절이 이어집니다.

"여호와여 그의 재산을 풍족하게 하시고 그의 손의 일을 받으소서. 그를 대적하여 일어나는 자와 미워하는 자의 허리를 꺾으사 다시 일어나지 못하게 하옵소서."

다시 말하면 하나님이 성별하신 것을 대적들이 함부로 할 수 없도록 하나님께서 함께 하시리라는 믿음의 확증을 주시라는 기도입니다.

하나님의 성별의 섭리는 하나님이 함께 하심으로 역사되는 것입니다.

하나님이 아브라함과 함께 하시니 민족의 아비가 되었습니다.

하나님이 이삭과 함께 하시니 이르는 곳마다 샘의 물이 솟아올랐습니다.

하나님이 야곱과 함께 하시니 이스라엘이 되었습니다.

하나님이 요셉과 함께 하시니 요셉과 함께 하는 사람마다 복을 받게 되었습니다.

한 번 따라하십시다.

"하나님이 나와 함께 하시니 모든 것이 감사함으로 형통하리로다."

아무에게나 그렇겠습니까? 아닙니다. 하나님이 주시는 기회를 선용하는 자에게 하나님이 함께 하십니다.

3. 하나님의 성별의 섭리는 인내함으로 이루어갑니다.

8절입니다.

"너는 나보다 앞서 길갈로 내려가라. 내가 네게로 내려가서 번제와 화목제를 드리리니 내가 네게 가서 네가 행할 것을 가르칠 때까지 칠 일 동안 기다리라."

사무엘은 사울에게 기름을 붓고 왕이 될 징조를 알려 준 후에 그것이 실현되면 길갈로 가라고 합니다. 그리고 사울이 행할 일을 가르칠 때까지 먼저 가서 7일을 기다리라고 했습니다. 다시 말하면 사울이 왕이 되기까지는 아직 필요한 과정들이 남아 있다는 것입니다.

그렇습니다. 이 말씀은 하나님의 때를 기다릴 줄 알아야 한다는 것을 교훈합니다. 제아무리 실력이 있어도, 모든 것을 다 갖추었을 지라도 하나님이 쓰실 때가 따로 있습니다. 진실로 거룩하게 성별된 사람이라면 그 때를 기다릴 줄 알아야 합니다.

우리교회 항존직분자 피택선거가 때마다 진행되고 있습니다. 그러나 피택이 되었다고 집사, 권사, 장로가 된 것은 아닙니다. 임직하기까지는 여전히 많은 일들이 남아있습니다. 임직의 영광을 입기까지 더욱 겸손함으로 해야 할 일을 해야 합니다.

모세는 하나님의 때가 아직 이르지 않았을 때에 자신이 바로의 왕궁에서 갈고 닦은 실력과 능력으로 능히 이스라엘을 구할 줄 알았습니다. 그렇지만 결과는 아니었습니다. 광야의 40년을 기다려야 했습니다. 그때를 통과하고 나서야 하나님은 모세를 세워주시고 사용해 주셨습니다.

다윗도 사무엘을 통해 기름부음을 받은 후에도 15년이 지나서야 이스라엘의 왕이 될 수 있었습니다.

베드로전서 5장 6절입니다.

"그러므로 하나님의 능하신 손 아래에서 겸손하라 때가 되면 너희를 높이시리라."

겸손은 인내의 근간입니다. 인내하지 못하는 사람들의 속성이 교만입니다. 흔히 우리가 쓰는 말로 안하무인, 오만불손, 경거망동이라는 민망스러운 용어는 인내하지 못하는 사람들의 몫입니다.

거룩하게 구별된 사람들은 인내함으로 하나님의 성별의 섭리를 이루어 갑니다.

우리는 죄로 말미암아 영원히 죽을 지옥으로 떨어질 사람들입니다. 그러나 우리 주 예수 그리스도의 은혜로 말미암아 하나님의 자녀가 되었습니다.

내가 그렇게 되고자 노력해서 된 것이 아닙니다. 오직 하나님께서 그렇게 하셨습니다. 이것이 성별의 섭리입니다.

우리의 성별의 섭리는 영적 지도자를 통해서 진행된다는 것을 잊지 마십시오. 성별의 섭리는 기회를 선용할 때 하나님이 함께 하심으로 확실한 증거를 삶에 나타나게 하십니다. 어떤 상황 가운데서도 참고 기다리며 인내함으로 이루어 가는 것이 성별의 섭리입니다.

이 놀라운 하나님의 거룩하게 구별하시는 성별의 섭리 안에서 오늘도 승리하시는 당신이 되시기를 주님의 이름으로 축복합니다. 아멘.

성별(聖別)의 섭리(2)

하나님의 부르심을 입고 그분의 심부름을 한다는, 교회에서 직분을 받은 사람들의 의식이 날이 갈수록 흐려지는 것을 가끔씩 봅니다. 이렇게 되는 것은 거룩하게 성별된 자신의 정체성에 대해 확실한 믿음이 없는 사람들의 또 하나의 비극임에 슬픔이 입니다.

우리네 옛 양반사상을 살펴보면 '양반' 이라는 체면 때문에 비가 와도 추녀 밑으로 뛰어들어 비를 피하지 않았습니다. 양반은 배가 고파도 음식을 탐하지 않아야 한다 해서 대추 한 개로 식사를 대신하는 요기도 했습니다.

초대 그리스도인들은 믿음을 지키기 위해 온갖 고초와 낭패를 당하면서도 자신이 그리스도 예수의 사람으로 성별된 것을 감사하며 그 믿음을 지켰습니다.

그런데 언제부터인가 이것에 대한 그리스도인들의 양심이 화반석처럼 굳어가고 있습니다. 죄를 지어도 죄에 대한 가책이 없는 것 같습니다. 말씀과 삶이 일치하지 않아도 아무렇지 않게 천연덕스러운 얼굴을 하고 살아갑니다.

그러다 보니 교회의 직분이 마치 세상에서의 계급인 냥 몰이해됨을 인해 온갖 비리와 부조리가 교회 안에서도 여상스럽게 일어납니다. 직분에 대한 올바른 이해도 개념도 없는 것 같습니다.

그러나 우리가 기억해야 할 것은 결국 그런 사람들의 마지막이 비참하게 몰락한다는 것입니다. 뿐만 아니라 더불어 교회까지 파괴되고 세상에서 맛 잃은 소금이 되어 사람들의 발에 밟히고 만다는 것입니다. 참으로 유감스럽게도 이런 것들이 오늘날 교회의 아픔입니다.

느헤미야 10장에는 성별된 사람들이 구별된 삶을 살아가기를 결단하는 내용이 소개되고 있습니다. 그 내용 가운데 '우리 하나님 전'이라는 단어가 무려 10회나 나옵니다. 이것을 다시 세분하면 세 마디가 됩니다.

첫째는 '우리'입니다.

둘째는 '하나님'입니다.

셋째는 '전'입니다.

이 세 마디는 교회공동체 생활이 얼마나 중요한 것인가를 교훈하고 있습니다. 교회 공동체는 언제 어디서 무엇을 하든지 '하나님 앞에서'라는 마음을 가져야 합니다. 또한 우리는 성전, 즉 교회 중심의 삶을 살아야 합니다. 이것은 거룩하게 구별된 성도들이 가장 우선적으로 가져야 할 삶의 자세요 요건입니다.

느헤미야를 중심으로 한 88명의 대표자들이 그렇게 살기를 결단하면서 성명서에 공동으로 서명을 했습니다. 그 내용을 살펴보면 다음과 같습니다.

첫째, 이방인과 결혼하지 않는다.

둘째, 성일을 철저히 지킨다.

셋째, 안식년을 거룩하게 지키고 시행한다.

넷째, 하나님의 전을 위하여 백성들은 세겔의 1/3을 봉헌하며 수납된 것을 사용한다.

다섯째, 첫 열매를 여호와의 전에 드린다.

여섯째, 반드시 십일조를 드린다.

이 모든 것을 요약하면 세상적인 방법으로 살지 않겠다는 결단입니다. 세상적인 경험과 지식을 앞세우지 않고 하나님 말씀에 순종하면서 살겠다는 것입니다. 이것은 성별된 사람들이 곧은 마음으로 드리는 삶의 결단입니다.

오늘 본문은 사무엘을 통하여 사울을 이스라엘 왕으로 세우시기 전에 그를 성별하시는 하나님의 섭리, 그 두 번째 단락입니다.

하나님은 세속적인 것으로 물들어 있는 사람을 그대로 사용하시지 않습니다. 반드시 성별해서 사용하십니다. 그래서 하나님은 사울을 성별한 후에 왕으로 기름을 부으셨던 것입니다.

오늘날도 교회에서 직분을 받는 사람들이 거듭나지 않고 새롭게 되지 않고 세상적인 생각 그대로 하나님의 교회에서 직분을 받으려는 경향이 있습니다. 그러나 이것은 매우 잘못된 것입니다. 하나님은 이런 모습 그대로는 사용하시지 않는 것이 성별의 섭리임을 깨달으시기 바랍니다.

성별의 섭리에는 반드시 내적 변화가 주어집니다.

1. 새 마음을 주십니다.

인간은 본질적으로 타락하고 부패한 마음을 가졌습니다. 그래서 예레미야 17장 9절에서 "만물보다 거짓되고 심히 부패한 것은 사람의 마음"이라고 탄식했습니다. 본질적으로 거짓되고 부패한 곳에서 뭐 그리 아름다운 것이 나오겠습니까.

인간의 마음은 인격의 중심입니다. 마음이 더럽다는 것은 인격이 그만큼 더럽다는 말입니다. 마음이 거짓되기 때문에 그 언행이 거짓 된 것입니다. 이런 마음을 가지고 어떻게 거룩하신 하나님의 일을 할 수 있겠습니까. 그래서 하나님은 새 마음을 주셔서 새사람이 되어 하나님의 일을 하게 하시는 것입니다. 이것이 성별의 섭리입니다.

9절입니다.

"그가 사무엘에게서 떠나려고 몸을 돌이킬 때에 하나님이 새 마음을 주셨고 그 날 그 징조도 다 응하니라."

새 마음을 주셨다는 것은 성품과 태도를 새롭게 바꾸셨다는 것입니다. 어제까지의 성품이 아닙니다. 어제까지의 인격이 아닙니다. 새롭게 된 온전하고 아름다운 인격과 성품입니다. 고린도후서 5장 17절입니다.

"그런즉 누구든지 그리스도 안에 있으면 새로운 피조물이라 이전 것은 지나갔으니 보라 새 것이 되었도다."

그리스도 안에서 새롭게 된 존재, 거기서 새 마음의 사람이 태어납니다. 새 마음의 사람은 삶 자체가 변화된 것입니다.

두 친구가 이야기를 주고받고 있습니다.
"자네 요즈음 여자 친구 생겨 교제한다며?"
"그래"
"그런데 그 여자가 술 끊으라 해서 끊었다며?"
"아, 그래 술 끊어야 한다고 해서 끊었지."
"그런데 그렇게 좋아하던 담배도 끊어다며?"
"어, 여자 친구가 담배도 끊으라 해서 끊었지."
"그렇게도 그 여자가 좋아?"
"응 참 좋은 여자 같아."
"앞으로 어떻게 할 거야?"
"당연히 결혼 해야지."
이 이야기가 우리에게 생각하게 하는 것이 무엇입니까? 사랑하는 사람 때문에 자기 자신의 기호(嗜好)도 버렸습니다. 새 마음을 가졌습니다. 변화된 생활이 되었습니다.

우리가 정말 주님을 사랑한다면 주님이 싫어하시는 것을 버릴 수 있습니다. 또한 주님이 좋아하는 것을 실천할 수 있습니다.
거룩하게 구별된 성도라고 하면서 주님이 싫어하시는 것을 골라한다면 어찌 새 사람이라고 할 수 있겠습니까. 주님이 좋아하시는 것을 하기 싫어서 미꾸라지 빠지듯 벗어난다면, 이 사람을 어찌 새 사람이라 할 수 있겠습니까. 그 누구도 이런 사람들을 새 사람이라고 하지는 않습니다. 성별되지 못하고 하나님의 일을 하기 때문에 이런 저런 일들로 상처를 만듭니다. 실패와 좌절, 분열과 고통을 만들어내는 주역이 된다는 말입니다.

새 마음을 주신 하나님을 사랑할 때 우리는 새 사람이 되어 새 삶을 살게 됩니다. 새 마음을 주서서 새롭게 하시는 것, 그것이 하나님의 성별의 섭리입니다. 에스겔 36장 26절 말씀입니다.
"또 새 영을 너희 속에 두고 새 마음을 너희에게 주되 너희 육신에서 굳은 마음을 제거하고 부드러운 마음을 줄 것이며"

굳은 마음이 어떤 마음입니까? 거듭나지 못한 마음입니다. 감각이 마비된 마음입니다. 즉 느낌이 없다는 것입니다. 감동할 줄 모르는 마음이 그것입니다. 경직된 마음, 강퍅하고 교만한 마음이 굳은 마음입니다. 몸이 굳어지면 위험한 것처럼 마음도 굳어지면 참으로 어렵습니다.
사람들은 몸이 굳지 않으려고 운동을 합니다. 운동을 통해 굳은 것을 부드럽게 해야 하기 때문입니다. 마음이라고 다르겠습니까? 마음도 마찬가지입니다.
마음이 닫히면 귀도 닫히고 입도 닫히고 육체의 모든 것이 닫힙니다. 닫힌다는 것은 관계의 단절을 의미합니다.

부드러운 마음은 어떤 마음입니까? 열린 마음입니다. 열린 마음이어야 만남이 가능하고 사랑이 가능합니다. 그래서 부드러운 마음은 열린 마음입니다. 마음을 부드럽게 하는 운동은 좋은 생각을 하는 것입니다. 마음을 부드럽게 하는 운동 가운데 사랑보다 더 좋은 것은 없습니다. 사랑하는 일이 많아지면 마음은 아주 부드러워 집니다.

1961년 4월 12일, '보스토크' 1호를 타고 1시간 29분 동안 우주비행에 성공하고 돌아온 구소련의 우주 비행사 '유리 가가린'은 이렇게 말했습니다.

"지구는 푸른빛이었다. 그러나 하나님은 우주의 그 어느 곳에도 없었다."

10년 후 1971년 아폴로 15호의 승무원으로 달을 탐사하고 돌아온 미국의 우주 비행사 '제임스 어윈'은 이렇게 말했습니다.

"달나라에 있는 동안 나는 하나님을 아주 가까이서 체험했다."

굳은 마음을 가진 사람과 부드러운 마음을 가진 사람을 드러내는 대표적인 예입니다. 굳은 마음을 가지면 우주를 다녀와도 하나님을 느끼지 못합니다. 그러나 부드러운 마음을 가지면 골방에서도 하나님을 느낄 수 있습니다.

굳은 마음은 돌의 마음입니다. 부드러운 마음은 살코기의 마음입니다. 이것이 히브리어 성경의 은유적 표현입니다.

하나님의 성별의 섭리는 굳은 마음을 가진 채로 하나님의 일을 하게 하지 않습니다. 부드러운 마음을 갖게 하신 후에 하나님의 일을 하게 하십니다. 그것이 성별의 섭리입니다.

2. 하나님이 거룩한 영으로 함께 하십니다.

10절입니다.

"그들이 산에 이를 때에 선지자의 무리가 그를 영접하고 하나님의 영이 사울에게 크게 임하므로 그가 그들 중에서 예언을 하니"

10-13절은 사울에게 여호와의 신이 임재하신 사실에 대하여 구체적으로 언급하고 있습니다.

구약에서는 하나님의 신으로 표현하지만 신약에서는 성령으로 표현되는 말씀입니다.

하나님은 기름부음의 거룩한 의식을 통하여 하나님의 뜻을 이루기 전에 반드시 새 마음을 주시고, 새 영을 부어 주십니다. 이것이 성별의 섭리입니다.

하나님의 영이 임하게 되었을 때 일어나는 사울의 변화된 삶이 구체적으로 기록되었습니다. 여기서 중요한 것은 '하나님의 신이 어떻게 사울에게 임재하셨는가?' 라는 것입니다.

첫째는 예배를 통해서 하나님의 영이 임하십니다.

앞서 5절을 보면 사울이 하나님의 산에 도착했을 때 찬양과 함께 하나님께 예배가 진행되고 있었음을 볼 수 있습니다. 즉 거룩한 모임, 예배를 통해 하나님의 신이 임재하시는 것을 보여주고 있습니다.

둘째는 거룩한 교제를 통해 하나님의 신이 임재하십니다.

10절을 보면 선지자의 무리들이 사울을 영접한 장면을 볼 수 있습니다. 선지자들에게 있어서 사울은 초신자와 다를 바가 없는 사람입니다. 그렇지만 그들은 사울을 따뜻하게 영접하였습니다. 성도의 아름다운 교제의 장면입니다.

셋째는 하나님의 영이 임하면 영적 생활이 우선됩니다.

13절을 보면 하나님이 신이 임하여 예언을 하게 된 사울은 다시 산당으로 올라갑니다. 당시의 산당은 하나님께 예배를 드리는 곳입니다.

성령을 받으면 세상일을 뒤로 하고 하나님의 일에 앞서게 됩니다. 이것이 바로 성별의 섭리입니다.

하나님은 선택하신 자들을 성별을 통해 하나님의 사람으로 변화시켜 하나님의 일을 하게 하십니다.

3. 성별된 사람은 분별된 언행을 합니다.

14-16절은 우리의 신앙생활에 아주 중요한 메시지입니다.

사울이 숙부를 만나게 되었을 때 숙부는 사울의 행적에 관해 묻습니다. 이 때 사울은 암나귀를 찾으러 사무엘에게 갔던 일과 사무엘이 암나귀를 찾았다고 말 해 준 것을 이야기 합니다. 그러나 사무엘을 통한 나라에 관한 일에 대해서는 한마디도 하지 않았습니다.

이 부분을 통해 주는 메시지는 우리의 삶에서도 해야 할 말이 있고 하지 말아야 할 말이 있다는 것입니다. 거룩하게 성별된 사람들의 특징은 언어가 분별이 있고 올바릅니다. 다시 말하면 이중적이지 않다는 말입니다.

하나님의 거룩함을 입지 못한 사람은 여기서는 이 말을, 저기서 저 말을 하여 무질서를 유발시키고 혼란을 가중시킵니다. 이런 사람은 말의 중심이 하나님 중심이 아니라 철저하게 자기중심입니다.

그래서 하나님의 성별의 섭리가 중요한 것입니다.

합당한 침묵은 지혜로운 말보다 더 지혜롭습니다.

웬만한 사람이라면 자기가 기름부음을 받았다고 말할 수도 있습니다. 사무엘을 통하여 하나님이 자기를 이스라엘의 왕으로 세울 것이라고 자랑할 만도 합니다. 그러나 사울은 그러지 않았습니다. 어떻게 그럴 수 있었을까요? 성별된 은혜를 입었기 때문입니다.

성도는 바른말을 해야 합니다. 말을 해야 할 때와 침묵할 때를 분별할 줄 알아야 합니다. 그래서 전도서 기자는 말을 해야 할 때가 있고 침묵할 때가 있다고 했습니다. 잠언 10:19절입니다.

"말이 많으면 허물을 면하기 어려우나 그 입술을 제어하는 자는 지혜가 있느니라."

잠언 15장 28절입니다.

"의인의 마음은 대답할 말을 깊이 생각하여도 악인의 입은 악을 쏟느니라."

그래서 삼사일언(三思一言)이라 했습니다.

사람의 말은 생각의 표현입니다. 생각이 어떠냐가 말이 되어 나옵니다. 신기한 것은 사람은 자기가 말한 대로 행한다는 것입니다. 거짓을 말하면 그 거짓을 합리화하기 위하여 거짓된 행동을 합니다. 진실을 말하면 그 진실을 성취하기 위하여 진실한 행동을 합니다.

하나님이 택하신 거룩한 성도들의 삶이 부패하다면 그대로 하나님이 두시겠습니까? 아닙니다. 새롭게 해서 쓰시는 것, 이것이 하나님의 성별의 섭리입니다.

야고보서 3장 2절입니다.

"우리가 다 실수가 많으니 만일 말에 실수가 없는 자라면 곧 온전한 사람이라 능히 온 몸도 굴레 씌우리라"

하나님의 성별의 섭리는 참으로 아름답습니다. 보잘것없고 부패한 마음을 새롭게 하여 새 마음을 주십니다. 그 뿐 아니라 하나님의 영을 부어 주셔서 하나님이 함께 하시는 은혜 안에 살아가게 합니다.

새로운 마음으로 하나님의 영의 임재를 통해 새롭게 된 삶은 질서와 아름다움으로 연출되어 집니다. 그렇게 해서 하나님의 일을 하게 하십니다.

우리 모두가 그 은혜를 입은 하나님의 백성입니다. 이 놀라운 성별의 섭리를 깨달아 아름다운 그리스도인의 삶을 살아가는 당신들이 되시기를 주님의 이름으로 축복합니다.

기억하십시오. 당신은 하나님의 성별된 사람입니다! 아멘

25.
성별(聖別)의 섭리(3)

"베냐민 지파를 그들의 가족별로 가까이 오게 하였더니
마드리의 가족이 뽑혔고 그 중에서 기스의 아들 사울이 뽑혔으나
그를 찾아도 찾지 못한지라"(삼상 10:21)

본 교단 총회장으로 선택받으시는 분들의 공통점은 인간적인 어떤 방법도 작용하지 못하는 온전한 하나님의 섭리 속에 추대된다는 것입니다.

다양한 여론 조사를 중심으로 A 목사님이 99% 당선 될 것이라고 거의 확신합니다. 그러나 막상 당일의 투표를 끝내고 보면 전혀 예상치 못한 B 목사님이 선택된 것을 보면서 종종 놀라움을 금치 못합니다. 그럴 때마다 새롭게 묵상되는 말씀이 잠언 16장 33절입니다.

"제비는 사람이 뽑으나 모든 일을 작정하기는 여호와께 있느니라."

오늘 본문에도 제비 뽑는 사건이 기록되어 있습니다. 이미 하나님은 이스라엘의 초대 왕으로 사울을 선택하셨습니다. 그리고 '만남의

섭리'를 통해 왕으로 선택될 과정을 통과케 하셨고, 그 후 '성별의 섭리'를 통해 구별하셨으며, 왕으로 세울 준비를 마치셨습니다.

물론 이 선택은 하나님으로부터 왔습니다. 그러나 그 사람을 세움에 있어서는 인간에게 주신 제도를 통해서 진행하시는 것을 보여주고 있습니다.

그것이 17절부터 21절까지 이어져 있는데, 맨 처음 하나님께서는 모든 백성을 미스바로 불러 모으십니다. 그리고 이스라엘 지파 수대로 천 명씩 여호와 앞으로 나아오게 하시고, 그들 가운데 뽑으니 '베냐민' 지파가 뽑힙니다. 다시 베냐민 지파를 가족대로 모이게 하시고 뽑으니 '마드리' 가문이 뽑혔습니다. '마드리' 가문 가운데서는 '기스'라는 가정이 뽑혔고, 기스의 아들들 가운데서는 '사울'이 뽑혔습니다.

이렇게 선택된 사울은 마침내 이스라엘의 초대 왕으로 추대 되고 백성들 앞에 공포가 되었습니다. 여기서 우리는 또 하나의 성별의 섭리를 보게 됩니다.

사람을 통해 역사하시는 하나님

첫째, 사무엘을 통해 역사하시는 하나님

사무엘에게는 3가지 직무가 주어졌습니다. 제사장으로서의 직무, 예언자로서의 직무, 그리고 사사로서 왕의 직무가 그것입니다. 이것은 아주 특별한 경우입니다.

무엇보다 이스라엘의 초대 왕을 세우는 일을 주관하여 신정제도와 왕정제도의 역사적인 연결고리를 이어내야 하는 절체절명의 사명을 감당했습니다.

이 거룩한 사명을 수행하기 위해 사무엘에게 요구되는 가장 중요한 것은 지도자로서의 책임과 공평무사(公平無私)의 직무수행 자세였습니다. 철저하게 하나님의 뜻대로 사역해야 했고 그것이 사무엘의 성별된 자로서의 거룩한 사역이었습니다.

오늘날 지도자가 지도력을 상실한다는 것은, 직무에 대한 책임감이 없을 때입니다. 또한 공평무사(公平無私)하지 못하며 사욕(私慾)에 치우칠 때입니다. 이렇게 되면 이미 그는 지도자로서의 자격을 상실한 것입니다. 그리고 나면 오는 결과는 하나님에게 그도 버림을 받는다는 것입니다.

기독교 지도자는 항상 하나님의 뜻에 마음을 두어야 합니다. 그래서 하나님은 바울을 통하여 갈라디아서 1장 10절에서 이렇게 말씀하셨습니다.

"이제 내가 사람들에게 좋게 하랴 하나님께 좋게 하랴 사람들에게 기쁨을 구하랴 내가 지금까지 사람들의 기쁨을 구하였다면 그리스도의 종이 아니니라."

그럼에도 불구하고 애석한 것은, 사무엘의 사역을 이어받은 오늘의 목회 지도자들이 사람을 기쁘게 하는데 관심을 두고 있다는 것입니다. 뿐만 아니라 교인들도 목사로 하여금 하나님보다는 사람을 기쁘게 하는 일을 하도록 종용하고 강요하는 일이 흔히 있습니다. 이 모두가 하나님에게 버림받을 일들입니다.

둘째, 사울을 통해 역사하시는 하나님

사울이 이스라엘의 초대 왕이 된 것은 전적으로 하나님의 섭리입니다. 오직 하나님만이 사울을 성별하시고 사무엘을 통하여 기름을 부어 왕으로 세우셨습니다.

사울은 자신의 왕 됨이 하나님으로부터 온 것임을 깨닫고 겸손히 하나님의 뜻을 헤아려 사역해야 합니다.

이것은 오늘날 교회에서 직분을 받은 모든 사람들의 봉사 자세가 되어야 합니다.

사울이 왕이 되기까지의 과정을 다시 한 번 살펴보면 선택의 섭리, 성별의 섭리, 기름부음의 섭리, 그리고 징조를 통해 하나님이 함께 하시는 섭리의 네 단계를 거쳤습니다. 그리고 이 일의 마무리는 놀랍게도 제비뽑기를 통해 끝이 났습니다.

여기서 우리가 생각할 수 있는 것이 두 가지가 있습니다. 첫째는 나의 직분은 하나님이 주셨다는 것입니다. 둘째는 이 직분이 제비뽑기, 즉 사람을 통해서 성취되었다는 것입니다.

그러면 이렇게 세워진 직분에 대하여 어떤 자세로 사역을 감당해야 할까요? 당연히 하나님 앞에서도, 사람들 앞에서도 겸손히 섬기며 봉사하므로 하나님의 뜻을 이루어 가야합니다.

그러나 많은 사람들은 이 섭리를 깨닫지 못하여 낭패를 당합니다. 사울이 그랬던 것처럼 처음에는 겸손합니다. 하지만 갈수록 그 직분 때문에 교만하여져서 결국은 하나님에게도 버림을 받고 사람에게서도 버림을 받는 불행한 결과를 초래합니다. 참으로 슬픈 일입니다.

세상에서 주어지는 직임이든지, 교회에서 받게 되는 직분이든지,

그것이 어디로부터 왔는가를 모르거나 잊어버릴 때, 모두가 실패자가 되는 것을 우리는 역사를 통해 분명하게 보았습니다.

힘을, 권력을 실어준 이가 누군지 잊어버리는 것은 교만입니다. 교만은 넘어짐의 원인이 된다고 잠언 16장 18절에서 말씀하셨습니다.

그 힘이 권력이든, 재물이든, 지식이든, 직분이든 무엇이든지 간에 모든 힘은 주어지는 것입니다. 그것이 하나님께로부터 왔다는 사실을 온전히 깨닫고, 또 올바로 사용해야 하나님께 영광을 돌릴 수 있습니다. 자신에게도 기쁨이 됩니다. 그럴 때 비로소 아름다운 하나님의 뜻을 이루어 가는 것입니다.

셋째, 백성을 통해 역사하시는 하나님

26-27절은 두 종류의 백성의 모습이 기록되었습니다. 하나는 하나님께 감동된 사람들이고, 다른 하나는 불량배들입니다.

참 신기합니다. 왜냐하면, 전능하신 하나님께서 모든 이스라엘 백성들로 하여금 감동되게 하시면 좋을 텐데 그 가운데 불량배를 함께 두셨기 때문입니다. 그러나 또 그것이 백성을 통해서 역사하시는 하나님의 섭리입니다.

그들 가운데는 있는 불량배는 원문으로는 '벨리야알' 입니다. 이것은 '벨리(...없이)' 와 '야알(가치 있게 되다)' 의 합성어로서 '무가치한, 사악한' 이라는 뜻을 가집니다. 이런 자들이 백성들 가운데 있어서 사울을 괴롭히고 방해하며 거역합니다.

이것을 보면 아무리 훌륭한 지도자라도 모든 사람들에게 환영을 받을 수는 없다는 것을 깨닫게 됩니다. 뿐만 아니라 어떤 불량배들의 방해와 비협조에도 불구하고 하나님의 섭리를 깨닫고 묵묵히 사명을 감당하면, 그 사람을 통해서 반드시 하나님의 뜻이 이루어진다는 것입니다.

사울을 왕으로 세우시는 하나님은 사무엘을 통해서 선언만 하셔도 되실 것입니다. 그런데도 하나님은 백성들을 통해서 당신의 일을 이루어 가셨습니다. 이것을 결코 우리는 가볍게 간과하고 넘어가서는 안 됩니다.

이제 마지막으로 하나님의 성별의 섭리가 어떻게 이루어져 가는지 보다 구체적으로 본문을 살펴보면서 은혜를 나누겠습니다.

1. 하나님의 사람은 하나님이 성별하여 택하시지만 인간의 제도를 통해서 성취되게 하십니다(17-21).

때로는 제도의 불필요성에 관해서 말하는 것을 듣습니다. 아마 그것은 제도로 인해 상처를 입거나 제도로 인해 목회가 어려운 사람들의 이야기가 아닌가 생각합니다.

제도라는 것은 좋은 것입니다. 왜냐하면 예나 지금이나 하나님은 인간생활에 있어서 마땅히 필요한 제도를 통해 질서를 유지하고, 제도를 통해서 하나님의 뜻을 이루어 나가시기 때문입니다. 그 대표적인 것이 천부장, 백부장, 오십부장, 십부장 제도입니다. 이스라엘 공동체는 이 제도를 통해서 복잡하고 어려운 수많은 일들을 적절하게 처리를 해 나갔고, 또 질서를 이루면서 하나님의 뜻을 이 땅에서 성취해 나갔습니다.

문제는 제도를 악이용해서 인간적인 방법으로 하나님의 섭리를 거슬리는 것입니다. 종종 교회마다 시끄럽게 된 경우를 들어보면 모두가 제도를 무시하고 인간적인 욕망을 앞세워 하나님의 뜻을 거역하는 사람들로 인해 일어난 일들입니다.

무질서가 범람한 가운데 일어나는 것을 영적 역사라고 하는 경우는 대부분이 사탄의 역사입니다. 무질서 속에서 하나님의 뜻을 거역하면, 교회도, 개인도, 환난에서 벗어나지를 못합니다.

직분자를 선택하시는 분은 하나님이십니다. 그러나 그 직분자를 선택하게 하는 다양한 제도 또한 하나님의 섭리 안에서 이루어지는 것입니다. 그러므로 우리 교회는 임직자 선택과 관련해서는 거의 완벽에 가까운 제도를 통해서 하나님의 뜻을 이루어가고 있습니다. 그 제도를 무시하는 어떤 행위도 하나님은 용납하시지 않으십니다.

물론 제도가 완벽한 것은 아닙니다. 그렇다고 제도 없이 상황에 따라 좌충우돌하거나 즉흥적으로 일을 해 나갈 수는 더더욱 없습니다. 제도가 잘못되었으면 하나님의 뜻을 헤아려 고쳐 가면 되는 것입니다.

제도란 질서를 위하여 있는 것입니다. 질서가 없이는 그 어떤 일에서도 아름다움이 연출될 수 없습니다. 특별히 영계(靈界)의 일은 하나님의 질서로 이루어집니다. 우리는 이것을 깨달아야 합니다.

2. 하나님은 성별하여 택한 사람을 겸손한 중에 일하게 하십니다 (22-24).

사무엘을 통하여 사울을 택하신 하나님은 또한 그를 통하여 사울을 성별하셨습니다. 그 후 제도를 통하여 백성들로 하여금 제비를 뽑아 사울을 왕으로 세우셨습니다.

그런데 정작 당사자는 제비가 뽑히고 발표가 되었을 때 그 자리에 보이지 않았습니다. 찾아보니 사람들이 들고 온 짐 보따리들 가운데 숨어 있었습니다. 그는 그곳에서 가장 낮은 모습으로 엎드려 있었습니다. 그를 찾는 이들에게 "나는 왕이 될 만한 사람이 아니다"라고 겸양의 말을 했습니다.

하지만 하나님은 그를 찾아내시고 왕으로 세우셨습니다. 지파 가운데 가장 미약한 베냐민 족속이요, 기스의 아들인 자기를 돌아보니 이스라엘의 왕으로 추대될 존재가 아니라는 생각이 들었습니다. 그래서 그토록 낮아진 것입니다.

놀라운 것은 이런 겸손한 자를 하나님께서 세우신다는 것입니다.

오호 애제라! 이토록이나 겸손했던 사울이 끝까지 그랬으면 얼마나 좋았겠습니까. 그러나 그러지를 못했습니다. 그는 왕의 직분을 수행하면서 세월을 따라 교만해져 갔습니다. 마침내 사무엘상 15장 15절에서 하나님은 사울을 왕으로 세우신 것을 후회하셨습니다. 하나님 당신의 마음을 제사장 사무엘과 나누시자 사무엘은 밤이 새도록 부르짖어 통곡을 합니다.

그리고 23절과 26절에서 하나님께서 사울을 버리셨음을 사무엘은 선포합니다. 그 이유는 사울이 먼저 하나님을 버렸기 때문이라는 참으로 기막힌 말씀을 덧붙입니다.

그 이후 사무엘상 15장 35절은 이렇게 기록하고 있습니다.

"사무엘이 죽는 날까지 사울을 다시 가서 보지 아니하였으니 이는 그가 사울을 위하여 슬퍼함이었고 여호와께서는 사울을 이스라엘 왕으로 삼으신 것을 후회하셨더라."

직분을 받을 때 겸손하지 않는 사람은 없습니다. 눈물을 흘리며 거룩한 직분을 받음에 감동하고 결단하며 헌신을 다짐합니다. 그런데 그 직분을 수행하면서 어느 새 자신도 모르게 교만해지기 시작합니다. 그것은 직분이 어디로부터 왔는가에 대한 개념이 부서졌기 때문입니다.

'하나님께서'가 어느 새 '내가'로 바뀌어버린 타락한 마음자리에서 오는 슬픈 모습입니다.

여러분은 어떠하십니까? 사울처럼 버림받으시겠습니까? 아니면 다윗처럼 인정받고 복을 받으시겠습니까? 성별된 자는 겸손함으로 하나님의 일을 해야 합니다.

3. 하나님의 사람으로 성별되어도 반대하는 무리들은 언제나 있기 마련입니다(25-27).

하나님이 성별하여 세우신 사울이었지만 그를 따르는 자가 있는가 하면 거역하고 비방하는 자들도 있었습니다. 이 또한 하나님의 섭리입니다. 하나님이 허락하셨다고 다 하나님이 기뻐하시는 일은 아닙니다. 그 사실을 지금 이 부분에서 보여주고 있습니다.

왕을 요구하는 백성들에게 그것을 허락하시지만 하나님이 기뻐하시는 일이 아니라고 19절에서도 분명히 말씀하셨습니다.

민수기 22장에서도 모압 왕 발락의 요구를 받은 발람이 갈까 말까 하고 하나님께 물었을 때 하나님은 허락하셨습니다. 그러나 그것이 하나님께서 기뻐하시는 일이 아니라고 하셨습니다.

여기서 우리가 예사로 생각하는 무서운 것 하나를 짚고 넘어가겠습니다. 뭐냐고요? 그것은 우리가 하나님의 뜻에 굴복해야 함에도 하나님을 나의 뜻에 굴복시키려는 잘못을 저지르고 있다는 것입니다.

어떻게, 감히 누가 그럴 수 있으랴 싶으십니까? 놀라지 마십시오. 우리 개개인의 삶에서 수 없이 볼 수 있는 일들입니다.

하나님의 섭리가 분명하게 나타났음에도 내 뜻을 관철시키려고 하나님의 뜻을 꺾으려는 행위가 우리의 신앙생활에서 얼마나 많이 연출되는지 모르시겠습니까? 본문을 통해서 다시 회고해 볼까요?

하나님이 성별하여 이스라엘의 왕으로 세우신 사울을 두고 비방하고, 비웃고, 멸시하며 거역하는 불량배들이 있었습니다. 이들의 모습은 하나님의 뜻을 거역하는 것이 아닐까요? 여러분들은 교회의 어떤 정책이나 안건이 결정되었을 때 그것에 대하여 반박하거나 비난하거나 입을 삐죽인 일이 없으십니까? 뭐 하러 그런 일을 하느냐고 입을 댄 일이 없으십니까? 마음에 언짢은 감정을 실어본 일이 없으십니까?

참으로 조심해야 할 일입니다. 내가 누구인가에 대한 정체성을 항상 짚어보아야 합니다. 어느 편에 서 있는지를 항상 생각하며 살아야 합니다.

여기서 우리 모두 하나님의 편에 선 사람을 보십시다. 사무엘입니다. 아직은 어린, 사무엘 자신과는 비교도 안 되는 사울을 두고 24절에서 그가 뭐라고 했습니까?

"사무엘이 모든 백성에게 이르되 너희는 여호와께서 택하신 자를 보느냐 모든 백성 중에 짝할 이가 없느니라 하니 모든 백성이 왕의 만세를 외쳐 부르니라."

지금 사무엘의 위치가 어떤 위치입니까? 제사장이요, 선지자며, 왕의 직임을 대신하는 사사로써 삼중직을 수행하는 그리스도의 그림자 직이었습니다. 그런 사무엘이 자기 자신의 위치, 위신 같은 것을 모두 내려놓고 사울을 높여 칭찬하고 있습니다. 왜일까요? 이 모든 일은 하나님께서 하시는 일이기 때문입니다. 백성들의 지도자는 하나님께서 세우신 것이기 때문에 사무엘 그가 사울을 높인 것입니다.

교회에서 목사의 직임은 세상적인 계급 기준으로는 아무것도 아닙니다. 그러나 그 직임을 하나님께서 세우신 것이요, 그 직임을 수행하는 사람을 하나님의 종이라는 사실을 성도들이 수용하고 인정하기 때문에 목사가 성도들에게 존경받고 예우를 받는 것입니다.

반면에 이것을 인정하지 않는 사람들도 있습니다. 성경은 그들을 '벨리야알', 곧 불량자라고 했습니다. 놀랍지만 이런 불량자들은 그때나 지금이나 교회 안에도 있다는 것입니다.

이 사실을 깨달으시기 바랍니다. 그리고 겸손히 수용하십시오. 그때 하나님의 섭리는 이 땅에 거룩하게 이루어집니다.

말씀을 정리합니다.

오늘날 교회에서 시행되는 여러 가지 제도를 소중히 여기십시오. 그 제도를 통해서 하나님께서 뜻을 이루어 가십니다.

하나님의 성별을 통해 거룩히 구별 되었습니까? 직분을 받은 성도입니까? 그는 끝까지 겸손함으로 헌신해야 합니다.

하나님이 세우신 지도자를 향해 거역하지 마십시오. 멸시하고 방해하는 불량배가 되지 마십시오. 오히려 하나님의 뜻을 헤아려 순종하고 협력하십시오. 그리함으로 하나님의 섭리를 이루어가는 주역이 되시기를 바랍니다.

예수님은 하나님의 모든 법에 순종하셨습니다. 죽기까지 순종하셨습니다. 오직 예만 되신 주님이십니다. 그 주님을 하나님께서 높이시고 당신의 보좌우편에 앉게 하셨습니다.

이 주님의 모습이 모든 성도들의 아름다운 삶이 되기를 바랍니다. 이 예수님의 모습이 모든 믿음의 권속들의 교회생활이 되기를 예수님의 이름으로 축원합니다. 아멘.

하나님의 섭리

초판 1쇄 발행 2009년 12월 5일

지은이 • 서 임 중
펴낸이 • 김 수 곤
펴낸곳 • 선교횃불(ccm2u.com)
등록일 • 1999년 9월 21일 제54호
주　소 • 서울시 송파구 삼전동 103번지
전　화 • 02-2203-2739
F A X • 02-2203-2738
E-mail • service@ccm2u.com
Hompage • www.ccm2u.com

책값 뒷표지에 있습니다.
ISBN 978-89-5546-126-8 (03230)